AF799007

Parisini · Wächter

Einführung von ADV-Systemen

Organisations-Handbuch für die Einführung von ADV-Systemen

Systemplanung · Systemanalyse · Systemeinführung

von

Eberhard Parisini

und

Otto Wächter

mit 25 Abbildungen

Walter de Gruyter & Co · Berlin 1971

©

Copyright 1971 by Walter de Gruyter & Co., vormals G. J. Göschen'sche Verlagshandlung – J. Guttentag, Verlagsbuchhandlung – Georg Reimer – Karl J. Trübner – Veit & Comp., Berlin 30. – Alle Rechte, einschl. der Rechte der Herstellung von Photokopien und Mikrofilmen, vom Verlag vorbehalten.
Satz: IBM-Composer, Fotosatz Prill, Berlin – Druck: Sala, Berlin
Printed in Germany
ISBN 3 11 001597 8

Vorwort

Die Automation macht vor der betrieblichen Datenverarbeitung nicht halt. Im Gegenteil, sie findet darin ein nahezu unbegrenztes Wirkungsfeld. Ein beengender Horizont ist nicht zu erkennen. In unserer Denkungsweise allerdings halten wir vielfach nicht Schritt mit dieser Entwicklung. Wir bewegen uns noch weitgehend auf dem Boden der konventionellen Formen der Datenverarbeitung. Daher dürfen wir uns auch nicht wundern, wenn wir noch zahlreiche Schwierigkeiten haben, mit den neuen Möglichkeiten, die die Automation bietet, zurechtzukommen. Tatsächlich überschatten Worte wie „versuchen", „bemühen" und „anstreben" die Mehrzahl der Automations-Projekte.

Ohne Zweifel darf man eine der Hauptursachen für diese Situation darin erblicken, daß wir in verfahrens-technischer Hinsicht zuwenig Möglichkeiten einer sachlichen und objektiven Information haben. Die Technik der Computer und deren Programmierung haben bereits ihren mehr oder weniger festen Platz im Schulungsrepertoire von Herstellerfirmen, Universitäten, Berufsschulen etc. gefunden. Demgegenüber bleibt die Erkenntnis, w i e man die Datenverarbeitung automatisiert, noch weitgehend der individuellen Erfahrung derjenigen überlassen, denen ein solches Projekt anvertraut wird. Diese müssen ihren eigenen Weg finden, noch dazu vielfach ohne volle Unterstützung und wohl auch zu oft ohne echtes Verständnis ihrer betrieblichen Umwelt.

Die beste Antwort auf die Frage, wie man vorgehen soll, vermittelt wohl die eigene praktische Erfahrung. Aber diese Erkenntnismethode hat den Nachteil, daß die Antwort immer erst im nachhinein verfügbar ist. Wie viele Fehler, fehlgeleitete Mittel, Schwierigkeiten und Zeitverluste könnten vermieden werden, wenn im voraus geeignete Hinweise und Ratschläge zur Verfügung stünden! Wenn sich auch die Praxis nicht einfach durch das Studium von Büchern oder Richtlinien ersetzen läßt, so können doch zweifellos aus der Erfahrung anderer nützliche Lehren gezogen werden.

Nun haben aber Verfahrens-Richtlinien und Handbücher über das „know how" der Einführung von automatisierten Datenverarbeitungs-Organisationen derzeit noch Seltenheitswert. Besonders gilt dies für die zweckmäßige und zielstrebige Methodik bei der – vielfach nicht exakt als System-Analyse bezeichneten – Realisierung von Projekten im Detail. Aus dem Bewußtsein dieses Mangels heraus entstand das vorliegende Organisations-Handbuch.

Dessen Zweck ist es, als *Leitfaden für die methodische Verfahrensweise bei der Einführung von automatisierten Datenverarbeitungs-Systemen (ADV-Systemen)* zu dienen. Da die Einführung solcher Systeme ein sehr komplexes Vorhaben darstellt, ist es notwendig, ein zweckmäßiges Verfahren anzuwenden. Ein solches Verfahren wird im vorliegenden Buch beschrieben, und zwar in Form von Richtlinien dafür,

1. welche Personen zu welchem Zeitpunkt welche Maßnahmen in welcher Weise zu setzen haben, um von der **Voruntersuchung** über die **Grund-Konzeption** bis zur **Vorbereitung** der Realisierung des Systems zu gelangen, sowie
2. auf welche Weise ein einzelnes ADV-Projekt im Detail der praktischen **Realisierung** zuzuführen ist.

Das Buch bietet sich damit als Wegweiser an für das verantwortliche Mitglied der Geschäftsleitung ebenso wie für den Leiter einer Datenverarbeitungs-Abteilung, den Organisator, den Analytiker und jeden, der sich sonst noch mit dem Einsatz eines Computers im kommerziell-administrativen Bereich beschäftigt oder davon berührt wird. Es soll als praktikables Hilfsmittel zur Verfügung stehen, das die Vielzahl der Agenden, die es zu beachten gilt, systematisch darstellt und die zu deren Wahrnehmung erforderlichen Maßnahmen methodisch aufzeigt.

Das Buch ist für die Praxis bestimmt und es ist aus der Praxis heraus entstanden. Seine Grundlagen bilden die Erfahrungen und die theoretischen Entwicklungsarbeiten der Verfasser in ihrer Eigenschaft als Berater für Datenverarbeitung und ihrer Mitarbeiter sowie die Erkenntnisse anderer Fachleute und die einschlägige Literatur.

Freilich kann das Werk notwendigerweise noch nicht als vollkommen abgerundet gelten. Vor allem manche altbewährten Praktiker werden sich nicht mit allen Aspekten der vorgeschlagenen Methoden identifizieren, sofern sie sich einen eigenen gangbaren Weg zurecht gelegt haben. Es liegt jedoch auch gar nicht im Sinne der Verfasser, etwa einen Anspruch auf Ausschließlichkeit zu erheben. Wesentlich ist doch, daß überhaupt methodisch vorgegangen wird, erst in zweiter Linie kommt es auf die Art der Methodik an. Wer bereits bewährte Methoden ausgearbeitet hat, der möge daher bei diesen bleiben.

So wendet sich dieses Handbuch vor allem an jene, die noch vor der Einführung der automatisierten Datenverarbeitung stehen und an jene, die auf der Suche nach einer praktikablen Verfahrensweise, insbesondere im Stadium der Projekt-Realisierung, sind. Ihnen möge es als Leitfaden, Gedankenstütze und Nachschlagewerk dabei helfen, die komplexe Materie erfolgreich zu bewältigen.

Darüber hinaus ist dieses Handbuch auch als Lehrbehelf für den Schulungs-Unterricht, für Seminare und einschlägige Studien gedacht. Die jungen Menschen, die heute noch studieren, werden in zunehmendem Maße mit der automatisierten Datenverarbeitung – in welcher Weise auch immer – konfrontiert werden. Sie sollten daher so früh und praxisnah wie möglich informiert werden.

Die Verfasser danken an dieser Stelle ihren Mitarbeitern für den wertvollen Beitrag, den diese durch fachliche Anregungen, praktische Mithilfe und kritische Beurteilung für das Zustandekommen des Handbuches geleistet haben. Ihr Dank gilt überdies dem Verlag, der sich mit großem Sachverständnis und zielsicherer Urteilskraft dieses Buches angenommen hat. Dadurch ist es gelungen, der etwas von der üblichen Norm abweichenden Gliederung und Diktion des Manuskriptes eine entsprechende typografische Form zu verleihen, die dem leichteren Verständnis des komplexen Stoffes sicherlich dienlich ist.

Dr. Eberhard Parisini
Ing. Otto Wächter

Inhaltsverzeichnis

Abbildungsverzeichnis

0. Einleitung

0.1 Das Automatisierte Datenverarbeitungs-System

Das Automatisierte Datenverarbeitungs-System (ADV-System) ist die Organisationsform der Datenverarbeitung eines definierten Aufgaben-Komplexes, in der die Aufnahme, Speicherung, Verarbeitung und Bereitstellung der Daten nach festgelegten Regeln zu einer abgegrenzten und zweckmäßigen Einheit von Menschen als Aufgabenträgern, dem Computer als selbsttätigem Ausführungsinstrument und anderen Hilfsmitteln zusammengefaßt sind.

Die *wesentlichen Kriterien* des ADV-Systems sind demnach folgende:

1. Das ADV-System ist eine *Organisationsform,* d. h. es ist das Ergebnis eines organisatorischen Gestaltungsprozesses, in dessen Verlauf das Objekt der Organisation in eine vom vorherigen Zustand unterschiedliche Form gebracht wird.

2. Das Objekt der Organisation ist die *Datenverarbeitung* im weitesten Sinn dieses Begriffs, d. h. die Aufnahme, Speicherung, Verarbeitung und Bereitstellung von Daten nach festgelegten Regeln.

3. Die Datenverarbeitung bezieht sich auf einen nach Art, Inhalt und Umfang definierten *Komplex von Sachaufgaben des Betriebes* (betriebliche Datenverarbeitung), die untereinander mehr oder weniger eng verbunden und ineinander verflochten sind.

4. Das ADV-System ist ein organisatorisches Gebilde, in welchem die Verteilung der Tätigkeiten auf den *Menschen als vornehmlich dispositiv tätigen Aufgabenträger,* den *Computer als selbsttätiges Ausführungsinstrument* und andere Hilfsmittel derart geregelt ist, daß das Zusammenwirken eine *integrierte Einheit* darstellt. Auf dieses Kriterium führt das ADV-System seine Bezeichnung zurück. Es ist also ein automatisiertes System, weil darin ein Automat, d. h. der Computer, integriert ist. Es ist aber nicht ein automatisches System – eine Bezeichnung, die bisweilen verwendet wird –, weil ein solches die Integrierung des Menschen, also eines nichtautomatischen Elements, ausschließt.

5. Die *Abgrenzung* des ADV-Systems nach außen ist durch den Charakter der menschlichen Tätigkeit gegeben; Tätigkeiten, die als Voraussetzungen für das Funktionieren des Systems notwendig sind, gehören – gemeinsam mit den maschinellen Funktionen – zum ADV-System, wogegen Tätigkeiten, deren Vornahme im freien Ermessen des Menschen liegt, vom ADV-System ausgeschlossen sein müssen.

6. Das ADV-System ist *zweckmäßig,* insofern es die Grundsätze und Methoden der automatisierten Datenverarbeitungs-Organisation auf die Gegebenheiten der Sachaufgaben rationell anwendet.

Wie aus diesen Kriterien hervorgeht, hat ein ADV-System grundsätzlich keine bestimmten *qualitativen* oder *quantitativen* Eigenschaften des Aufgaben-Inhalts zur Voraussetzung. Gegenstand eines ADV-Systems können somit sein:

1. ein Sachbereich oder ein Sachgebiet eines Betriebes; unter *Sachbereich* wird hier die Gesamtheit der informations-verarbeitenden Aufgaben im Rahmen einer betrieblichen Grundfunktion (z. B. Personal-Bereich) verstanden; unter *Sachgebiet* sind solche Teile eines Sachbereiches zu verstehen, deren spezielle sachliche Zusammengehörigkeit eine Gleichartigkeit der Datenverarbeitungs-Organisation ermöglicht (z. B. Lohn-Abrechnung, Gehalts-Abrechnung, Pensions-Abrechnung).
2. eine Mehrheit oder die Gesamtheit der Sachbereiche eines Betriebes. Der Betrieb bildet ja eine organisatorische Einheit, die sich aus einer Mehrzahl von miteinander verbundenen Sachaufgaben-Komplexen (Sachbereichen) zusammensetzt, sodaß sich die Organisationsform eines umfassenden ADV-Systems dafür anbietet.

Es ist dabei zu unterstellen, daß an ein ADV-System *materiell-inhaltlich* solch hohe Anforderungen gestellt werden, daß diese n u r erfüllbar sind, wenn die große Leistungsfähigkeit des Computers in befriedigender – wenn schon nicht in optimaler – Weise genutzt wird. Daher wird in der Regel ein ADV-System – als Organisationsform – zur Bildung eines umfassenden Abrechnungs- und Informations-Systems – als Organisationsinhalt – zu dienen haben. Für ein einfaches Abrechnungs-System wird ein ADV-System im Zweifel nicht sinnvoll sein. Dieses Problem ist jedoch im Rahmen des Handbuches nicht zu erörtern. Dazu möge in der einschlägigen Literatur über die inhaltliche Gestaltung solcher Systeme nachgelesen werden. Immerhin bezieht sich aber aus diesem Grund die vorliegende Darstellung primär auf ein *umfassendes,* also alle Bereiche eines Betriebes einschließendes ADV-System. Dies bedeutet aber keineswegs, daß dadurch die Anwendbarkeit des Handbuches auf einzelne Sachgebiete beeinträchtigt würde.

0.2 Unterschied zu manuellen Datenverarbeitungs-Systemen

Im Gegensatz zu einem ADV-System ist ein *nicht* automatisiertes Datenverarbeitungs-System eine Organisationsform der Datenverarbeitung, in der bei gleichem Aufgaben-Inhalt nur *Menschen in Arbeitsteilung* zu einer Einheit zusammengefaßt sind. Man spricht von einem Mensch-Mensch-System oder auch von einem manuellen Datenverarbeitungs-System.

Eine solche Organisationsform schließt jedoch die Anwendung von Maschinen nicht aus, und zwar auch nicht die eines Computers. Allerdings ändert sich trotz dem Einsatz eines solchen Automaten an der Art des Systems solange nichts, als nicht bewußt und gezielt jene strukturelle System-Einheit von Mensch und Computer hergestellt wird, die nach der obigen Definition für das ADV-System charakteristisch ist. Anzumerken ist, daß die Anwendung des Computers im Rahmen eines manuellen Systems in der Regel nicht die Möglichkeit bietet, die Leistungsfähigkeit des Computers voll zu nutzen.

Der *Unterschied* zwischen einem manuellen Datenverarbeitungs-System und einem ADV-System soll zum besseren Verständnis an Hand des folgenden vereinfachten Beispiels für einen Teilbereich der Datenverarbeitung eines Betriebes – die Bearbeitung von Kundenaufträgen – skizziert werden.

1. Im *manuellen Organisations-System* sind die einzelnen Teil-Aufgaben im Zuge der Bearbeitung von Kundenaufträgen auf mehrere Stellen, die durch Mitarbeiter besetzt sind, verteilt, wobei etwa folgende Aufgaben ausgeführt werden:
   - die Auftrags-Entgegennahme und formale Vorbereitung durch die Auftrags-Annahme,
   - die Prüfung des Debitoren-Standes und der Bonität des bestellenden Kunden durch die Buchhaltung,
   - die Prüfung der Lieferbarkeit der bestellten Artikel durch das Fertigwaren-Lager,
   - die Erstellung der Faktura, deren Prüfung und die Erstellung eines Ausgangs-Fakturen-Journals durch die Fakturierungs-Abteilung,
   - die Buchung des Fakturen-Betrages als Debitoren-Belastung durch die Buchhaltung,
   - die Erstellung einer Lade-Liste durch das Expedit.

   Der Auftrag durchläuft die einzelnen Stellen, der Datenfluß ist durch einen mehrfachen Wechsel von Stelle zu Stelle gekennzeichnet. In jeder Stelle wird grundsätzlich nur eine Aufgabe ausgeführt. Die Verflechtung zwischen den Aufgabenbereichen wird durch die geregelte Beziehung von Mitarbeiter zu Mitarbeiter wahrgenommen.

   Anmerkung: Der Einsatz eines Computers in einem solchen manuellen System wäre z. B. für die Erstellung der Fakturen und des Fakturen-Ausgangs-Journals möglich. Diese Anwendungsform des Automaten würde jedoch nichts am Prinzip des Systems ändern, weil lediglich eine einzelne Aufgabe automatisiert wäre, ohne daß dadurch das System eine strukturelle Änderung erfährt. Die Verbindung zwischen Mensch und Automat bleibt relativ lose.

2. Demgegenüber funktioniert ein *ADV-System* für dieselbe Aufgabe etwa nach folgenden Gesichtspunkten:
   - die Auftrags-Entgegennahme und formale Vorbereitung durch die Auftrags-Annahme,

- die Erfassung der Daten in maschinelle Datenträger durch die Datenerfassungsstelle,
- die komprimierte Datenverarbeitung durch den Computer, der alle Bestandsdaten der Kunden-Buchhaltung und des Lagers gespeichert hat:
  - Kontrolle des Debitoren-Standes und der Bonität des Kunden,
  - Kontrolle auf Lieferbarkeit der bestellten Artikel, abbuchen derselben und ermitteln des neuen Lagerbestandes,
  - Erstellen der Faktura,
  - Erstellen des Fakturen-Ausgangs-Journals,
  - Erstellen der Lade-Liste,
  - Buchung der Faktura als Debitoren-Belastung,
  - Bereitstellung aller Daten in gespeicherter Form für die automatische Weiterverarbeitung in anderen Bereichen (z. B. Finanzbuchhaltung, Beschaffung, Produktion, Statistik etc.),
  - Schaffung der Voraussetzungen, Daten als Informationen je nach Erfordernis bereitzustellen.

Die Anwendung des Computers erfolgt hier im Rahmen einer engen Verflechtung mit der Tätigkeit des Menschen, sodaß beide Elemente eine strukturelle Einheit bilden. Anstatt der Aufeinanderfolge von Tätigkeiten durch Menschen in einzelnen Stellen greift hier eine Komprimierung – und scheinbare Gleichzeitigkeit – der Vorgänge Platz, in welcher auch die automatische Verbindung zu anderen Bereichen des Betriebes hergestellt wird. Da somit der Computer nicht nur einzelne Ausführungs-Arbeiten sondern auch die Evidenz, den Transport und die Verknüpfung der Daten untereinander wahrnimmt, kann sich der Mensch im ADV-System auf die, seinem kreativ-schöpferischen Wesen entsprechenden, vorwiegend höher qualifizierten Aufgaben konzentrieren.

Dieses Beispiel läßt trotz der starken Vereinfachung erkennen, daß die Schaffung eines ADV-Systems einen *organisatorischen Gestaltungs-Prozeß* voraussetzt. Dieser ist unter den beiden folgenden *grundsätzlichen Gesichtspunkten* zu betrachten:

1. der eine Aspekt betrifft die *Gestaltung* der Sachaufgaben, d. h. die organisatorische Formung der spezifischen *materiell-inhaltlichen* Aufgaben zu der in sich geschlossenen System-Einheit
2. der andere Gesichtspunkt bezieht sich auf den Prozeß, d. h. auf die *Verfahrensweise,* die dabei anzuwenden ist, somit auf die Methoden und Grundsätze der Gestaltung.

Während der erstgenannte Aspekt je nach der Beschaffenheit der gestellten Aufgabe variiert – und nicht Gegenstand dieses Handbuches ist – bleibt das Problem der Verfahrensweise im wesentlichen stets das gleiche. *Die Problematik, ein zweckmäßiges und systematisches Verfahren anzuwenden, ergibt sich bei der*

Einführung jedes ADV-Systems von neuem. Es liegt deshalb auf der Hand, Regeln und Richtlinien von genereller Gültigkeit zu formulieren, um diese methodische Frage weitgehend zu entschärfen, zumal die Einführung von ADV-Systemen ohnedies auf beträchtliche Schwierigkeiten stößt.

0.3 Grundsätzliche Problematik der Einführung von ADV-Systemen

1. In den ersten Jahren nach dem Erscheinen des Computers wurde dieser als leistungsfähige Rechen- und Schreibmaschine betrachtet. Erst die Erfahrungen und die technische Weiterentwicklung führten zu der Einsicht, daß der Computer als *Datenverarbeitungs-Instrument höherer Ordnung* geeignet ist. Aus dieser Perspektive ist der Computer in ADV-Systemen zu sehen.

2. Die Entwicklung eines Systems dieser Art setzt eine Betrachtungsweise der Organisations-Problematik voraus, die sich weitgehend von den konventionellen Vorstellungen unterscheidet. Sie bedingt daher einen Prozeß des Umdenkens.

3. Die *Anwendungs-Intensität* des Computers ist in ADV-Systemen groß. Dadurch erst wird der Computer optimal genützt. Seine Integrierung setzt aber eine langfristige Vorbereitung und stufenweise Verwirklichung voraus.

4. Der Computer ist ein kompliziertes Sachmittel, dessen Handhabung ein *vielschichtiges Spezialwissen* erfordert. Es gibt vorerst noch nicht genügend viele qualifizierte Fachleute.

5. Vielen altbewährten Datenverarbeitungs-Fachleuten, vielfach aus der Lochkarten-Ära stammend, fällt es schwer, den geistigen Anschluß an die Erfordernisse und Möglichkeiten von ADV-Systemen zu finden.

6. Die mit dem Vertrieb der Computer befaßten Firmen sehen sich in den Widerspruch verwickelt, entweder kurzfristig ihre Maschinen zu installieren und dadurch das Risiko einzugehen, nur einen geringen Grad des Leistungspotentials auszunützen, oder eine optimale Verwendung des Computers durch ihre Kunden anzustreben und damit in vielen Fällen eine Verzögerung der Installation in Kauf nehmen zu müssen.

7. Die Langfristigkeit und Komplexität der Entwicklung von ADV-Systemen erfordert einen beträchtlichen *Aufwand,* dem nur wenige konkret rechenbare Einsparungen gegenübergestellt werden können. Die indirekten Vorteile, die meistens erst die Rentabilität bringen, zu erkennen, erfordert einen ausgeprägten Weitblick, eine präzise Zielvorstellung und auch eine gewisse Phantasie.

8. Schließlich fehlt heute weitgehend noch das, was man als Theorie der automatisierten Datenverarbeitung, vor allem hinsichtlich der Organisation, der Systematik und der Methodik bezeichnen könnte.

Es war und ist im wesentlichen auf diese Umstände zurückzuführen, daß voll entwickelte ADV-Systeme vorerst noch recht *selten* anzutreffen sind. Der Einsatz der meisten Computer orientiert sich noch zu sehr an den Vorstellungen, die in der Blütezeit des Lochkarten-Verfahrens entstanden und in die ersten Jahre nach dem Auftreten des Computers übernommen worden sind. Das „know how" der Entwicklung von ADV-Systemen bildet sich erst nach und nach heraus.

Aber das Verständnis und die Aufgeschlossenheit für die neuen Möglichkeiten der Organisation nehmen ohne Zweifel zu. In zahlreichen Firmen, vor allem natürlich in Großunternehmungen, sind große Stäbe damit beschäftigt, zu einer betriebswirtschaftlich-organisatorischen Ausnützung der technischen Möglichkeiten des Computers zu gelangen. Die Vertriebsfirmen sind bestrebt, durch eine Verbesserung der Kommunikation zwischen Mensch und Maschine die Problematik des Computer-Einsatzes zu entschärfen. Die immer intensiver werdende Ausbildung auf allen Ebenen und in allen Sparten der Datenverarbeitung führt dazu, daß die Kapazität an Fachleuten stetig zunimmt, um den vielschichtigen Anforderungen besser gerecht werden zu können.

Die Zunahme der Erfahrung, der besseren Information und des Verständnisses führt zu der *Einsicht, daß die Zukunft der betrieblichen Datenverarbeitung in der Verwirklichung von ADV-Systemen liegt.* Das gilt ohne Zweifel nicht nur für Großunternehmen, sondern auch für mittlere und kleinere Unternehmen. Welche technischen Einrichtungen – eigene Computer, Service-Betriebe, Teilnehmer-Systems – für den jeweiligen Zweck am besten geeignet sein werden, tritt dabei hinter die Frage zurück, in welcher Weise sich die Unternehmen den Zugang zu solchen Systemen verschaffen. Dafür muß jedes Unternehmen selbst sorgen, denn es benötigt ein ihm adäquates System. Vorarbeiten anderer, selbst Teile von Programmen und möglicherweise sogar Teil-Systeme wird man zwar heranziehen können, aber wohl bis auf weiteres nur nach entsprechender Anpassung an die individuellen Bedürfnisse.

Für die Leitung jedes Unternehmens ergibt sich daher die Notwendigkeit, sich mit diesen Fragen auseinanderzusetzen. Nur dann ist sie in der Lage, ihre Anforderungen mit den technisch-organisatorischen Möglichkeiten realistisch abzustimmen und ihre Zielsetzung zu verwirklichen. Dabei genügt es aber nicht, etwa die Technik und Programmierung der Computer kennenzulernen, vielmehr müssen vor allem ausreichende Kenntnisse über die grundsätzliche Problematik, über die Systematik und über die Methoden der automatisierten Datenverarbeitung erworben werden. Zu diesem Wissenskomplex zählt nicht zuletzt die Frage der *Verfahrensweise,* wie man bei der Einführung eines ADV-Systems vorzugehen hat. Das vorliegende Organisations-Handbuch ist diesem Problemkreis gewidmet.

0.4 Verfahren zur Einführung von ADV-Systemen

Um ADV-Systeme einzuführen, müssen zahlreiche Voraussetzungen gegeben sein bzw. geschaffen werden.

Jedes System hat einen bestimmten Zweck, auf dessen Erfüllung es ausgerichtet werden muß, wenn es vernünftig sein soll. Es muß also zunächst das *Ziel* bestimmt werden. Das ergibt einen Katalog von Forderungen sachlicher Art, die durch das System befriedigt werden müssen.

Wie dies geschehen kann, ist eine *organisatorische* Frage. Es gibt viele Varianten, um eine bestimmte Aufgabenstellung organisatorisch zu lösen. Anzustreben ist die relativ wirtschaftlichste.

ADV-Systeme basieren auf dem *Computer* als maschinellem Sachmittel. Daher ist die Organisation auf die Möglichkeiten und Bedingungen des Computers abzustimmen. Der Computer bestimmt daher die Organisationsform. Dagegen darf er die inhaltliche Zielsetzung nicht beeinflussen – wenngleich er sie vielfach erst ermöglicht.

Die Verwendung des Computers beeinflußt erheblich die *Organisations-Methoden,* sowohl direkt durch die maschinelle Technik als auch indirekt durch die Möglichkeiten seiner komplexen Verwendbarkeit. Der Computer ist eine Maschine, ein Automat, der nur soviel und eben das verrichtet, was er übertragen erhält, wofür er „programmiert" ist. Jenseits der im voraus definierten Verrichtungen ist der Computer wirkungslos. Er verfügt nicht über die Fähigkeit der Improvisation. Die dadurch bedingte Starrheit muß durch organisatorischen Weitblick soweit wie möglich gelockert werden.

Dieses vielschichtige Spektrum an Gegebenheiten und Bedingungen muß der Mensch *überblicken* und – soweit wie möglich – beherrschen. Nur wenn ihm dies gelingt, kann ein ADV-System Realität werden. Was er nicht rechtzeitig berücksichtigt, bringt ihm nachträglich Schwierigkeiten.

Wenn es auch kaum möglich ist, die Einführung der automatisierten Datenverarbeitung völlig reibungslos, ohne Terminverzögerungen und ohne Fehler abzuwickeln, so muß doch darauf geachtet werden, die Entwicklung in keinem Zeitpunkt sich selbst zu überlassen. Um dies zu gewährleisten, muß ein geregeltes Verfahren nach vernünftigen Methoden angewendet werden: das *ADV-Einführungs-Verfahren.*

Dieses Verfahren gliedert sich einerseits in vier Organisations-Stufen und läuft andererseits in fünf Organisations-Ebenen ab:

ORGANISATIONS-EBENEN	ORGANISATIONS-STUFEN				
	Voruntersuchung	Grund-Konzeption	Vorbereitung		
Leitung	Zielsetzung Entscheidung	Wirtschaftlichkeit Realisierungsplan Entscheidung	Planung Kontrolle	Einrichtg. DV-Abtlg.	Arbeits-Richtlinien
Personal		Kapazitäts-Erfordernis		Leiter DV-Abtlg.	Chef-Analytik. Analytik.
Maschinen		Kapazitäts-Erfordernis		Aus-schrei-bung	Auswahl Be-stellung
Raum		Kapazitäts-Erfordernis		Auswahl	Personal-raum
Sachgebiet 1	Istzustands-Aufnahme	Sachgebiets-Analyse	Gliederung und Reihung nach Projekten	Projekt x1	Projekt-Planung
Sachgebiete 2 bis N-1		System-Synthese		Andere Projekte Projekt x2	
Sachgebiet N	Grobanalyse	Grundkonzept je Sachgebiet		Andere Projekte Projekt x3 Andere Projekte	

Abb. 1 **Schema des ADV-Einführungs-Verfahrens**

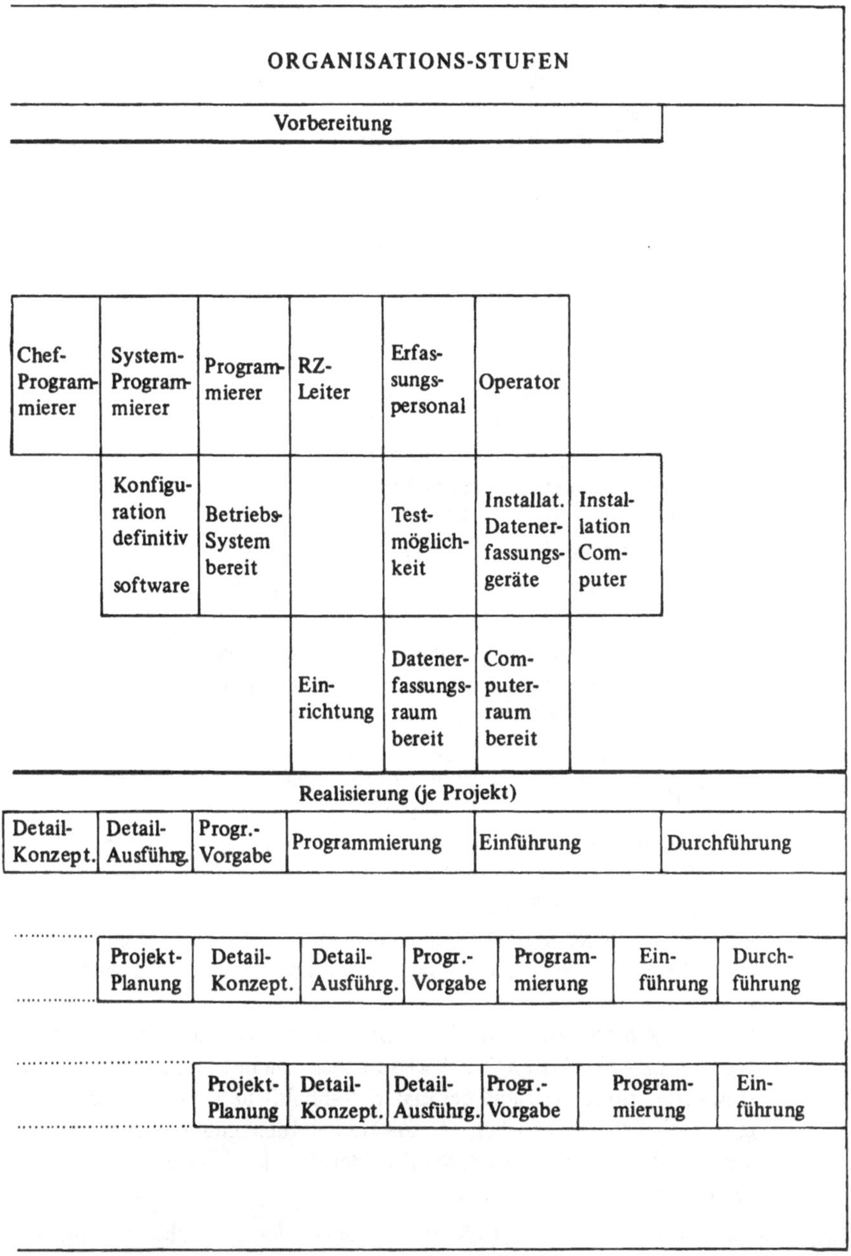

Anmerkung:
Die Stellung der Eintragungen deutet deren zeitlichen Zusammenhang an
Die Größe der Unterteilungen sagt nichts über die Relationen zueinander aus

Vier *Organisations-Stufen,* d. h. inhaltlich abgegrenzte Einführungs-Phasen, und zwar:

- 1. **Voruntersuchung:** Zweck dieser Stufe ist die Prüfung, ob ein ADV-System eingeführt werden soll (Abschnitt 1 dieses Handbuches);
- 2. **Grund-Konzeption:** Zweck dieser Stufe ist die Konzipierung des ADV-Systems (Abschnitt 2);
- 3. **Vorbereitung:** Zweck dieser Stufe ist die Schaffung der konkreten Voraussetzungen für die Realisierung (Abschnitt 3);
- 4. **Realisierung:** Zweck dieser Stufe ist die Verwirklichung des ADV-Systems (Abschnitt 4); sie ist weiter gegliedert in folgende *Projekt-Stufen:*
  - **Projekt-Planung** (Abschnitt 4.1)
  - **Detail-Konzeption** (Abschnitt 4.2)
  - **Detail-Ausführung** (Abschnitt 4.3)
  - **Programm-Vorgabe** (Abschnitt 4.4)
  - **Programmierung** (Abschnitt 4.5)
  - **Einführung** (Abschnitt 4.6)
  - **Durchführung** (Abschnitt 4.7)

Fünf *Organisations-Ebenen,* d. h. Sektoren der organisatorischen Tätigkeit, und zwar:

- 1. *Leitungs-Ebene:* die Tätigkeiten auf diesem Sektor dienen der Zielsetzung, Planung, Koordinierung, Kontrolle und Entscheidung in allen Fragen des ADV-Systems;
- 2. *Personal-Ebene:* die Tätigkeiten auf diesem Sektor dienen der Bedarfsermittlung, der Auswahl, der Ausbildung und dem Einsatz des erforderlichen Fachpersonals im Rahmen des ADV-Systems;
- 3. *Maschinen-Ebene:* die Tätigkeiten auf diesem Sektor dienen der Bedarfsermittlung, der Auswahl, der Installation und der Inbetriebnahme der maschinellen Einrichtungen des ADV-Systems;
- 4. *Raum-Ebene:* die Tätigkeiten auf diesem Sektor dienen der Bedarfsermittlung, der Auswahl und der Einrichtung der erforderlichen Räume;
- 5. *Sachgebiets-Ebene:* die Tätigkeiten auf diesem Sektor dienen der organisatorischen Lösung der Sachaufgaben, die in das ADV-System einzubeziehen sind; diese sind der materiell-inhaltliche Kernpunkt des ganzen Verfahrens; sämtliche Aktivitäten auf den anderen Sektoren dienen lediglich dem Zweck, die Erfordernisse des ADV-Systems auf Sachgebiets-Ebene zu erfüllen.

Das Schema in Abbildung 1 vermittelt einen globalen *Überblick* über die Organisations-Stufen, in die sich das Verfahren im Zeitablauf gliedert, und über die Organisations-Ebenen, auf denen gleichzeitig und koordiniert Aktivitäten zu setzen sind.

Wie bereits weiter oben angedeutet, bezieht sich die vorliegende Darstellung primär auf die Einführung eines ADV-Systems für einen Betrieb in seiner Gesamtheit. Ein solches *umfassendes* System setzt sich aus einer Mehrzahl von ADV-Systemen, die einzelne Sachbereiche oder Sachgebiete betreffen, zusammen. Für die Einführung eines gesamt-betrieblichen ADV-Systems besteht daher die Notwendigkeit, die betreffenden Zusammenhänge von vornherein zu berücksichtigen. Um dies verfahrensmäßig zu gewährleisten, betreffen die Organisations-Stufen 1, 2 und 3 auf allen Ebenen das Gesamt-System, wobei in den Stufen **Grund-Konzeption** und **Vorbereitung** die einzelnen Sachgebiets-Systeme festgelegt, konzipiert und schließlich als *ADV-Projekte* definiert werden.

Als ADV-Projekt wird die Gesamtheit aller Maßnahmen verstanden, die erforderlich sind, um ein Sachgebiet aus der Organisationsform des Istzustandes in die Organisationsform eines ADV-Systems überzuführen.

In der Stufe **Realisierung** werden sodann diese Projekte, da eine gleichzeitige Realisierung nicht durchführbar ist, einzeln nach einer festgelegten Reihung im Detail verwirklicht. Die Organisations-Stufen 1, 2 und 3 werden somit je Betrieb nur *einmal*, die Organisations-Stufe 4 jedoch *wiederholt*, d. h. für jedes Projekt, durchgeführt.

Je nach Art des Betriebes werden dabei einige der Projekte als Grundstock des umfassenden ADV-Systems angesehen, d. h., daß der Abschluß der Organisations-Stufe **Vorbereitung** auf der Maschinen-Ebene auf den Zeitpunkt der Einführung dieser Projekte abzustimmen ist. Praktisch bedeutet dies, daß die Betriebsbereitschaft des Computers – sowie alle dafür erforderlichen Voraussetzungen – zeitlich auf die abgeschlossene **Realisierung** der ersten ADV-Systeme des Betriebes ausgerichtet werden muß. Mit diesem Zeitpunkt ist dann das Einführungs-Verfahren in dem umfassenden Sinn abgeschlossen, wogegen die Realisierung der weiteren Projekte fortgesetzt wird.

0.5 Benutzung des Handbuches

Das vorliegende Handbuch umfaßt alle Stufen und Ebenen des Einführungs-Verfahrens, somit – aus der Sicht der Verfahrensweise – die gesamte Problematik, die sich bei der Schaffung von ADV-Systemen ergibt. Das Bestreben, die Fülle dieses Stoffes und gleichzeitig den Überblick über die Zusammenhänge und die Gliederung zu vermitteln, zwingt dazu, eine knappe und auf das Wesentliche *konzentrierte Darstellungsweise* zu wählen. Dies stellt naturgemäß an den Benutzer des Handbuches höhere Anforderungen als etwa eine in die Breite gehende Beschreibung. Es liegt aber im Wesen eines Handbuches, daß es nicht einfach gelesen sondern daß mit ihm gearbeitet wird.

Der Benutzer dieses Buches möge es als *Hilfsmittel* für seine laufende Tätigkeit auf diesem Gebiet betrachten. Von seiner Bereitschaft, sich mit den darin enthaltenen Anregungen, Hinweisen und Richtlinien intensiv auseinanderzusetzen, hängt der Grad des Nutzens ab, den er daraus zieht. An ihm liegt es auch, die vorgeschlagene Verfahrensweise auf die individuellen Gegebenheiten und Erfordernisse des konkreten Falles *anzupassen.*

Je nach dem Aufgabenbereich, den der Benutzer wahrzunehmen hat, variiert der Schwerpunkt, auf den sich die Anwendung des Handbuches konzentrieren sollte:

1. Für die Geschäftsleitung, die mit dem Problem der Computer-Anwendung konfrontiert wird, sind vornehmlich die Abschnitte über die **Voruntersuchung**, die **Grund-Konzeption** und die **Vorbereitung** relevant.
2. Der Leiter der Datenverarbeitungs-Abteilung, der Analytiker, der Programmierer und alle anderen an der praktischen Verwirklichung von ADV-Systemen unmittelbar Beteiligten werden sich dagegen vor allem dem Abschnitt **Realisierung** zuwenden.

In jedem Fall ist es aber nützlich, sich zunächst einen Gesamtüberblick über die **Gliederung des Handbuches** zu verschaffen. Zu diesem Zweck sei auf die einheitliche Struktur der Abschnitte 1, 2 und 3 sowie 4.1 bis 4.7 hingewiesen, die jeweils in folgende fünf Unterabschnitte untergliedert sind:

1. *Überblick:* darin werden der Zweck der Tätigkeiten des betreffenden Abschnittes und dessen Gliederung skizziert.
2. *Voraussetzungen:* darin wird angegeben, welche personellen und sonstigen Voraussetzungen vorliegen müssen, um mit den Arbeiten des Abschnittes beginnen zu können.
3. *Ausführende:* darunter werden die Personen verstanden, die im betreffenden Abschnitt wesentliche Aufgabenträger sind; ihre Aufgaben werden angeführt.
4. *Inhalt und Verfahrensweise:* dieser Unterabschnitt betrifft den Kern der Darstellung in bezug auf den Inhalt der Tätigkeiten und deren Abwicklung.
5. *Abschlußergebnis:* darin sind die inhaltlichen und formalen Ergebnisse des betreffenden Abschnittes zusammengefaßt.

Es wird empfohlen, zuerst die Unterabschnitte „Überblick" und „Abschlußergebnis" durchzulesen, um sich dieserart die *Gesamt-Zusammenhänge* vor Augen zu führen. Diese werden überdies durch die Abbildung 2 auch optisch verdeutlicht. Diese Abbildung bietet in Form eines *Netzwerkes* einen gerafften Überblick über die einzelnen Abschnitte des Verfahrens, sowie über deren Zusammenhänge. Ferner ist daraus die Verbindung zu den einzelnen *Detail-Netzwerken* ersichtlich, die dem Handbuch als *Beilage* angefügt sind.

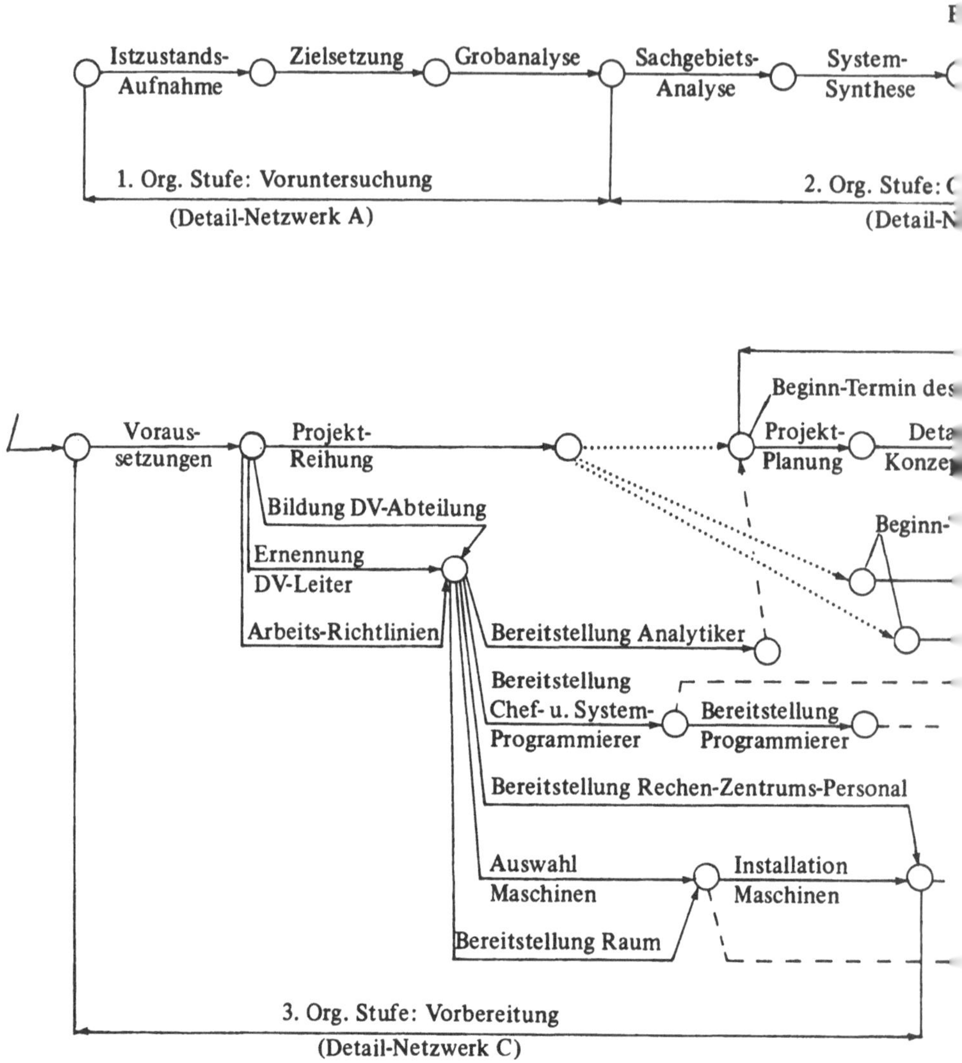

Abb. 2 **Netzwerk-Überblick über die Gesamt-Zusammenhänge des ADV-Einführungs-Verfahrens**
(Weitere Untergliederung siehe in den Detail-Netzwerken in der Beilage)

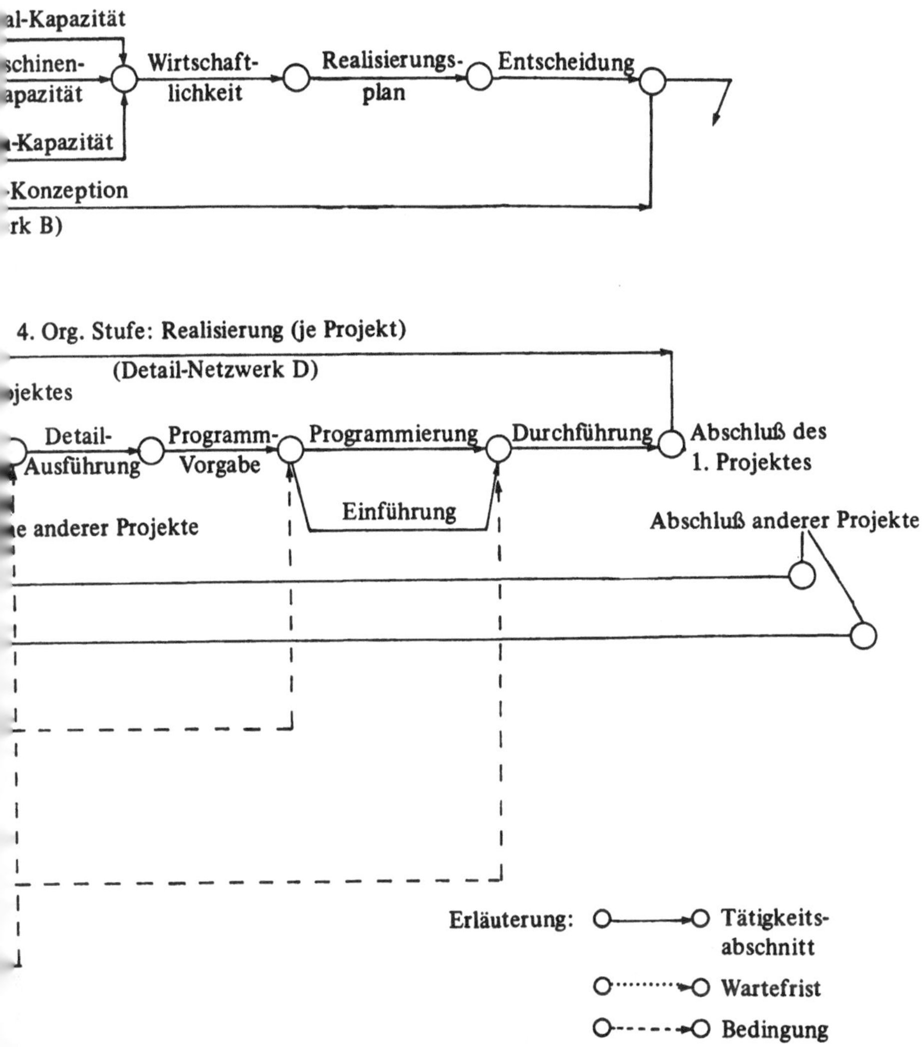

al-Kapazität
schinen-
apazität
-Kapazität
Wirtschaft-
lichkeit
Realisierungs-
plan
Entscheidung
Konzeption
rk B)
4. Org. Stufe: Realisierung (je Projekt)
(Detail-Netzwerk D)
jektes
Detail-
Ausführung
Programm-
Vorgabe
Programmierung
Durchführung
Abschluß des
1. Projektes
Einführung
e anderer Projekte
Abschluß anderer Projekte
Erläuterung:
Tätigkeits-
abschnitt
Wartefrist
Bedingung

Der auf diese Weise mit dem grundsätzlichen Aufbau des Handbuches vertraut gemachte Benutzer wird ohne Schwierigkeit in der Lage sein, jederzeit mit Hilfe der Netzwerke zum gesuchten Detail bzw. von diesem wieder zum Gesamt-Überblick zu finden.

Zur besseren Orientierung enthält das Handbuch ferner ein *Stichworte-Verzeichnis* sowie eine Zusammenfassung wichtiger *Definitionen.*

0.6 Anwendungs-Beispiel

In das Handbuch ist ein Beispiel eingebaut. Dieses dient dazu, die abstrakte Darstellungsweise in bezug auf ein einfaches Anwendungsgebiet zu konkretisieren. Dabei geht es jedoch nicht etwa darum, das Modell einer organisatorischen Lösung zu zeigen – dies würde dem Zweck des Buches nicht entsprechen –, vielmehr liegt der Sinn des Beispiels ausschließlich darin, die Nutzanwendung der beschriebenen Verfahrensweise zu demonstrieren.

Um die Übersichtlichkeit des Handbuches und die Allgemeingültigkeit des verfahrens-technischen Aspektes nicht zu gefährden, betrifft das Beispiel lediglich ein kleines Sachgebiet im Rahmen des Einführungs-Verfahrens für einen ganzen Betrieb. Bei diesem handelt es sich um ein mittleres Industrie-Unternehmen, dessen Datenverarbeitung automatisiert werden soll. Wie dabei gemäß Handbuch vorzugehen ist, wird an Hand des Sachgebietes „Lagerwirtschaft der Hilfs- und Betriebsstoffe" oder kurz „Lager-Material" des Betriebes gezeigt. Darauf beziehen sich die Erläuterungen des Beispiels, die typografisch in der folgenden Weise hervorgehoben sind:

Beispiel

Kurze Charakteristik des Unternehmens, auf das sich das Beispiel bezieht*:

- Firma: NIAG Nahrungsmittel-Industrie-A.G.
- Zweck: Erzeugung, Handel und Vertrieb, teilweise über eigene Filialen, von Nahrungsmitteln
- Bedeutung: regional
- Umsatzgröße: 30 Mill. DM
- Personalstand: 900 Arbeiter und 280 Angestellte
- Produktionstechnische Ausstattung: teilweise automatisiert, starker Anteil an manueller Arbeit
- Hilfsbetriebe: diverse Werkstätten, Fuhrpark
- Datenverarbeitung: im wesentlichen manuell mit Hilfsmaschinen; starker Anteil manueller Routinearbeiten

*Die Bezeichnung und die angegebenen Größenordnungen des Unternehmens sind frei erfunden, den sachbezogenen Angaben liegen jedoch – nach angemessener Adaptierung für die Zwecke dieses Handbuches – konkrete Gegebenheiten zugrunde.

- Informationswesen: unzureichend; nicht aktuell; Geschäftsbuchhaltung z. T. nach betrieblichen Gesichtspunkten untergliedert
- Wirtschaftliche Lage: krisenfest, da teilweise Grundnahrungsmittel; Tendenz zu Umsatz-Stagnation bei steigenden Kosten
- Management: bis zu dem vor kurzem erfolgten Führungswechsel konservative Auffassung; die neue Leitung strebt eine moderne Betriebsführung an und stellt Ertragsdenken vor Umsatzdenken; Ansätze in dieser Richtung durch Investitionen in Produktionsbereich, Artikel-Selektion, schärfere Kostenkontrolle. Dies bedingt bessere Informationen auf allen Gebieten; daher organisatorische Maßnahmen als notwendig erkannt.

Die organisatorische Lösung des Sachgebietes „Lager-Material", das in der Folge ein eigenes ADV-Projekt bildet, ist stark vereinfacht und wird überdies nur soweit behandelt als es für die leichtere Verständlichkeit des Handbuches nützlich ist. Der Schwerpunkt liegt dabei auf der Verfahrensweise bei der **Realisierung** des Projektes und der dafür erforderlichen Projekt-Dokumentation. Während die sonstigen Abbildungen jeweils im Zusammenhang mit der betreffenden Erwähnung im Text über das Buch verteilt sind – und, soweit sie das Beispiel betreffen, durch den Hinweis „NIAG" gekennzeichnet sind – befindet sich die *Projekt-Dokumentation* geschlossen im Anhang A dieses Handbuches.

1. Organisations-Stufe Voruntersuchung

1.1 Überblick

1.11 Zweck

Der Zweck dieser ersten Organisations-Stufe des Verfahrens zur Einführung eines umfassenden ADV-Systems in einem Unternehmen besteht im wesentlichen in folgenden Punkten:

1. Schaffung einer sachlichen Grundlage für die Entscheidung durch die Geschäftsleitung, ob ein ADV-System eingeführt werden soll. Dafür ist – ausgehend vom Istzustand – eine vorläufige Prüfung der Zweckmäßigkeit dieser Organisationsform für den konkreten Fall erforderlich, deren Ergebnis in einem Rahmenvorschlag festzuhalten ist

2. Vermeidung von voreiligen und nicht genügend geplanten Detailmaßnahmen, die zwar möglicherweise rasche Scheinerfolge bringen, aber auf weitere Sicht nicht befriedigen können

3. Vorbereitung der Geschäftsleitung und der Mitarbeiter für die systematische Verfahrensweise, die bei der Einführung von ADV-Systemen beachtet werden muß

4. Vermittlung grundlegender Kenntnisse über die Eigenart der ADV, deren Gesetzmäßigkeit und Möglichkeiten

1.12 Gliederung

1. Die Organisations-Stufe **Voruntersuchung** umfaßt die folgenden Zwischenstufen, die in den nachstehend genannten Unterabschnitten nach Inhalt und Verfahrensweise beschrieben werden:
   - o **Istzustands-Aufnahme** (Unterabschnitt 1.41)
   - o **Zielsetzung** (Unterabschnitt 1.42)
   - o **Grobanalyse** (Unterabschnitt 1.43)

2. Die Beilage zeigt das Detail-Netzwerk A für diese Organisations-Stufe

1.2 Voraussetzungen

1.21 Veranlassung

1. Die **Voruntersuchung** wird durch einen diesbezüglichen Beschluß der Geschäftsleitung ausgelöst

2. Motive für diesen Entschluß sind u. a.:
   - Wachsendes Bedürfnis hinsichtlich einer Durchleuchtung und Kontrolle des Betriebes
   - Notwendigkeit der Automatisierung der Informations-Verarbeitung infolge der zunehmenden Dynamisierung des gesamten wirtschaftlichen Lebens
   - Modernisierungsbedürfnis
   - Verzögerungen und Fehler in der laufenden Abwicklung der Datenverarbeitung
   - Anwachsen der Aufgaben der Datenverarbeitung
   - Vorsorge für die Zukunftsentwicklung
   - Personalschwierigkeiten
   - Arbeitszeitverkürzung
   - Kostensteigerungen
   - Prestige

3. Die Geschäftsleitung muß sich zur gedanklichen Anpassung an das „Zeitalter des Computers" bereitfinden, indem sie Verständnis dafür zeigt,
   - daß ihre aktive Mitwirkung in allen wesentlichen Fragen der ADV erforderlich ist
   - daß sie sich rechtzeitig, fachlich und objektiv informieren und beraten lassen muß
   - daß für die zweckmäßige Verwendung des Computers für die einzelnen Sachgebiete neue Organisationsformen geschaffen werden müssen (ADV-Systeme)
   - daß der Computer in der Regel nur bei umfassender Verwendung für alle oder die Mehrheit der Sachgebiete des Unternehmens rationell eingesetzt werden kann
   - daß die Einrichtung der ADV-Systeme für die Sachgebiete auf ein umfassendes ADV-System für das ganze Unternehmen abzielen soll
   - daß dieses Ziel nur in einem langfristigen, konsequent durchgeführten Verfahren erreicht werden kann (ADV-Einführungs-Verfahren)
   - daß die ADV ein komplexes Fachgebiet ist, das spezielle Kenntnisse und praktische Erfahrung bedingt
   - daß versierte Fachleute eingesetzt werden müssen, um die Entwicklung zu steuern
   - daß mit der Einrichtung von ADV-Systemen ein großer Aufwand verbunden ist
   - daß der Nutzeffekt in der Regel erst auf weitere Sicht erwartet werden darf

1.22 Personelle Voraussetzungen

1. Die Frage, wer die **Voruntersuchung** durchführen soll, trifft meistens auf folgende Situation:
   - Unternehmens-eigene Fachleute stehen nicht zur Verfügung
   - es ist lediglich ein oberflächliches Wissen über die ADV vorhanden, das in Kursen und durch Besuche anderer Firmen gewonnen wurde
   - exakte Vorstellungen über ein ADV-System und über die Methoden der Einführung fehlen
   - in vielen Unternehmen besteht nicht einmal eine eigene Organisations-Abteilung
2. Diese Sachlage führt zu folgender Konsequenz:
   - ist ein unternehmens-eigener Organisator vorhanden, der ADV-Fachmann ist, wird dieser mit der **Voruntersuchung** betraut
   - andernfalls muß ein außenstehender Organisator* (Berater) für dieses Spezialgebiet herangezogen werden
3. Die Heranziehung eines Beraters erfolgt nach folgenden Gesichtspunkten:
   - Nachweis von Referenzen über bereits erfolgreich abgeschlossene Einrichtungen von ADV-Systemen (erst die Verwirklichung läßt eine sichere Beurteilung der Qualifikation des Beraters zu)
   - Angebot über
     - geplante Verfahrensweise
     - Identität der Ausführenden
     - Beginn, Dauer und Intensität der Tätigkeit
     - Aufbau des Abschluß-Berichtes
     - Auftragsbedingungen
     - Honorar
   - Erteilung des Auftrags zur Durchführung der **Voruntersuchung** an den Organisator durch die Geschäftsleitung

Beispiel

Die Geschäftsleitung der „NIAG" entscheidet sich dafür, einen außenstehenden Fachmann auf dem Gebiet der Automatisierten Datenverarbeitung heranzuziehen und beauftragt einen ihr empfohlenen Berater mit der verantwortlichen Durchführung der **Voruntersuchung**

4. In jedem Fall ist ein Mitglied der Geschäftsleitung oder ein enger Mitarbeiter (Direktionssekretär, Direktionsassistent) mit der verantwortlichen Führung aller ADV-Angelegenheiten als Delegierter der Geschäftsleitung zu betrauen

*Im folgenden wird immer nur der neutrale Begriff „Organisator" verwendet, wobei darunter ein betriebs-eigener oder auch ein außenstehender Berater verstanden wird

1.3 Ausführende*

In der Organisations-Stufe **Voruntersuchung** werden im wesentlichen folgende Personen und Personengruppen im Hinblick auf die angeführten Aufgaben tätig. Siehe dazu auch die Übersicht „Tätigkeits-Verteilung" in Abb. 3

1. Geschäftsleitung:
   - Beschluß zur Vornahme der **Voruntersuchung**
   - Ernennung des Delegierten
   - Beauftragung des Organisators
   - Definition der Zielsetzung für eine zukünftige Organisationsform
   - Beschluß über Rahmenvorschlag

2. Delegierter der Geschäftsleitung:
   - laufende Verbindung zum Organisator
   - Einführung des Organisators und Koordinierung seiner Tätigkeit mit den Abteilungen des Unternehmens
   - Veranlassung von Ausführungs-Arbeiten (Erhebungen, Schreibarbeiten) für den Organisator
   - regelmäßige Berichterstattung an Geschäftsleitung

3. Organisator
   - Auftragsgemäße Durchführung der **Voruntersuchung**
   - Anwendung seiner Fachkenntnisse
   - objektive Aufnahme, Darstellung und Beurteilung der bestehenden Organisationsform
   - Veranlassung der Geschäftsleitung und der Abteilungs-Leiter zur aktiven Mitwirkung an der Skizzierung einer zukünftigen Organisationsform
   - Aufzeigen von Lösungs-Alternativen
   - Empfehlung von Lösungswegen

4. Leiter der Abteilungen des Unternehmens
   - objektive Auskünfte an den Organisator
   - Unterstützung des Organisators
   - aktive Mitwirkung an der Definition der Zielsetzung für eine zukünftige Organisationsform

*Aufgaben-Beschreibungen siehe im Anhang B

Zeichen-Erklärung

B = Beratung
D = Durchführung
E = Entscheidung
M = Aktive Mitwirkung
P = Passive Mitwirkung

						DV-Abteilung										
	Geschäftsleitung	Delegierter	Abteilungen	Organisator	Organisations-Team	Leiter DV-Abteilung	Chef-Analytiker	Leiter Projekt-Team	Projekt-Team	Chef-Programmierer	System-Programmierer	Leiter Progr.-Team	Programmierer-Team	Rechenzentrum	Lieferfirmen	Anmerkung
Voraussetzungen																
Beschluß zur Voruntersuchung	E															
Ernennung des Delegierten	D	P														
Auswahl des Organisators (Beraters)	E	D		P												
Auftrag an den Organisator	E	D		P												
Istzustands-Aufnahme																
Einführung des Organisators		D		M												
Arbeits-Planung				D												
Information über Untersuchung		D	P													
Interview-Vorbereitung				D												
Interview-Durchführung			M	D												
Überprüfung der Erhebungen				D												
Istzustands-Übersicht				D												
Abstimmung, Kritik des Istzustandes		M	M	D												
Beurteilung des Istzustandes				D												
Zielsetzung																
Vorbereitung des Seminars				D												
Seminar: Kritik, Ziele des ADV-Systems	E	D	D	D												
Sollzustands-Übersicht				D												
Grobanalyse																
Soll-Ist-Gegenüberstellung				D												
Anwendbarkeit des Computers				D												
Skizzierung eines ADV-Systems				D												
Wirtschaftlichkeits-Schätzung				D												
Urteilsbildung				D												
Erstellung des Vorgehens-Plans				D												
Erstellung des Rahmenvorschlags				D												
Abschluß																
Studium des Rahmenvorschlags	D	D	D													
Diskussion	D	D	D	D												
Entscheidung über weiteres Vorgehen	E	M														

Abb. 3 **Tätigkeits-Verteilung in der Organisations-Stufe Voruntersuchung**

1.4 Inhalt und Verfahrensweise

1.41 Istzustands-Aufnahme

1.411 Inhalt

1. Information über das bestehende Organisations-System der betrieblichen Datenverarbeitung
2. Zweck der **Istzustands-Aufnahme:**
   - Kenntnisnahme der Sachaufgaben des Betriebes, primär nach Art und Inhalt, sekundär nach Durchführungsweise
   - Schaffung einer zusammenfassenden Übersicht über den Istzustand
3. Die Aufnahme des Istzustandes darf nicht zum Selbstzweck werden und hat daher nur soweit zu erfolgen, als es für den genannten Zweck notwendig ist

1.412 Bezugs-Objekte der Istzustands-Aufnahme

Die Aufnahme des Istzustandes erstreckt sich grundsätzlich auf folgende Punkte:

1. Unternehmens-Struktur:
   - Frage: wie ist das Unternehmen aufgebaut?
   - 1. Rechtsform, Besitzverhältnisse, Konzernverflechtung
   - 2. Tätigkeitsfeld des Unternehmens
   - 3. Entwicklung, Geschäftspolitik, Unternehmensziel
   - 4. Bilanz und Erfolgsrechnung
   - 5. Organisations-Schema und Stellen-Gliederung
   - 6. Struktur des Planungs- und Kontrollwesens
   - 7. Art und Inhalt der Dispositions- und Führungs-Unterlagen
   - 8. Struktur des finanziellen und betrieblichen Rechnungswesens
   - 9. Ordnungs-Begriffe der Daten (Nummern-Systematik)
2. Abteilungs-Struktur:
   - Frage: wie sind die einzelnen Abteilungen aufgebaut?
   - 1. Gliederung der Abteilung
   - 2. Aufgaben der Abteilung
   - 3. Personal-Einsatz
   - 4. Art der Hilfsmittel (Maschinen)
   - 5. Arbeitsunterlagen
   - 6. Ablage
   - 7. Raum

3. Daten-Arten:
   - Frage: welche und wie viele Daten gibt es im Unternehmen?
   - 1. Stamm-Daten, d. s. die zustands-orientierten Daten, die der Identifizierung, Klassifizierung und Charakterisierung dienen und die durch das Betriebsgeschehen nur fallweise geändert werden (Änderungsdienst), wie z. B. Artikel-Nummer, Artikel-Bezeichnung, Personal-Nummer, Kostenstellen etc.
   - 2. Bestands-Daten, d. s. die zustands-orientierten Daten der Mengen- und Werte-Struktur, die durch das Betriebsgeschehen systematisch verändert werden, wie Lagerbestands-Mengen, Anlagenwerte, Kontenstände
   - 3. Änderungs-Daten, d. s. die abwicklungs-orientierten Daten, die fallweise eine Änderung der Stamm-Daten auslösen, wie z. B. Aufnahme oder Streichung von Artikeln, Neueröffnung von Konten, Änderung der Steuergruppe eines Mitarbeiters etc.
   - 4. Bewegungs-Daten, d. s. die abwicklungs-orientierten Daten, die den Betrieb durchlaufen und zur systematischen Veränderung der Bestands-Daten führen, wie Leistungen, Lager-Bewegungen, Konten-Buchungen

4. Ablauf- (Datenverarbeitungs-) Organisation:
   - Frage: wie werden die Aufgaben der betrieblichen Datenverarbeitung in den Abteilungen abgewickelt und wie fließen die Daten durch das Unternehmen? Dabei ergibt sich z. B. für Industrie-Betriebe eine Gliederung nach folgenden Sachbereichen, die in sich noch jeweils weiter untergliedert sein können:
   - 1. Vertrieb (Abwicklung der Kundenaufträge)
   - 2. Produktion (Abwicklung der Fertigungsaufträge)
   - 3. Beschaffung (Abwicklung der Bestellungen)
   - 4. Lagerwirtschaft (Führung der Lager an Rohstoffen, Hilfs- und Betriebsstoffen, Halbfabrikaten und Fertigartikeln)
   - 5. Personalwesen
   - 6. Finanzielles und betriebliches Rechnungswesen

1.413 Verfahrensweise bei der Istzustands-Aufnahme

1. Vorbereitung der Istzustands-Aufnahme
   - Einführungs-Interview mit dem Delegierten zwecks Vermittlung eines vorläufigen Überblicks an Hand von
     - Organisations-Schema
     - Unternehmens-Struktur
     - Daten-Arten in Größenordnungen

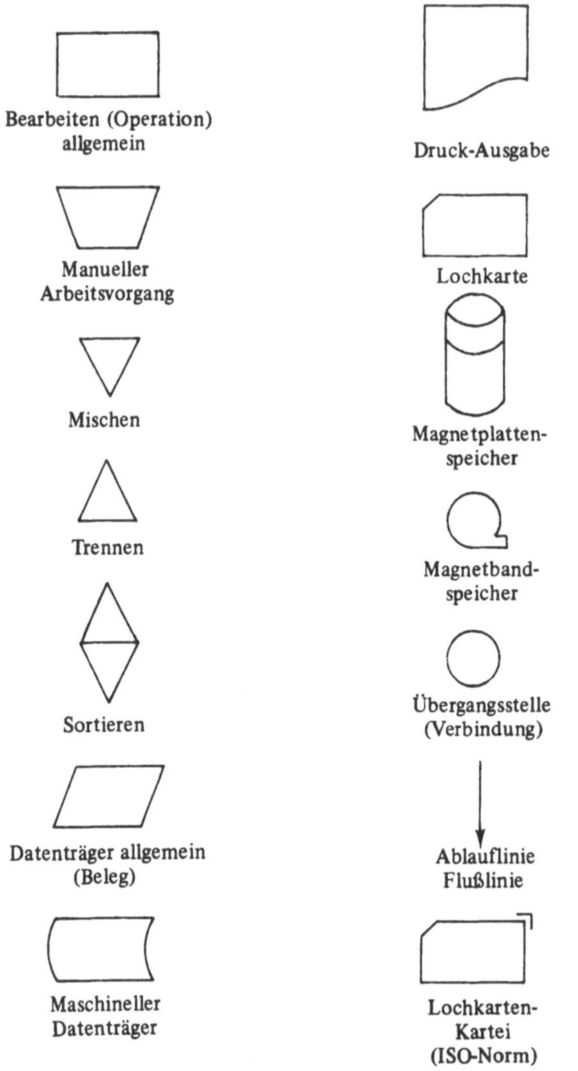

Abb. 4 **Symbole für die Darstellung von Datenfluß- und Programm-Ablaufplänen**
(Auszug von DIN-Norm 66001 vom Sept. 1966)

- Festlegen eines Termin-Planes für Interviews mit den Leitern der Abteilungen
  - Reihenfolge nach den Zusammenhängen der Ablauf-Organisation bestimmen
  - Einführungs-Termine bei den Abteilungs-Leitern fixieren
- Vorbereitung der Interviews mit den Abteilungs-Leitern durch den Organisator

2. Erhebungen im Zuge von Interviews mit den einzelnen Abteilungs-Leitern über alle Sachgebiete:
   - Ermittlung an Hand vorbereiteter Fragelisten:
     - Aufgaben-Inhalt und Daten-Arten der Sachgebiete
     - Struktur der Abteilung
   - Häufigkeiten und Periodizitäten der Daten festhalten
   - Sammlung der wichtigen Formulare, die verwendet werden
   - Skizzieren der Abläufe unter Verwendung von Norm-Symbolen (siehe Abbildung 4)
     - Grob-Darstellung der wesentlichen Phasen des Arbeits-Ablaufes
     - Verbindungen (Anschlußpunkte) zwischen den Abteilungen bzw. Sachgebieten beachten
   - Kritische Bemerkungen sind bei der Istzustands-Aufnahme nicht zu machen, jedoch sollen die Gründe ermittelt werden, die für eine bestimmte, zur Kritik Anlaß gebende Ablauf-Gestaltung geführt haben
   - Grundsätzliches Ziel der Erhebungen ist es, die Eigenart der Sachgebiets-Aufgaben und deren Zusammenhänge zu verstehen und die wesentlichen Merkmale der bestehenden Durchführungsweise zu erkennen

Beispiel

Kurzfassung der Feststellungen der **Istzustands-Aufnahme** in bezug auf das Sachgebiet „Lager-Material" der NIAG:

- Erhebungs-Ergebnis über die Sachgebiets-Struktur: darüber informiert die in Abbildung 5 wiedergegebene Frageliste „Sachgebiets-Struktur Lager", die hier für das „Lager-Material" verwendet wird
- Erhebungs-Ergebnis über eines der drei Lager für Hilfs- und Betriebsstoffe, und zwar das Elektro-Material-Lager:
  - die Abteilungs-Struktur ist aus der Abbildung 6 zu entnehmen
  - die Abwicklung der Bearbeitung im Lager ergibt sich aus dem vom Organisator erstellten Ablauf-Schema, das in der Abbildung 7/ Blatt 1 und 2 dargestellt ist
  - folgende Formulare werden im Lager verwendet
    - Lager-Kartei-Blatt für die mengenmäßige Bestandsführung (siehe Abb. 8)

NIAG 42-1. 2/xxx

DR. EBERHARD PARISINI Berater für Datenverarbeitung

Sachgebiets-Struktur LAGER	Lager-Material Hilfs- u. Betriebsmat.	Aussteller	Ausstellungsdatum	Blatt	folgt Blatt
		P	3. 9. 1968	1	-

Aufgenommen mit:	N. N.
1. Organisationsstruktur	
– Gliederung	siehe Organisationsschema
– Anzahl Lager	3 Lagerorte
– Unterstellung	Einkaufs-Abteilung
2. Bestands-Daten	
– Lager-Sortiment	
o Gliederung	teils technologisch, teils Anwendung
o Anzahl Art. Gr.	15
o Anzahl Artikel	3. 000
– Wert (Durchschnitt)	500. 000 DM
3. Bewegungs-Daten	
– Lagerbewegungen	
o Zugänge	400 Pos. auf 300 Lieferscheinen
o Rückgaben	wenige
o Ausgänge	3. 600 auf 1. 200 Ausfaßscheinen
o Retouren	wenige
– Lagerumschlag	?
4. Lagerbuchführung	
– Übernahmekontrolle	Lieferschein im Lager, E-Fakt. in Mat.-Buchhaltg.
– Numerierung	nur Material-Gruppe (2-stellig)
– Lagerkartei	
o Gliederung	nach Material-Gruppen
o Anzahl Konten	3. 000
o Art der Durchführung (mengen/wertmäßig)	mengenmäßig im Lager (Lagerkartei) mengen- und wertmäßig in Material-Buchhaltung (Mat. -Kartei)
– Wertprinzip/Eing.	Fakturenpreise
– Wertprinzip/Ausg.	FIFO
5. Lager-Inventur	
– Art	Stichtags-Inventur
– Periodizität	jährlich
6. Lagerdisposition	
– Mindestbestand	bei einigen Positionen
– Nachbestellung	Einvernehmen Lager-Leiter mit Einkauf

Bemerkungen:

Abb. 5 **Frageliste Sachgebiets-Struktur Lager**

NIAG 42-1. 2/xxx

DR. EBERHARD PARISINI Berater für Datenverarbeitung

Abteilungs-Struktur	Lager Elektro-Material	Aussteller	Ausstellungsdatum	Blatt	folgt Blatt
		P	5. 9. 1968	1	-

Aufgenommen mit:	N. N.
1. Allgemeines	
Unterstellung	Einkaufs-Abteilung
Leitung	N. N.
Gliederung	
2. Aufgaben	Führung des Lagers, Nachbestellung gemeinsam mit Einkaufs-Leiter
3. Personal	
Anzahl	1 Lagerarbeiter (gleichzeitig Montagearbeiten)
Funktion	
4. Maschinen	
Art	alte Additionsmaschine (manuell)
Anzahl	gering
Verwendung	
5. Arbeitsunterlagen	1. Lagerkartei (mengenmäßig)
Art	2."Sammler" (=Ausgänge nach Kostenstellen)
Aufbau	nach Material-Bezeichnung
Verwendung	
Umfang	mtl. 80 Zugänge, 600 Ausgänge; 1/1 jährl. Inventur (600 Positionen)
6. Ablage	
Art	ausgeschiedene Karteikarten
Aufbau	
Umfang	
7. Raum	klein, dunkel

Bemerkungen:

- viele unbewegte Positionen lt. Stichproben
- Lagerleiter nicht ausgelastet
- enge Verbindung mit Autowerkstätte (nicht immer abgeschlossen)

Abb. 6 **Frageliste Abteilungs-Struktur**

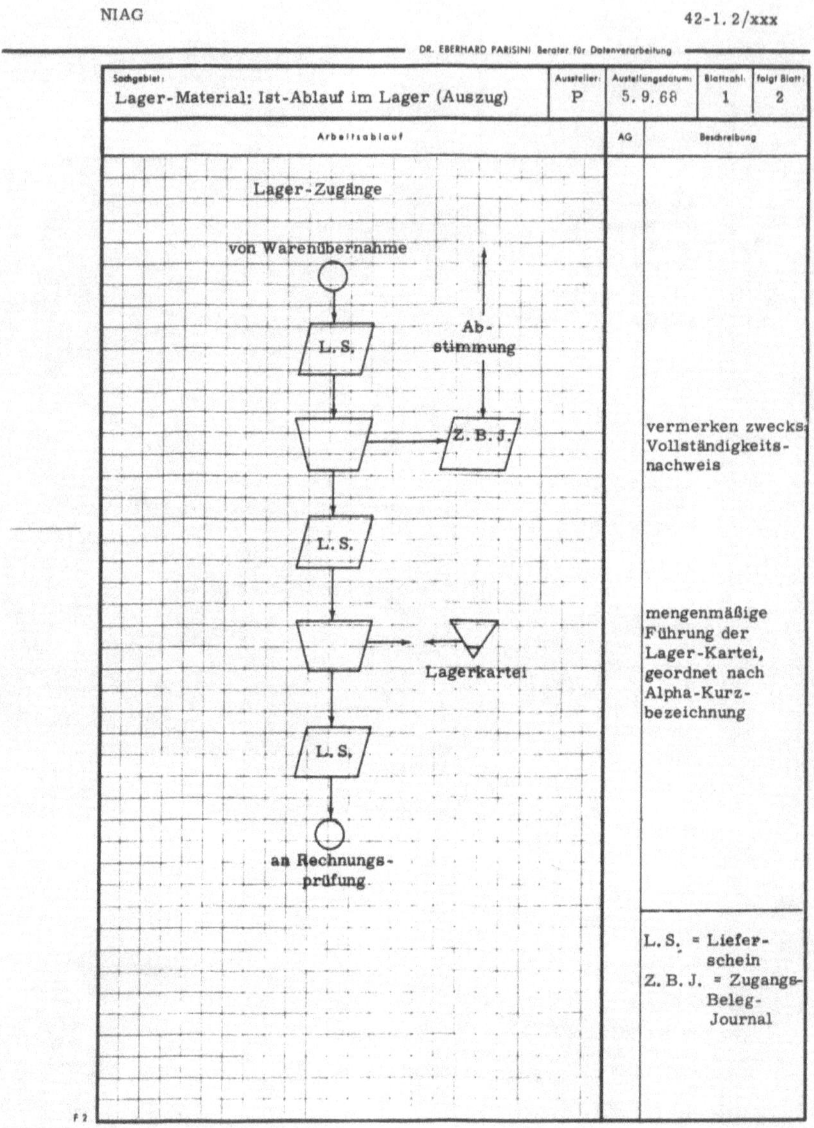

Abb. 7/1 **Ist-Ablauf im Lager**

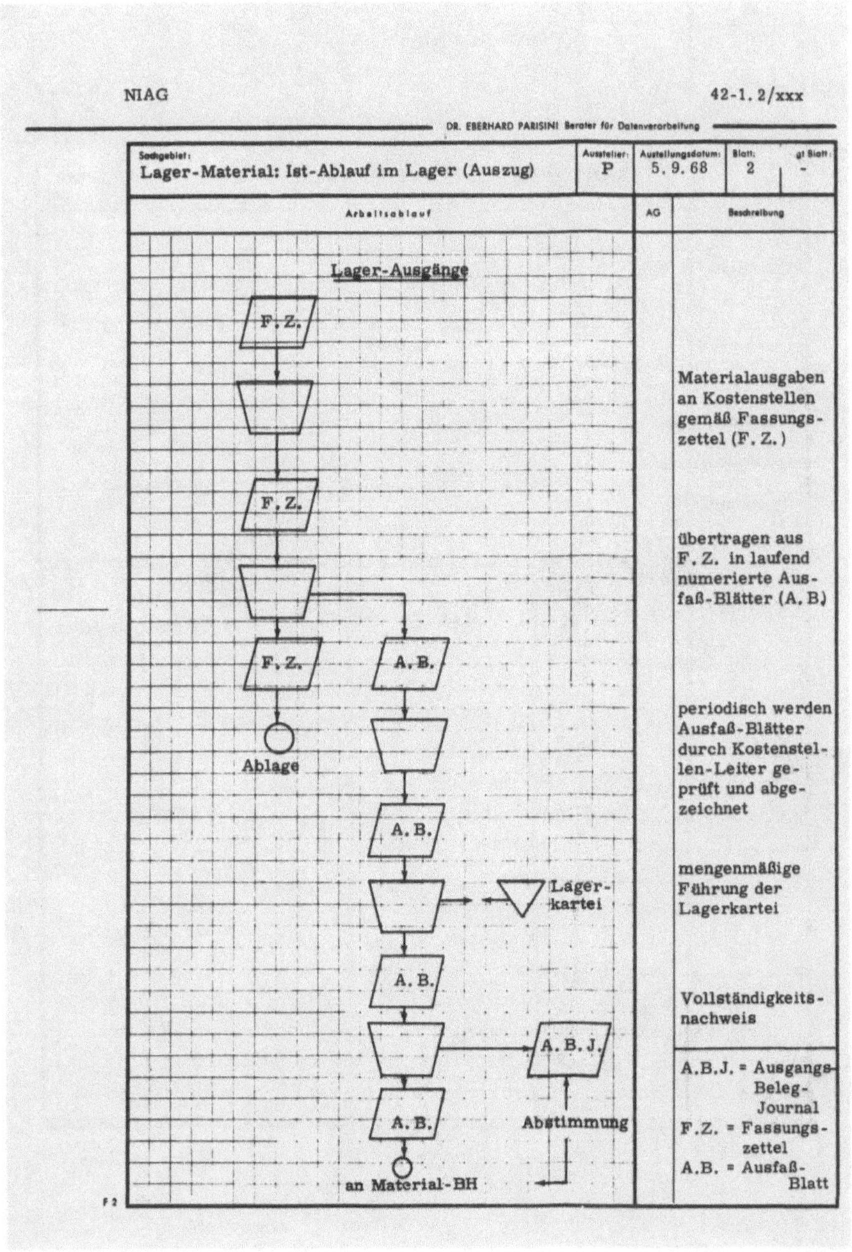

Abb. 7/2 **Ist-Ablauf im Lager**

NIAG 42-1. 3/xxx

KARTEI-Nr.	Material Gummi-Stiefel	GRUPPE: 05

Beschaffenheit:	Type "Werkwarm"
Dimension, Nr., etc.:	38 - 46
Verwendungszweck:	allg. Betrieb
Packungsart:	
Lageort:	Magazin
Platz und Fach:	A-16
Mindestbestand:	40 Paar
Höchstbestand:	
Einheit: kg, m, l, Pkt.	Paar.

1967 Datum	Nummer des Materials: Bestell- bzw. Ausfaß-blatt	E	A	Lieferer oder Empfänger	Mengen: Eingang	Ausgang	Bestand
11.10				Übertrag			53
"	6167		7429	Meister		1	52
12.10	6167		7431	Neumann		1	51
"	5140		7478	Meier		1	50
"	6158		[illegible]	[illegible]		1	49

Abb. 8 **Material-Lager: Kartei-Blatt**

- Zugangs-Journal für die Abstimmung mit der Warenübernahme
- Ausgangs-Fassungszettel der Abteilungen (formloses Papier)
- numerierte Ausfaß-Blätter je Kostenstelle im Lager (siehe Abb. 9)
- Ausgangs-Journal für die Abstimmung mit der Material-Buchhaltung

- Personal-Einsatz in allen drei Lagern:
  - 5 Angestellte
  - 3 – 4 Lagerarbeiter
- Verwendete Hilfsmittel: 3 Additionsmaschinen (Handbetrieb)

- Zusammengefaßtes Erhebungs-Ergebnis über die Material-Buchhaltung
  - der Arbeitsablauf in der Buchhaltung ist aus dem Ablauf-Schema der Abbildung 10/Blatt 1 und 2 ersichtlich
  - Formulare
    - Konto-Blatt (siehe Abb. 11)
    - Kostenstellen-Tabelle
    - Ausgangs-Buchungs-Beleg
  - Personal: 2 Buchhalter
  - 1 Rechenmaschine (manuell), 1 elektr. Additionsmaschine
- *Anmerkung:* Die auf den Abbildungen rechts oben angegebenen Nummern, wie 42-1.2/xxx stellen die vom Organisator verwendete Ablage-Nummer entsprechend seiner Dokumentations-Methode dar. Im weiteren Verlauf der Darstellung wird diese noch erklärt (siehe Abschnitt 2.23)

3. Überprüfung der Erhebungen
   - Prüfen auf Vollständigkeit der Aufzeichnungen
   - Anfertigen eines Übersichtsplanes über die wesentlichen Datenflüsse
   - Überlegen der Zusammenhänge

4. Zusammenstellung einer Istzustands-Übersicht, die alle Sachgebiete des Unternehmens umfaßt und in der – jeweils mit Angabe der Periodizität der Bereitstellung – je Gebiet angegeben sind:
   - Durchführungs-Aufgaben (z. B. Fakturierung)
   - Planungs-, Dispositions- und Kontroll-Aufgaben, die damit verbunden sind (z. B. Bonitätskontrolle)
   - Informationen als Entscheidungs-Grundlagen, die dafür erforderlich sind (z. B. Debitorenstand)

Beispiel

Die Istzustands-Übersicht über das Sachgebiet „Lager-Material" ist in der Abbildung 12 wiedergegeben

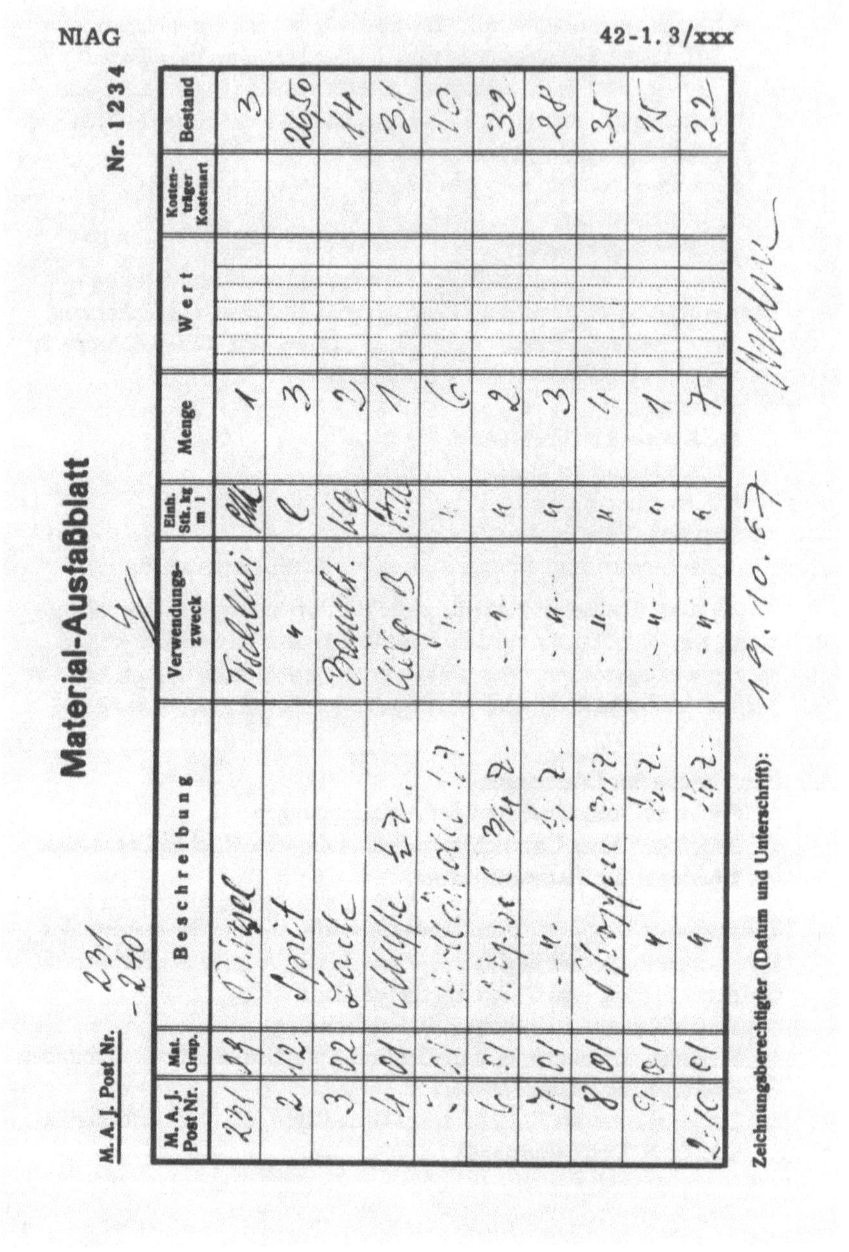

NIAG 42-1. 3/xxx

Material-Ausfaßblatt

M. A. J. Post Nr. 231 - 240 Nr. 1234

4

M. A. J. Post Nr.	Mat. Grup.	Beschreibung	Verwendungszweck	Einh. Stk. kg m l	Menge	Wert	Kostenträger Kostenart	Bestand
231	19	[illegible]	Tischlerei	Stk.	1			3
2	12	Sprit	"	l	3			26,50
3	02	Lack	Bauabt.	kg	2			14
4	01	Muffe ½ Z.	Allg. B	Stk.	1			31
5	01	Holländer ½ Z.	-"-	"	6			10
6	01	Doppel ¾ Z.	-"-	"	2			32
7	01	-"- ½ Z.	-"-	"	3			28
8	01	Stopfen 3/4 Z.	-"-	"	4			35
9	01	" ½ Z.	-"-	"	1			15
240	01	" ¼ Z.	-"-	"	7			22

Zeichnungsberechtigter (Datum und Unterschrift): 19.10.67 [illegible]

Abb. 9 **Material-Lager: Ausfaßblatt**

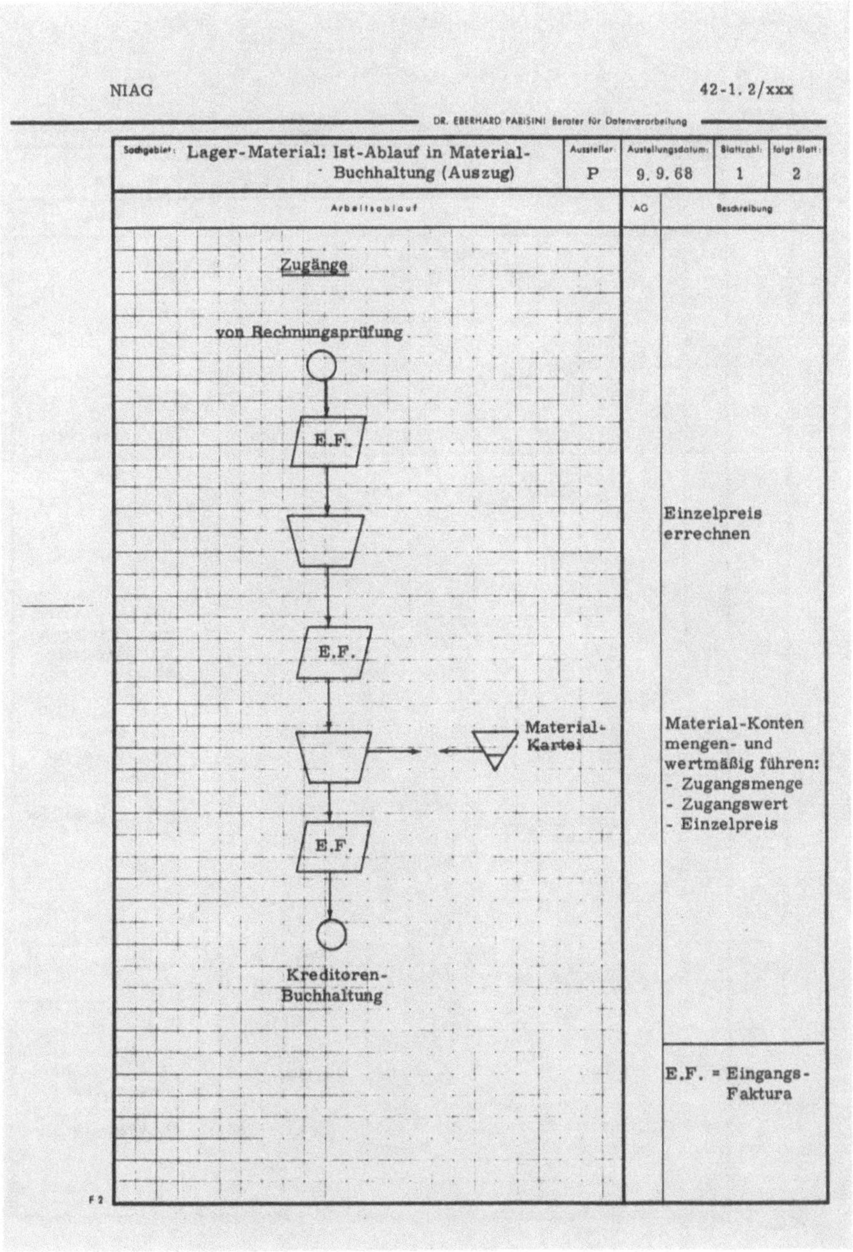

Abb. 10/1 **Ist-Ablauf in Material-Buchhaltung**

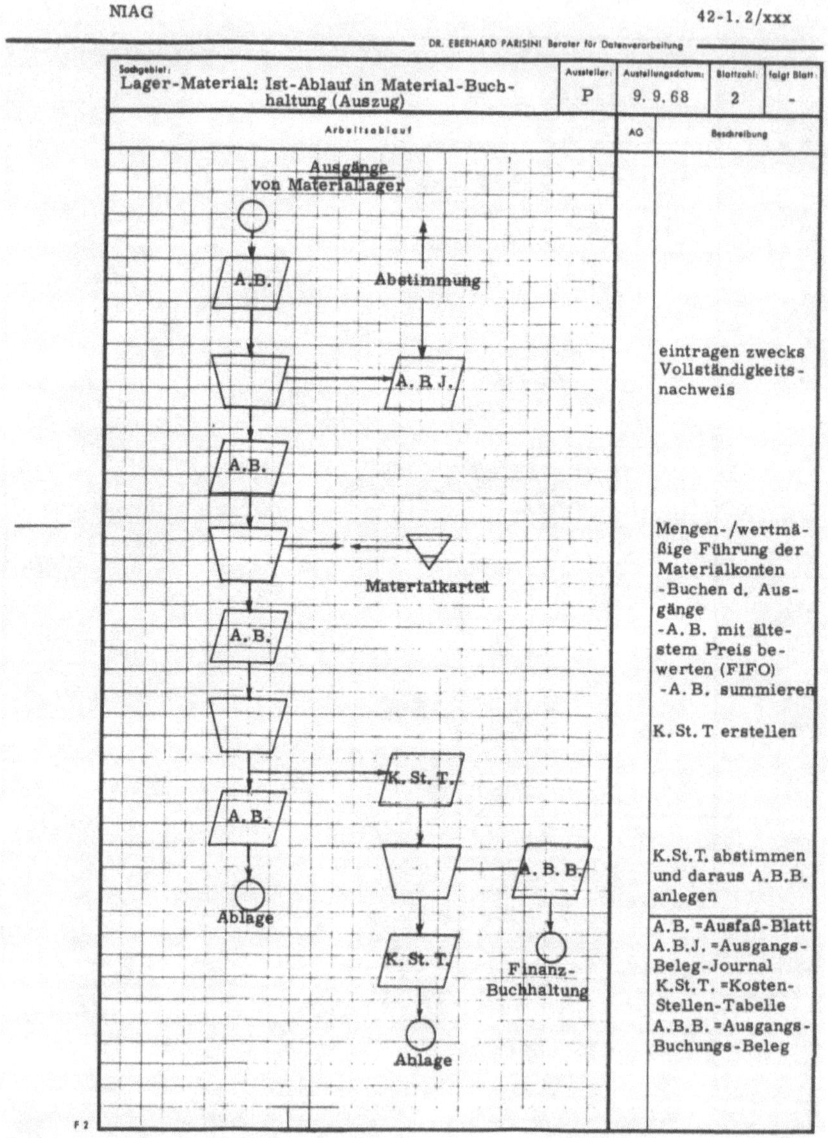

Abb. 10/2 **Ist-Ablauf in Material-Buchhaltung**

NIAG 42-1. 3/xxx

KARTEI-NR.: Schr. MATERIAL: Mutterschrauben 10/40 mm GRUPPE NR.: 01

1967				PREIS		MENGEN			
Dat.	Beleg	Lieferant o. Empfänger	Fakturenwert	pro	S	Art	Eingang	Ausgang	Bestand
		Übertrag		%	70 12	St.	783	596	187
8.4.	824	Hofberger	146 40		73 20	"	200		387
26.4.	2340	4				"		12	375
27.4.	2490	4				"		16	359
12.5.	4267	4				"		8	351
14.6.	1384	Gebr. Gross	148 –		74 –	"	200		551
15.6.	6045	4		(151 49	70 12 73 30)	"		200	351
		Inventur 30.6.67				"			351

Abb. 11 **Material-Buchhaltung: Konto-Blatt**

NIAG 42-1.2/xxx

DR. EBERHARD PARISINI Berater für Datenverarbeitung

ISTZUSTANDS-ÜBERSICHT

Durchführungs-Aufgaben	Per.	Planungs-, Dispositions- und Kontroll-Aufgaben	Per.	Informationen	Per.
Material-Lager					
- Fassungszettel	L	- Bestelldisposition	L		
- mengenmäßige Karteiführung	L				
- Zugangsbeleg-Journal	L				
- Ausgangsbeleg-Journal	L				
- Ausfaßblätter nach Kostenstellen	L	- Formalkontrolle auf korrektes Abzeichnen der Fassungsblätter	W	- mengenmäßige Verbrauchsübersicht nach Kostenstellen	W
		- Inventur	J		
Material-Buchhaltung					
- mengen- und wertmäßige Karteiführung	L				
- Errechnen der Einzelpreise	L				
- Bewerten der Ausfaßblätter	L				
- Summieren der Ausfaßblätter	L				
- Abstimmen der Ausfaßblätter	L				
- Erstellen des Buchungsbeleges über Ausgänge für Finanzbuchhaltung	M			- Wertmäßiger Verbrauch je Kostenstelle	M

L = laufend
W = wöchentlich
M = monatlich
J = jährlich

F.0

Abb. 12 **Istzustands-Übersicht**

5. Abstimmen der Istzustands-Übersicht mit dem Delegierten und den Abteilungs-Leitern, um
   - die Richtigkeit und Vollständigkeit der Istzustands-Aufnahme zu gewährleisten
   - Mißverständnisse zu verhindern
   - Ansätze zur Kritik zu erkennen
6. Zusammenfassende kritische Beurteilung des Istzustandes durch den Organisator:
   - Feststellen von Mängeln der Organisation
   - Überlegen, welche Informationen fehlen oder nicht ausreichend sind
   - Überlegen, wo kurzfristig Verbesserungen möglich wären

1.42 Zielsetzung

1.421 Inhalt

1. Bestimmung der Ziele, auf die das ADV-System auszurichten ist
2. Zweck dieser Zwischenstufe ist:
   - sachliche Kritik des Istzustandes
   - freie Diskussion von inhaltlichen Wünschen und Anforderungen
   - Formulierung realistischer Anforderungen an die neue Organisationsform
3. Bezugsobjekt der **Zielsetzung** ist der Inhalt der Sachaufgaben des Unternehmens,
   - ausgehend von der Art ihrer Durchführung im Istzustand und
   - orientiert an der möglichen Art der Durchführung in einem vorstellbaren Sollzustand

1.422 Verfahrensweise bei der Zielsetzung

1. Vorbereitung eines Seminars für die Geschäftsleitung und die Abteilungs-Leiter gemeinsam durch den Delegierten und den Organisator
   - Terminfestlegung
   - Tagesordnung fixieren
   - Istzustands-Übersicht beilegen
   - Aufforderung zur Vorbereitung
2. Durchführung des Seminars
   - 1. Einführungs-Vortrag über das Wesen der ADV durch den Organisator
     - Erfordernisse und Möglichkeiten der ADV
     - Prozeß des Umdenkens einleiten

  - gedankliche Loslösung von den Formen der bestehenden Organisation
  - Ausrichtung auf ganzheitliche, umfassende und system-orientierte Betrachtungsweise
  - Ausschalten von Angst-Komplexen
  - Appell an Interesse und aktive Mitarbeit
- 2. Freie und kritische Aussprache über den Istzustand
  - alle Sachgebiete an Hand der Istzustands-Übersicht durchbesprechen
  - Zweckmäßigkeit der derzeitigen Abwicklung überlegen
  - Schwächen und Mängel, Doppelarbeiten, Engstellen etc. ermitteln

Beispiel

- Kritik am Istzustand im Lager
  - Zugänge: separate Eintragung in Zugangs-Journal und in Lager-Kartei
  - Ausgänge:
    - Erstaufzeichnung mit Fassungszettel wird übertragen in Ausfaßblatt (je Kostenstelle eigenes Blatt)
    - Abzeichnungs-Methode durch Kostenstellenleiter aufwendig (Zeitverlust)
    - Eintragung separat in Ausgangs-Journal und in Lager-Kartei
  - Allgemein: hoher Arbeitsaufwand für administrative Aufgaben (Kartei, Evidenz, Ablage, Abstimmung)
- Kritik am Istzustand in der Material-Buchhaltung
  - Zugänge:
    - nochmalige mengenmäßige Eintragung in Kontoblatt
    - unterschiedliche Preise müssen nach fifo-Prinzip getrennt geführt werden
    - Errechnung der Einzelpreise notwendig
  - Ausgänge:
    - nochmalige mengenmäßige Eintragung
    - Anwendung des jeweiligen ältesten Zugangs-Preises (fifo) bei Bewertung
    - Summenbildung der Ausfaßblätter zu Kostenstellensummen über Zwischenaufstellung
  - Allgemein
    - hoher Arbeitsaufwand ohne großen Nutzeffekt
    - geringe Aussagekraft der Bestandsführung (wird praktisch für Auskünfte nicht verwendet)
    - Disposition erfolgt unabhängig davon nach effektivem Lagerbestand
    - hoher Rückstand (2 bis 3 Monate)

- 3. Diskussion zukünftiger Lösungen
  - Abkehr von gewohnten Denk-Kategorien (Umdenken)
  - Bemühen um Gesamt-Schau, d. h. System-Denken
  - Überlegen der Nützlichkeit anderer und erweiterter inhaltlicher Lösungen
  - bessere betriebswirtschaftliche Methoden berücksichtigen
  - besonders auf Verbesserung der Entscheidungs-Grundlagen achten
  - Überlegen und Festlegen von Kennzahlen über das Betriebsgeschehen
  - Wünsche und Vorstellungen, zunächst auch ohne Rücksicht auf die Durchführbarkeit, festhalten

Beispiel

Diskussion der zukünftigen Lösung für das Sachgebiet „Lager-Material" mit folgenden Zielen:

- Einschränkung der manuellen Tätigkeit auf die Datenerfassung
- Zusammenfassung von mengen- und wertmäßiger Bestandsführung durch die ADV
- Wegfall der manuellen Karteiführung
- allenfalls Umwandlung der Lagerkartei in Lagerfach-Kartei
- Einführung von Verrechnungspreisen
- termingerechte Ausführung aller Aufgaben
- Schaffung aussagefähiger aktueller Dispositions-Grundlagen und Informationen
- Freistellung von Arbeitskräften
- Konzentration aller Sachaufgaben im Rahmen eines ADV-Systems
- Automatisierung der Verknüpfungen zu und von den Anschluß-Sachbereichen (Beschaffung, Finanzbuchhaltung, neu zu bildende Betriebsabrechnung)

- 4. Definition der Ziele
  - Zusammenfassende Präzisierung der Wünsche, Anforderungen und Erwartungen an das zukünftige Organisations-System
  - Gestaltung dieser Forderungen in einer den Gegebenheiten des Unternehmens und den Möglichkeiten der ADV entsprechenden realistischen Form
  - Formulierung der sich daraus ergebenden konkreten Zielsetzung für die ADV

3. Zusammenstellung einer Sollzustands-Übersicht durch den Organisator, analog der Istzustands-Übersicht mit Angabe der in Zukunft zu erfüllenden Aufgaben in der Gliederung nach
   - Durchführungs-Aufgaben

NIAG 42.1.2/xxx

DR. EBERHARD PARISINI Berater für Datenverarbeitung

SOLLZUSTANDS-ÜBERSICHT

Durchführungs-Aufgaben	Per.	Planungs-, Dispositions- und Kontroll-Aufgaben	Per.	Informationen	Per.
Lager-Material					
- manuell					
o Führen einer Lagerfachkartei	L	- Lagerbestands-Übersicht	M	- Wert der Lagerbestände	M
		- Mindestbestands-Unterschreitung	M		
o Erfassen aller Lagerbewegungen	L	- Inventur-Differenzen	M	- Werte der einzelnen Bewegungsarten	M
o permanente Inventur	L	- Bestands-Berichtigungen	M	- Werte der Warengruppen	M
		- letzte Inventur	M		
- maschinell					
o Lagerbestandsfortschreibung mengen- und wertmäßig zu Verrechnungspreisen	M			- Anzahl der Bewegungen	M
				- mengen- und wertmäßige Verbrauchsübersicht nach Kostenstellen	M
o Bestandsliste					
o Zugangsjournal	M			- Ladenhüter	M
o Ausgangsjournal	M			- Statistiken	M
o Inventuraufnahme-Liste	M				
o Kostenstellen-Verteiler	M				
o Automatische Verknüpfung von und zu Beschaffung, Finanzbuchhaltung und Betriebsbuchhaltung	M				

L = laufend
M = monatlich

F.0

Abb. 13 **Sollzustands-Übersicht**

- Planungs-, Dispositions- und Kontroll-Aufgaben
- Informationen als Entscheidungs-Grundlagen

Es ist dabei nach Tunlichkeit bereits die Form der zukünftigen Organisation (z. B. konzentrierte Datenerfassung aller Bewegungen) sowie die Zusammenhänge mit anderen Sachgebieten zu berücksichtigen

Beispiel

Die Sollzustands-Übersicht ist in der Abbildung 13 dargestellt

1.43 Grobanalyse

1.431 Inhalt

1. Entwicklung einer ersten Modell-Skizze für das zukünftige ADV-System
2. Zweck der **Grobanalyse** ist:
   - Überleitung der Organisationsform vom Istzustand zum Sollzustand gemäß Zielsetzung
   - Erkennen der Art und Größenordnung des zukünftigen ADV-Systems
   - Schaffung der Grundlage für die Beurteilung, ob das skizzierte ADV-System gerechtfertigt ist
   - Bestimmen der Richtung für das weitere Vorgehen
3. Bezugsobjekt der **Grobanalyse** ist die Organisationsform der Datenverarbeitung

1.432 Verfahrensweise bei der Grobanalyse

Anmerkung: Die Überlegungen der **Grobanalyse** sollen nicht in die Tiefe gehen, da es für die **Voruntersuchung** genügt, zu einer größenordnungsmäßig richtigen Beurteilung zu gelangen. Hierbei hat der erfahrene Organisator in der Regel die Möglichkeit, aus der Praxis heraus relativ rasch zu einem Urteil zu kommen. Er kann und muß weitgehend mit Erfahrungswerten operieren. Daher ist es ratsam, für die Voruntersuchung nach Tunlichkeit einen solchen Fachmann beizuziehen

1. Gegenüberstellen von Istzustands- und Sollzustands-Übersicht
   - Auswirkungen auf Durchführungs-Aufgaben überlegen
   - Auswirkungen auf Daten-Arten beachten (z. B. größerer Umfang der Datenerfassung bei stärkerer Datengliederung)
2. Anwendbarkeit eines Computers überlegen
   - Möglichkeiten des Computer-Einsatzes durchdenken

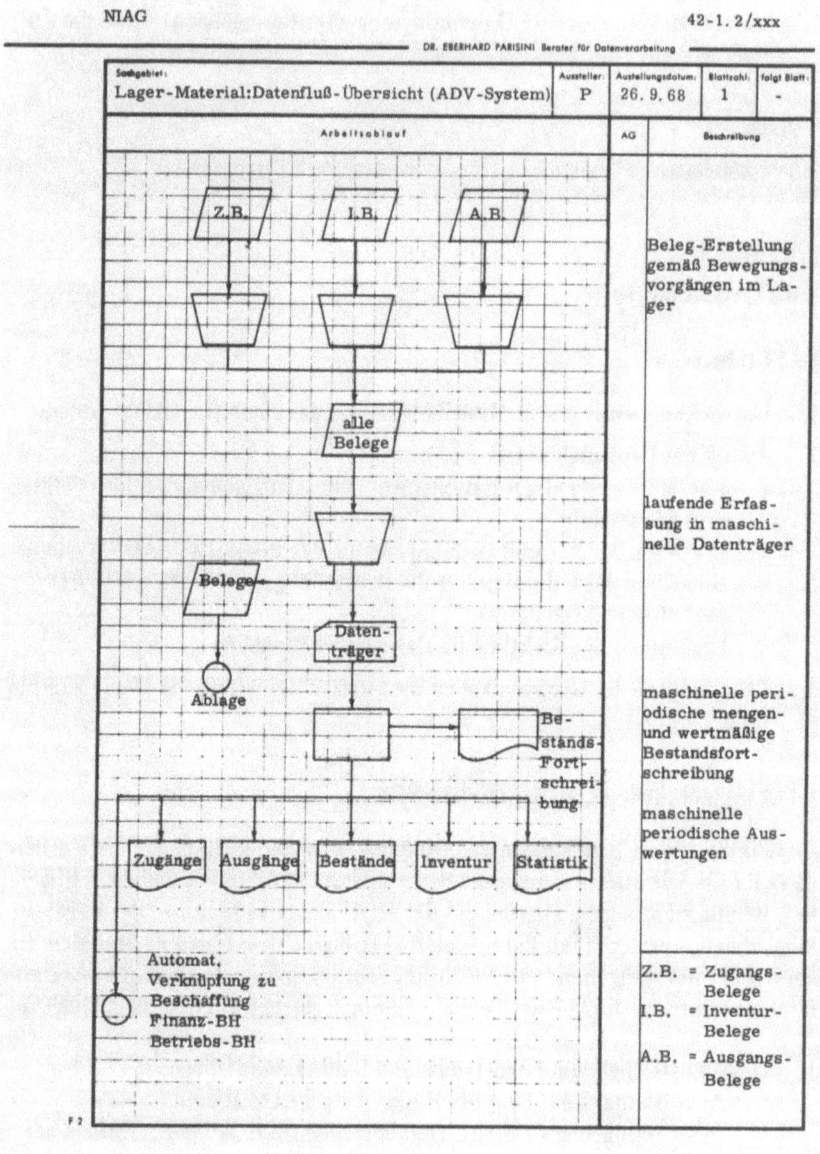

Abb. 14 **Lager-Material: Datenfluß-Übersicht (ADV-System)**

- o Skizzierung von Soll-Lösungen in Form von Datenfluß-Übersichten für die Sachgebiete vornehmen
- o Größenordnung des dafür erforderlichen Computers schätzen
- o Organisatorische Vorteile und Nachteile überlegen und zusammenstellen

Beispiel

Anwendbarkeit der ADV für das Sachgebiet „Lager-Material"

- o die Lagerbestandsführung ist ein typisches Anwendungsgebiet
- o die Größenordnung des Datenanfalles ist gegeben
- o die Datenfluß-Übersicht für das ADV-System des Sachgebietes zeigt die Abb. 14

3. Anwendbarkeit anderer Organisations-Maßnahmen
   - o Konventionelle Lösungs-Möglichkeiten erforderlichenfalls als Alternative durchdenken
   - o Organisatorische Vorteile und Nachteile solcher Lösungen überlegen und mit Computer-Anwendung vergleichen
4. Wirtschaftlichkeits-Schätzung unter Berücksichtigung folgender Faktoren, die jeweils nur Richtgrößen-Charakter haben:
   - o Art und Größe des erforderlichen Computers und sonstiger Maschinen
   - o Aufwand für die Durchführung des Einführungs-Verfahrens (Personal, Maschinen-Installation, Raum etc.)
   - o Aufwand für den laufenden Betrieb (Miete, Personal, Betriebskosten etc.)
   - o Ausmaß und Zeitpunkt der zu erwartenden Einsparungen, die ziffernmäßig erfaßbar sind
   - o Art, Ausmaß, Wertigkeit und Zeitpunkt der sonstigen Vorteile
   - o Art, Ausmaß und Wertigkeit von Nachteilen

Beispiel

Wirtschaftlichkeits-Schätzung für das Sachgebiet „Lager-Material":

o Ziffernmäßige Einsparungen (in DM)		
o Arbeitskraft-Einsparungen		
3 Angestellte (Lagerkartei)	ca.	30.000 jährlich
2 Buchhalter (Material-Buchhaltung)	ca.	25.000 jährlich
o Reduktion der Kapitalbindung:		
ca. 10 % v. 500.000 = 50.000,		
dav. 10% Zinsen	ca.	5.000 jährlich
		60.000 jährlich
	~	5.000 monatl.

- Sonstige Vorteile
  - Kombinierte, mengen- und wertmäßige Führung der Lagerbestände
  - Erstellung gezielter, kurzfristiger Dispositions-Grundlagen
  - Bereitstellung zusätzlicher Informationen
  - Termingemäße Abwicklung der Aufgaben
  - Platz-Gewinn durch Ausscheiden der Ladenhüter
  - Verbesserung von Ordnung und Übersicht
- Nachteile sind von der Einführung eines ADV-Systems für das „Lager-Material" nicht zu gewärtigen

5. Urteilsbildung
   - Zusammenfassende Würdigung der getroffenen Feststellungen und Überlegungen
   - Beantwortung der Frage, ob nach den Gegebenheiten des Unternehmens gerechtfertigt ist, ein umfassendes ADV-System einzurichten und daher das Verfahren fortzusetzen
6. Plan für das weitere Vorgehen entwerfen
7. Ausarbeitung des schriftlichen Rahmenvorschlages

1.5 Abschlußergebnis der Voruntersuchung

1.51 Rahmenvorschlag

1. Das Ergebnis der **Voruntersuchung** ist der Rahmenvorschlag, der schriftlich kurz und übersichtlich folgende Punkte behandelt:
   - 1. Aufgabenstellung
   - 2. Istzustands-Übersicht
   - 3. Sollzustands-Übersicht
   - 4. Skizzierung des zukünftigen ADV-Systems
   - 5. Wirtschaftlichkeits-Schätzung
   - 6. Rechtfertigung des ADV-Systems
   - 7. Vorgehens-Plan
   - 8. Empfehlung
2. Die Details der **Istzustands-Aufnahme** sind im Rahmenvorschlag nicht enthalten. Die entsprechenden Aufzeichnungen sind vom Organisator in übersichtlicher Form zu dokumentieren
3. Führt das Ergebnis der **Voruntersuchung** zu einer positiven Beurteilung, so enthält der Rahmenvorschlag die Empfehlung, eine **Grund-Konzeption** auszuarbeiten

Beispiel

Auszugsweise Kurzfassung der Wirtschaftlichkeits-Schätzung in bezug auf das Unternehmen NIAG:

- Es wird voraussichtlich ein Computer in der Größenordnung von 24 oder 32K Zentralspeicher mit Magnetplatten erforderlich sein
- Einmaliger Aufwand:
  - Organisations-Vorbereitungen (inkl. Personalaufwand) ca. 250.000 – 350.000 DM
  - Maschinen- und Raum-Aufwand ca. 150.000 – 250.000 DM

  verteilt auf etwa 2 – 3 Jahre insgesamt ca. 400.000 – 600.000 DM
- Aufwand für den laufenden Betrieb: 40.000 – 50.000 DM monatlich
- Ziffernmäßige Einsparungen:
  - Arbeitskraft von 40 – 50 Mitarbeitern à 900 ca. 36.000 – 45.000 DM monatlich
  - Zinsen-Einsparung durch geringere Kapitalbindung 2.000 DM monatlich

  insgesamt ca. 38.000 – 47.000 DM monatlich

  Somit dürfte in etwa mit einem geringen Mehraufwand im Verhältnis zum Istzustand zu rechnen sein, wobei allerdings die Einsparungen erst zeitlich versetzt zum Tragen kommen
- Die Geschäftsleitung schätzt, daß durch verbesserte und aktuelle Informationen (z. B. bessere Sortiments-Politik und gezielte Verkaufs-Steuerung durch kurzfristige Information über die Artikel-Ergebnisrechnung, die laut Zielsetzung neu eingeführt werden soll) das Betriebsergebnis um etwa 250.000 DM/Jahr verbessert werden könnte. Daher dürfte sich der Einführungs-Aufwand innerhalb von etwa vier Jahren ab Wirksamwerden des neuen Systems amortisieren. Die Geschäftsleitung erkennt, daß sie den wachsenden Anforderungen des Marktes auf weitere Sicht nur dann zu entsprechen vermag, wenn sie sich ein leistungsfähiges Instrument schafft.
- Einen wesentlichen Vorteil erblickt die Geschäftsleitung vor allem in der Entschärfung des Personalproblems. Die außergewöhnlich hohe Anzahl an einzusparenden Arbeitskräften ist auf die Tatsache zurückzuführen, daß die bestehende Vertriebs-Organisation rein manuell ausgeführt wird. Ein Großteil der Schwierigkeiten, die sich aus den steigenden Kosten, abnehmender Arbeitszeit, häufigem Personalwechsel, unterschiedlicher Einsatzbereitschaft etc. ergeben, kann durch den Einsatz eines Computers vermieden werden
- *Anmerkung:* In der Regel darf nicht mit derart hohen Personal-Einsparungen gerechnet werden

1.52 Entscheidung

1. Studium des Rahmenvorschlages durch die Geschäftsleitung
2. Diskussion der Vor- und Nachteile mit dem Organisator
3. Beschluß der Geschäftsleitung
   - eine positive Entscheidung führt zur Einleitung der folgenden zweiten Organisations-Stufe, d. h. zur Ausarbeitung eines ADV-Grundkonzeptes nach dem Vorgehens-Plan
   - bei negativem Beschluß wird das Verfahren hiermit eingestellt

Beispiel

Die Geschäftsleitung beschließt unter Bedachtnahme auf die Vorteile trotz dem voraussichtlich höheren laufenden Aufwand und den hohen Einführungs-Kosten, das Verfahren fortzusetzen

2. Organisations-Stufe Grund-Konzeption

2.1 Überblick

2.11 Zweck

1. Konzipierung der zukünftigen Organisationsform auf der Basis der automatisierten Datenverarbeitung (ADV-System) für alle Sachbereiche des Unternehmens gemäß Zielsetzung. Dafür ist der folgende Leitgedanke maßgebend:
   - o das Unternehmen ist eine wirtschaftliche Einheit
   - o seine einzelnen Sach-Aufgaben sind nur im Rahmen dieser Einheit des Unternehmens sinnvoll auszuführen
   - o die Verknüpfungen und Verbindungen zwischen den einzelnen Aufgaben ergeben sich aus dem ganzheitlichen Charakter des Unternehmens
   - o daher muß sich die Organisationsform auf alle Sach-Aufgaben beziehen
   - o dies gilt in besonderem Maße bei Verwendung automatischer Büromaschinen, die Daten speichern können (Computer), weil dadurch nicht nur die Verarbeitungsvorgänge im engeren Sinne sondern auch die Verbindungen weitgehend automatisierbar werden
   - o daher ermöglicht die Verwendung des Computers auch die maschinelle Führung von Beständen und Evidenzen und damit grundsätzlich die Integrierung der Aufgaben aller Sachbereiche in die Organisationsform eines umfassenden ADV-Systems
   - o es ist anzustreben, dem Computer auch die Ausführung von Routine-Entscheidungen zu übertragen und ihn so einzusetzen, daß die von ihm gelieferten Ergebnisse weitmöglich den Charakter von Entscheidungs-Grundlagen erhalten
   - o dies führt dazu, daß das einzurichtende ADV-System inhaltlich als integriertes Abrechnungs- und Informations-System ausgebaut wird
   - o die Verwirklichung eines solchen umfassenden Systems ist jedoch kurzfristig nicht möglich, sondern kann nur etappenweise vorgenommen werden
   - o als Etappen kommen die einzelnen Sachbereiche bzw. Teile derselben (Sachgebiete) – jeweils in Form von ADV-Systemen – in Betracht
   - o um diese Einzel-Systeme auf das umfassende ADV-System ausrichten zu können, muß dieses vorweg in seinen Grundzügen konzipiert werden (Grundkonzept)
   - o die Erarbeitung der Grundkonzepte für die einzelnen Sachgebiete und deren Synthese bilden die Basis für das umfassende ADV-System des Unternehmens
2. Ermittlung der Anforderungen, die als Voraussetzung für die Realisierung des ADV-Systems in bezug auf Personal, Computer und Raum bestehen

3. Vornahme einer Wirtschaftlichkeits-Berechnung
4. Erstellung eines Realisierungs-Planes, nach dem die **Vorbereitung** und schrittweise **Realisierung** des umfassenden ADV-Systems abgewickelt werden sollen

2.12 Gliederung

1. Die Organisations-Stufe **Grund-Konzeption** umfaßt folgende Zwischenstufen, die in den nachstehend genannten Unterabschnitten nach Inhalt und Verfahrensweise beschrieben werden:
   - **Sachgebiets-Analyse** (Unterabschnitt 2.41)
   - **System-Synthese** der Sachgebiete (Unterabschnitt 2.42)
   - **Kapazitäts-Erfordernisse** (Unterabschnitt 2.43)
   - **Wirtschaftlichkeits-Berechnung** (Unterabschnitt 2.44)
   - **Realisierungs-Plan** (Unterabschnitt 2.45)
2. Die Beilage zeigt das Detail-Netzwerk B für diese Organisations-Stufe

2.2 Voraussetzungen

2.21 Veranlassung

1. Die Organisations-Stufe **Grund-Konzeption** wird durch einen diesbezüglichen Beschluß der Geschäftsleitung ausgelöst
2. Grundlage für diesen Entschluß sind
   - die Motive, die zur **Voruntersuchung** geführt haben
   - die positive Empfehlung des Organisators im Rahmenvorschlag

2.22 Personelle Voraussetzungen

1. Fortsetzung des Auftrages an den Delegierten der Geschäftsleitung zur verantwortlichen Führung der ADV-Angelegenheiten
2. Auftragserteilung zur Durchführung der **Grund-Konzeption** an einen Fachmann für ADV-Organisation*
   - Unternehmens-eigener Organisator, sofern dieser die ausreichende fachliche Qualifikation besitzt
   - andernfalls ist ein außenstehender Berater für dieses Spezialgebiet heranzuziehen

*Es wird auch weiterhin der neutrale Begriff „Organisator" verwendet, gleichgültig, ob ein unternehmens-eigener Mitarbeiter oder ein außenstehender Berater diese Tätigkeit ausübt.

3. Bildung eines Organisations-Teams
   - Bereitstellung von einigen qualifizierten Mitarbeitern des Unternehmens für die Dauer der Entwicklungsarbeit an der **Grund-Konzeption** zur Assistenz des Organisators
   - Testen der Mitarbeiter auf ihre Eignung als Organisations-Assistenten
   - Freistellung der Mitarbeiter von anderen Arbeiten
   - Ausbildung dieser Mitarbeiter in den Grundbegriffen der ADV durch Besuch von Einführungs-Seminaren
   - Spezial-Schulung der Mitarbeiter durch den Organisator in Verfahrens-Fragen
4. Information der Abteilungs-Leiter des Unternehmens durch den Delegierten darüber, daß
   - eine **Grund-Konzeption** ausgearbeitet wird
   - dabei ihre aktive Mitarbeit erwartet wird
   - eine oder mehrere Verbindungspersonen der Abteilungen auf Zeit zur konkreten Mitarbeit zur Verfügung stehen müssen

2.23 Arbeitstechnische Voraussetzungen

1. Bereitstellung geeigneter Arbeitsplätze für das Organisations-Team
2. Bereitstellung von Hilfsmitteln
   - Schreib- und Zeichenmaterial
   - Darstellungs-Methoden für Arbeitsabläufe (Symbole in Abb. 4)
   - Schablonen
   - Formulare
   - Kopiergerät
   - Ablagemöglichkeit etc.
3. Alle für die Entwicklungsarbeit erforderlichen Unterlagen müssen zugänglich sein
4. Festlegung von Richtlinien für die Protokollierung
   - Protokollierung aller wesentlichen Besprechungs-Ergebnisse (Muster eines Protokolls siehe Abb. 15)
   - Verteilungsregeln für die Protokolle; jedenfalls haben die jeweiligen Teilnehmer an den Besprechungen eine Kopie zu erhalten
   - Gültigkeit des Protokoll-Inhalts: Annahme der Zustimmung, wenn bestimmte Frist ohne Einspruch verstreicht
5. Einrichtung der Ablage-Ordnung für eine systematische Dokumentation
   - Grundsätzlichen Aufbau der Dokumentation festlegen (siehe Muster einer Gliederungs-Systematik in Abb. 16)
   - Sachbereiche des Unternehmens und, soweit im voraus möglich, deren Untergliederung in Sachgebiete bestimmen
   - Dementsprechende Sachgebiets-Nummern festlegen

Schema eines Protokolls

Verteiler:

Protokoll Nr.

Besprechung: (Datum, Dauer)
Ort:
Anwesend:

Prot. Führung durch:

1. *Unterlagen*

   erhalten:
   gegeben:

2. *Besprechungsinhalt*

3. *Evidenz*

4. *Nächste Besprechung*

   Datum:
   Ort:
   Dauer:
   Teilnehmer:
   Tagesordnung:

Abb. 15 **Schema eines Protokolls**

Beispiel

- Als Gliederungs-Systematik wird die in Abb. 16 beispielsweise angeführte Numerierung der Sachbereiche und Sachgebiete verwendet. Demnach erhält das Sachgebiet „Lager-Material" die Sachgebiets-Nummer 42
- Für die Ablage wird die Gliederungs-Systematik der Ablage-Nummer der Abb. 16 angewendet
- Die Dokumentations-Nummer für das Sachgebiet „Lager-Material" ist daher wie folgt aufgebaut:

42 (-x) – x.x/xxx

- Sachbereich Lagerwirtschaft
- Sachgebiet Hilfs- und Betriebsstoffe „Lager-Material"
- Projekt: kommt erst in der Organisations-Stufe **Realisierung** zur Anwendung
- Ablage-Nummer

- *Anmerkung:* Da es sich um ein Sachgebiet handelt, dessen Gliederung der Organisator auf Grund seiner Erfahrung bereits im voraus festlegen kann, verwendet er diese Dokumentations-Nummer bereits in der **Voruntersuchung** (siehe auch Anmerkung im Beispiel zu Punkt 1.413)

6. Festlegung der Planungs-Methodik

   - Richtlinien für die Verfahrensweise bestimmen (Muster: vorliegendes Handbuch)
   - Verwendung von Termin-Plänen
   - Darstellungsform der Termin-Pläne
   - Einsatz der Mitarbeiter des Organisations-Teams
   - Koordinierung mit den Abteilungen
   - Berichterstattung durch den Organisator an die Geschäftsleitung

7. Festlegung der Kontroll-Methodik durch Regelung der laufenden Überprüfung des Arbeits-Fortschritts

   - Regelmäßige Berichterstattung des Organisators an den Delegierten
   - Verwendung von Kontroll-Blättern (Muster siehe Abb. 17)

Richtlinien für die Gliederungs-Systematik der Dokumentation

1. Gliederungs-Systematik der Dokumentations-Nummer

1.1 Jedes aufzubewahrende Schriftstück, das die Einführung oder Änderung von ADV-Systemen betrifft, erhält eine systematische Nummer, die als Dokumentations-Nummer bezeichnet wird.

1.2 Die Dokumentations-Nummer ist aus der Sachgebiets- bzw. Projekt-Nummer und der Ablage-Nummer wie folgt zusammengesetzt:

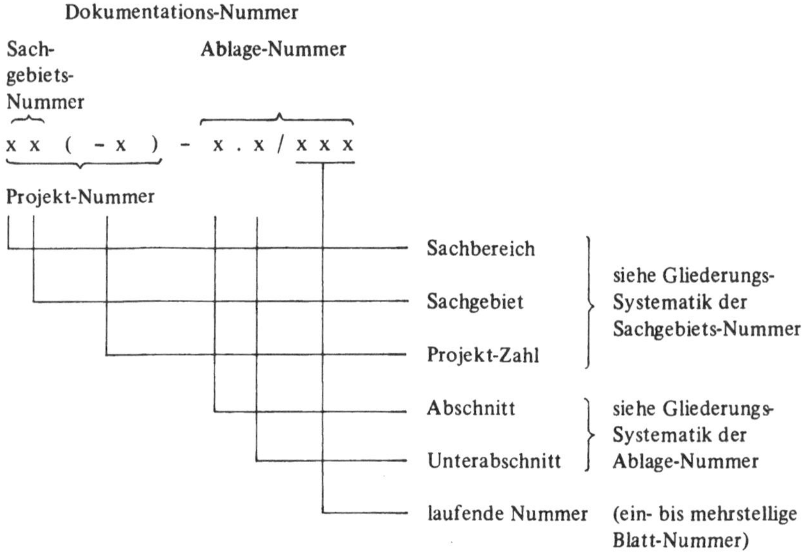

2. Gliederungs-Systematik der Sachgebiets-Nummer (Projekt-Nummer)

2.1 Die Sachgebiets-Nummer ist zweistellig und wie folgt aufgebaut:

○ 1. Stelle: Sachbereich; dieser stellt die gröbste Untergliederung des Unternehmens in Sachaufgaben-Komplexe dar; als Beispiel ist nachstehend eine Mustergliederung in Sachbereiche für mittlere Industrie-Unternehmen angeführt:

0	Allgemein
1	Vertriebsbereich 1
2	Vertriebsbereich 2
3	Beschaffungsbereich
4	Lagerbereich
5	Produktionsbereich
6	Technische Hilfsbereiche
7	Personalbereich
8	Rechnungswesen
9	Diverses

Abb. 16/1 **Gliederungs-Systematik der Dokumentation**

○ 2. Stelle: Sachgebiet: feinere Untergliederung jedes Sachbereichs, z.B.

41 Lager Rohstoffe
42 Lager Hilfs- und Betriebsstoffe
43 Lager Halbfabrikate

2.2 Die Projekt-Nummer ist dreistellig und entsteht durch die Ergänzung der Sachgebiets-Nummer durch eine mit Bindestrich verbundene weitere Stelle:

○ 3. Stelle: Projekt: diese Untergliederung innerhalb eines Sachgebietes gibt die Zahl des ADV-Projektes an, wenn die Einführung des ADV-Systems für das Sachgebiet in mehrere Projekte zerfällt; die 3. Stelle hat somit lediglich verfahrens-technische Bedeutung und kann bei der Ablage – nach Abschluß des Projektes – unberücksichtigt bleiben.

2.3 Anwendungs-Hinweise:
- Der Sachbereich 0 = Allgemein wird weder nach Sachgebieten noch nach Projekten unterteilt, so daß die 2. und 3. Stelle in diesem Fall vernachlässigt werden.
- Der Sachbereich 0 dient für die Ablage aller Unterlagen, die kein bestimmtes Sachgebiet bzw. Projekt, sondern das Unternehmen als Ganzes betreffen.
- Die Angabe eines Projektes ergibt sich nur in der Organisations-Stufe **Realisierung.** Entspricht ein Projekt einem Sachgebiet erhält es die Zahl 1.

3. Gliederungs-Systematik der Ablage-Nummer

3.1 Die Ablage-Nummer ist wie folgt aufgebaut:

○ 1. Stelle: Abschnitt; dieser gibt die sachliche Hauptgruppe der Dokumentation an
○ 2. Stelle: Unterabschnitt; dieser untergliedert den einzelnen Abschnitt
○ 3.-5. Stelle: laufende Nummer innerhalb jedes Unterabschnittes

3.2 Die Ablage-Nummer muß immer in Verbindung mit einer Sachgebiets-Nummer angegeben werden, um die ordnungsgemäße Dokumentation zu gewährleisten.

3.3 Auszug aus der grundsätzlich gleichbleibenden Gliederungs-Systematik, die durch Angabe der Sachgebiets-Nummer auf ein bestimmtes Sachgebiet bzw. Projekt ausgerichtet wird:

0 Allgemeines

0.0 Inhalts-Übersicht
0.1 Schriftverkehr, Aufträge, Verträge
0.2 Planung, Kontrolle, Termine
0.3 Protokollierung
0.4 Unternehmens-Organisation, Struktur, Gliederung
0.5 Personal
0.6 Maschinen
0.7 Raum
0.8 Arbeits-Richtlinien
0.9 Berichte

1. Organisations-Gegenstand

1.1 Aufgabenstellung, Zielsetzung
1.2 Istzustands-Struktur, Ablauf
1.3 Ist-Formular-Sammlung
1.5 Grundkonzept

Abb. 16/2 **Gliederungs-Systematik der Dokumentation**

2. Datenflußpläne (DFP)

3. Daten und Schlüssel
3.1 Allgemeine Daten-Definitionen
3.2 Sachgebiets-Daten-Definitionen
3.8 Schlüssel-Verzeichnis

4. Eingabe-Belege

5. Speicherbelegung

6. Druck-Ausgaben

7. Programmier-Anweisungen

8. Programm-Beschreibungen

9. Betriebs-Anweisungen

Anmerkung: Die nähere Gliederung siehe im Schema einer Projekt-Dokumentation in Abb. 25.

Abb. 16/3 **Gliederungs-Systematik der Dokumentation**

2.24 Arbeits-Planung

1. Der Organisator erstellt einen Termin-Plan für die Ausführung der **Grund-Konzeption** im Einvernehmen mit dem Delegierten
2. Gliederung dieses Planes, jeweils unter Angabe von geschätzter Dauer und Termin, nach den Zwischenstufen der **Grund-Konzeption**
3. Der Termin-Plan bildet die Grundlage für die Fortschritts-Überwachung durch den Delegierten

Beispiel

Das Schema des Termin-Planes für die Vornahme der **Grund-Konzeption** für das Unternehmen inklusive dem anteiligen Sachgebiet „Lager-Material" ist in Abb. 18 wiedergegeben. Der Termin-Plan läßt u. a. erkennen:

- die überwiegende Bedeutung des Sachbereiches „Vertrieb"
- die Aufteilung des Sachbereiches „Rechnungswesen" in Abschnitte, die mit den anderen Sachbereichen korrespondieren, weil hier die meisten Verknüpfungen bestehen
- einen Zeitraum von etwa 30 Wochen, über den sich die Durchführung der **Grund-Konzeption** erstreckt

DR EBERHARD PARISINI Berater für Datenverarbeitung

Sachgebiet	KONTROLL-BLATT	Aussteller	Ausstellungsdatum	Blatt	folgt Blatt

Datum:	Kontrollfragen:	Soll-Termin:	Soll-Zeit:	Erledigung:

Abb. 17 **Kontroll-Blatt**

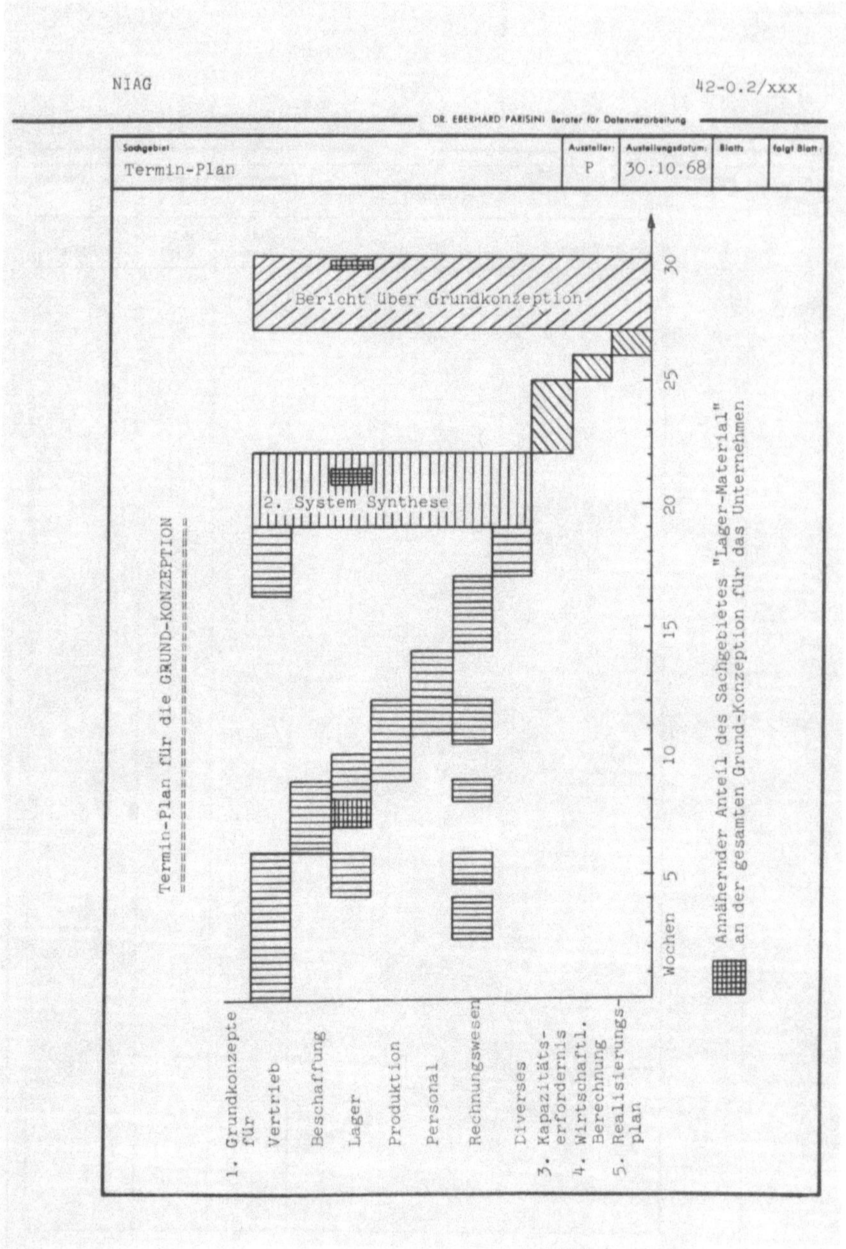

Abb. 18 **Termin-Plan für die Grund-Konzeption**

2.3 Ausführende*

In der Organisations-Stufe **Grund-Konzeption** werden im wesentlichen folgende Personen und Personengruppen im Hinblick auf die angeführten Aufgaben tätig. Siehe dazu auch die Übersicht „Tätigkeits-Verteilung" in Abb. 19

1. Geschäftsleitung
   - Beschluß zur Vornahme der **Grund-Konzeption**
   - Beauftragung des Delegierten
   - Beauftragung des Organisators
   - Beschluß über den Abschluß-Bericht über die **Grund-Konzeption**
2. Delegierter der Geschäftsleitung
   - laufende Verbindung zum Organisator
   - Koordinierung mit den Abteilungen des Unternehmens
   - Schaffung der personellen und arbeitstechnischen Voraussetzungen im Einvernehmen mit dem Organisator
   - Mitwirkung an der Arbeits-Planung
   - Überwachung des Arbeits-Fortschritts
   - regelmäßige Berichterstattung an Geschäftsleitung
   - disziplinäre Unterstellung der Angehörigen des Organisations-Teams, wenn ein außenstehender Organisator tätig ist
3. Organisator
   - Auftragsgemäße Durchführung der **Grund-Konzeption**
   - Beratung und Unterstützung des Delegierten bei der Schaffung der personellen und arbeitstechnischen Voraussetzungen
   - Arbeits-Planung im Einvernehmen mit dem Delegierten
   - Anwendung der spezifischen Fachkenntnisse und Erfahrungen bei der analytischen und konzeptiven Tätigkeit
   - Anwendung rationeller Methoden
   - Verfassung des Abschluß-Berichtes über die **Grund-Konzeption**
   - fachliche Führung, dispositiver Einsatz und Überwachung des Organisations-Teams
   - laufende Berichterstattung an den Delegierten
   - periodische Berichterstattung an die Geschäftsleitung
   - disziplinäre Unterstellung der Mitarbeiter des Organisations-Teams, wenn ein unternehmens-eigener Organisator tätig ist
4. Organisations-Team
   - Unterstützung des Organisators, im besonderen bei ausführenden Tätigkeiten wie Erheben, Berechnen, Zeichnen, Schreiben, Ausfertigen
   - als Zielsetzung ist anzustreben, daß die Mitglieder des Organisations-Teams durch die Zusammenarbeit

*Aufgaben-Beschreibungen siehe im Anhang B

Zeichen-Erklärung
- B = Beratung
- D = Durchführung
- E = Entscheidung
- M = Aktive Mitwirkung
- P = Passive Mitwirkung

	Geschäftsleitung	Delegierter	Abteilungen	Organisator	Organisations-Team	DV-Abteilung: Leiter DV-Abteilung	Chef-Analytiker	Leiter Projekt-Team	Projekt-Team	Chef-Programmierer	System-Programmierer	Leiter Progr.-Team	Programmierer-Team	Rechenzentrum	Lieferfirmen	Anmerkung
Voraussetzungen																
Beschluß zur Grund-Konzeption	E															
Auftrag an den Delegierten	D	P														
Auftrag an den Organisator	E	D		P												
Information üb. Arbeits-Aufnahme		D	P													
Bildung des Organisations-Teams		D		M	P											
Schulung d. Organisations-Teams				D	P											
Gewährleistung der Arbeits-Bedingungen		D		M												
Einrichtung der Dokumentation				D												
Planungs- und Kontroll-Methode				D												
Arbeits-Planung		M		D												
Sachgebiets-Analyse (je Sachgebiet)																
Verfeinerung der Ist-Kritik			M	D	M											
Festlegung der Ausgaben		M	M	D	M											
Festlegung der Eingaben			M	D	M											
Festlegung der Arbeitsschritt-Komplexe				D	M											
Erstellung der Grob-DFP				D	M											
Festlegung der Datenerfassung				D	M											
Festlegung der Datenbestände				D	M											
Daten-Mengen-Analyse				D	M											
Zwischenergebnis des Sachgebiete				D	M											
Beurteilung des Zwischen-Ergebnisses		M	M	D												
System-Synthese																
Zusammenfassung der Zwischen-Ergebnisse				D	M											
Abstimmung der DFP				D	M											
Abstimmung der Datenerfassung				D	M											
Abstimmung der Datenbestände				D	M											
Modifizierung der Zwischen-Ergebnisse				D	M											
Grundkonzepte aller Sachgebiete				D	M											

Abb. 19/1 **Tätigkeits-Verteilung in der Organisations-Stufe Grund-Konzeption**

Zeichen-Erklärung
- B = Beratung
- D = Durchführung
- E = Entscheidung
- M = Aktive Mitwirkung
- P = Passive Mitwirkung

						DV-Abteilung										
	Geschäftsleitung	Delegierter	Abteilungen	Organisator	Organisations-Team	Leiter DV-Abteilung	Chef-Analytiker	Leiter Projekt-Team	Projekt-Team	Chef-Programmierer	System-Programmierer	Leiter Progr.-Team	Programmierer-Team	Rechenzentrum	Lieferfirmen	Anmerkung
Kapazitäts-Erfordernisse																
Schätzung des Erfassungs-Bedarfes				D	M											
Schätzung des Verarbeitungs-Bedarfes				D	M											
Schätzung des Speicher-Bedarfes				D	M											
Schätzung des Maschinen-Bedarfes				D	M											
Schätzung der Vorbereitungs-Zeit				D	M											
Schätzung der Realisierung-Zeit				D	M											
Schätzung des Personal-Bedarfes				D	M											
Schätzung des Raum-Bedarfes				D	M											
Wirtschaftlichkeits-Berechnung																
Ermittlung des Betriebs-Aufwandes		M		D	M											
Ermittlung des Einführungs-Aufwandes		M		D	M											
Ermittlung der Einsparungen		M		D	M											
Gegenüberstellung und Beurteilung		M		D	M											
Realisierungs-Plan																
Reihung der Sachgebiete		M		D	M											
Ermittlung des frühesten Beginn-Zeitpunktes				D	M											
Aufstellung d. Realisierungs-Plans		M		D	M											
Abschluß																
Bericht an die Geschäftsleitung				D												
Studium des Berichtes	D	D	D													
Diskussion	D	D	D	D												
Entscheidung über weiteres Vorgehen	E	M														

Abb. 19/2 **Tätigkeits-Verteilung in der Organisations-Stufe Grund-Konzeption**

- vertraut werden mit der Verfahrensweise
- vertraut werden mit der ADV-Systematik
- vorbereitet werden für die Mitwirkung an der konzeptiven Arbeit

5. Leiter bzw. Verbindungspersonen der Abteilungen des Unternehmens
   - Bereitstellung aller für die Erarbeitung des Grundkonzeptes erforderlichen Informationen
   - Mitwirkung an der Entwicklung von Lösungs-Vorschlägen
   - kritische Beurteilung der Lösungs-Vorschläge des Organisators
6. Vertriebsfirmen von Computern, Datenerfassungs-Geräten und Organisationsmitteln
   - Erteilung von Auskünften über die Maschinen, Geräte und Hilfsmittel
   - Beistellung von Informations-Material
   - Bekanntgabe von Anwendungs-Beispielen

2.4 Inhalt und Verfahrensweise

2.41 Sachgebiets-Analyse

2.411 Inhalt

1. Umgestaltung der Organisationsform eines Sachgebietes nach den Regeln der ADV-Organisation unter Beachtung der inhaltlichen Zielsetzung
2. Zweck der **Sachgebiets-Analyse** ist es,
   - die Kenntnis des bestehenden Zustandes zu vertiefen
   - die Grundstruktur der Sach-Aufgaben zu erkennen
   - die wesentlichen Aufgaben-Kriterien herauszukristallisieren (Frage: weshalb wird eine Aufgabe überhaupt gemacht?)
   - die ADV-Prinzipien auf diese Kriterien anzuwenden
   - das Computer-orientierte Grundkonzept daraus zu formen
3. Bezugsobjekt der Analyse ist das einzelne Sachgebiet mit seinen Verknüpfungen zu anderen Sachgebieten in dem durch die **Zielsetzung** und die **Grobanalyse** skizzierten Sollzustand
4. Bedacht zu nehmen ist auf eine rationelle, also wirtschaftlich vertretbare und zweckmäßige Lösung der Aufgaben
5. Alle Ermittlungen und Festlegungen sind nur in solch einem Genauigkeitsgrad vorzunehmen, der die Konzipierung der Organisationsform erlaubt. Eine darüber hinausgehende Vertiefung der Lösungen ist in dieser Organisations-Stufe nicht notwendig und daher zu vermeiden. Es soll hier ein – zwar zuverlässiges, nicht aber ausgefeiltes – Konzept entstehen

2.412 Verfahrensweise bei der Analyse je Sachgebiet

1. Soweit erforderlich und nützlich, erfolgt die Sachgebiets-Analyse in Zusammenarbeit zwischen dem Organisator und den zuständigen Abteilungs-Leitern

2. Verfeinerung der in der **Voruntersuchung** vorgenommenen Kritik des Istzustandes
   - Überprüfung der Istzustands-Aufzeichnungen durch Verfolgen des Dateneinganges von außen und der Datenentstehung innerhalb des Unternehmens im Detail
   - erforderlichenfalls Ergänzung der Istzustands-Aufnahme
   - Ermitteln der Gründe für die bestehende Art der Bearbeitung
   - Prüfen der Aussagekraft der derzeitigen Arbeits-Ergebnisse im Detail
   - Verifizierung der ersten Kritik

3. Ermittlung der ADV-Ausgaben (Output)
   - Grundlage sind die in der **Zielsetzung** angegebenen Soll-Ergebnisse, die den zukünftigen Output des Computers (ADV-Ausgaben) darstellen sollen
   - Überlegen
     - ob diese Ergebnisse sinnvoll und ausreichend sind
     - ob weitere Ergebnisse erforderlich oder nützlich sind
     - ob die Ergebnisse nicht an anderer Stelle zweckmäßiger gewonnen werden
   - Zusammenstellen der ADV-Ausgaben mit Angabe des wesentlichen Inhalts, der Gliederung, des Umfanges und der Periodizität

Beispiel

Zusammenstellung der ADV-Ausgaben für das Sachgebiet „Lager-Material":
- monatliche mengen- und wertmäßige Fortschreibung des Bestandes je Material-Nummer mit Summierung je Material-Gruppe, Lager und Bewegungsart; ca. 10.000 Zeilen
- monatliche mengen- und wertmäßige Bestandsliste nach Material-Nummern: ca. 3.000 Zeilen
- monatliche wertmäßige Summen je Bewegungsart nach Material-Gruppen (= Buchhaltungs-Konten): ca. 300 Zeilen
- monatliche Liste (oder Lochkarten) für die Inventur-Aufnahme: ca. 250 Zeilen
- monatliche mengen-und wertmäßige Zugänge von und Rückgaben an Lieferanten nach Material-Nummer und Lieferant: ca. 300 Zeilen
- monatliche mengen- und wertmäßige Ausgänge an und Retouren von Kostenstellen nach Material-Nummer: ca. 3.600 Zeilen

- monatliche mengen- und wertmäßige Inventur-Differenz (= Bestandsberichtigungen) nach Material-Nummer
- Speicher-Bereitstellung der Material-Gruppen-Summen der Bestände und Monats-Bewegungen für die Finanzbuchhaltung: ca. 300 Summen
- Speicher-Bereitstellung der mengen- und wertmäßigen Ausgänge an und Retouren von Kostenstellen nach Material-Nummer: ca. 3.600 Daten-Gruppen
- Statistiken (noch zu definieren)

Anmerkung:

- unter Bewegungsart sind die verschiedenen Arten der Lager-Bewegungen, wie Zugang, Rückgabe an Lieferanten, Ausgang etc. zu verstehen;
- die Zahlen ergeben sich aus der Anwendung der Angaben über die Daten-Mengen

4. Ermittlung der ADV-Eingaben (Input)
   - Feststellen, woher die für die ADV-Ausgaben benötigten Daten kommen, also des Ursprungs der Daten (ADV-Eingaben)
   - Zusammenstellen der ADV-Eingabe-Daten nach deren wesentlichem Inhalt, Gliederung, Umfang und Periodizität
   - Differenzieren der ADV-Eingaben nach Arten (Stamm-, Bestands-, Änderungs- und Bewegungs-Daten)
   - Größenordnung der zu bildenden Datensätze bestimmen; unter Datensatz (oder einfach „Satz") versteht man die formale Zusammenfassung logisch zusammengehöriger Daten nach verarbeitungstechnischen Erfordernissen
   - Beachten von Ordnungs-Kriterien, Gruppierungs-Merkmalen, evtl. von bereits wesentlichen Schlüsselbegriffen

Beispiel

Ermittlung der ADV-Eingaben für „Lager-Material"

- Stamm-/Bestands-Daten

Anzahl der Lager	3
Anzahl der Material-Gruppen (reduziert)	10
Anzahl der Material-Positionen	3.000

- Bewegungs-Daten/Monat

Zugangs-Belege und Rückgaben an Lieferanten	300
Zugangs-Positionen	400
Anzahl der Lager-Ausgangs-Belege	1.200
Anzahl der Ausgangs- und Retouren-Positionen	3.600

- Der Stamm-Bestands-Satz je Material-Position wird etwa 120 Stellen umfassen

- Der Bewegungs-Satz wird etwa 70 Stellen haben, davon sind etwa 30 Stellen manuell zu erfassen

Anmerkung:

- die Stellen-Anzahl der Sätze resultiert aus der Art und Stellen-Anzahl der darin aufzunehmenden Daten
- beim Bewegungs-Satz müssen nur jene Daten – manuell – erfaßt werden, die variabel sind, also z. B. nicht die Material-Bezeichnung, die maschinell ergänzt werden kann

5. Bilden von Arbeitsschritt-Komplexen
   - Unter Arbeitsschritt-Komplex ist die Zusammenfassung von Verarbeitungs-Vorgängen zu einer Einheit gemäß deren innerem logischem Zusammenhang in bezug auf die Erstellung von ADV-Ausgaben zu verstehen
   - Ermitteln der Rangigkeit zwischen den einzelnen ADV-Ausgaben nach
     - logischer Folge
     - zeitlicher Reihung
   - Zusammenfassung der ADV-Ausgaben mit den dafür erforderlichen ADV-Eingaben zu Arbeitsschritt-Komplexen
   - Überlegen, welche Arbeitsvorgänge erforderlich sind, um die einzelnen ADV-Ausgaben zu erzielen
   - Verknüpfungspunkte der Arbeitsschritt-Komplexe untereinander festhalten, um zu gewährleisten, daß die Eingabe-Daten eines Arbeitsschritt-Komplexes bei einem vorausgehenden als Ausgabe-Daten bereitgestellt werden
   - Überlegen der automatischen Verarbeitungsweise
   - Überlegen der voraussichtlichen Computer-Konfiguration, d. h. dessen System, Ausstattung und Größe

6. Entwerfen eines Grob-Datenflußplanes (Grob-DFP)
   - Verbinden der Arbeitsschritt-Komplexe miteinander zu einem logisch in sich geschlossenen Ablauf des Datenflusses
   - Beachten der Wechselbeziehungen (Bedingungs-Folge-Beziehungen) zwischen den Arbeitsschritt-Komplexen
   - Zeichnen eines grafischen Datenflußplanes, wobei auf Sortierungs-Erfordernisse noch nicht unbedingt Rücksicht genommen werden muß (Grob-DFP)
   - Numerierung der Arbeitsschritt-Komplexe
   - Kurze Beschreibung jedes Arbeitsschrittes
   - Erforderlichenfalls ist der gesamte Datenflußplan eines Sachgebietes in größere logisch-zusammenhängende Einheiten aufzuteilen und in eigene Sachgebiete zu gliedern. Kriterium ist dabei die Überschaubarkeit, vor allem in Hinblick auf die spätere Realisierung

Beispiel

Der Datenflußplan des Sachgebietes „Lager-Material" ist auszugsweise in Abb. 20/Blatt 1 und 2 dargestellt. Bei der Numerierung der Arbeitsschritt-Komplexe wird nur jede 2. Zahl vergeben, um erforderlichenfalls Einschübe leichter unterbringen zu können

7. Festlegung der Datenerfassung
   - Ermitteln der Daten, die laut DFP für die ersten Arbeitsschritt-Komplexe benötigt werden (Quell-Daten)
   - Art, Ort, Zeitpunkt, Umfang der Entstehung dieser Daten überprüfen
   - Überlegen der Möglichkeiten, wie die Erfassung in maschinell lesbare Datenträger erfolgen soll
   - Beachten der Grundsätze der Datenerfassung
   - Arten der erforderlichen Eingabe-Belege bestimmen
   - Anschluß-Beziehungen zu anderen Sachgebieten beachten

Beispiel

Festlegung der Datenerfassung für „Lager-Material":

- Als Eingabe-Belege sind vorzusehen:
  - Änderungs-Beleg für Aufnahme, Änderung und Streichung von Stamm-Daten; Erfassung direkt ab Beleg
  - Zugangs-/Rückgabe-Beleg (Lieferschein oder eigener Beleg); Erfassungsmöglichkeit ab Beleg noch zu klären
  - Ausgangs-/Retour-Beleg: Erfassung direkt ab Beleg
  - Inventur-Aufnahme-Liste (Lochkarte?): Erfassung direkt ab Beleg
- Die manuelle Erfassung und Prüfung kann jeder Erfassungsmethode angepaßt werden (Lochen, Magnetband-Erfassung)
- Der Umfang beträgt bei ca. 4.000 Bewegungen mit je 30 Stellen (wovon ca. 5 automatisch dupliziert werden können) etwa 100–120.000 Stellen pro Monat
- Alle nicht duplizierbaren Angaben sind auch zu prüfen, somit ca. 100.000 Stellen pro Monat

8. Ermittlung der Datenbestände
   - Grundlage sind die im Zuge des Entwerfens des DFP ermittelten Daten, die sich vor bzw. nach den einzelnen Arbeitsschritt-Komplexen ergeben
   - Aus diesen Daten ergibt sich die Bildung von Datenbeständen; ein Datenbestand ist eine Anzahl von gleichartigen oder unterschiedlichen Datensätzen, die zu einer Einheit verbunden sind

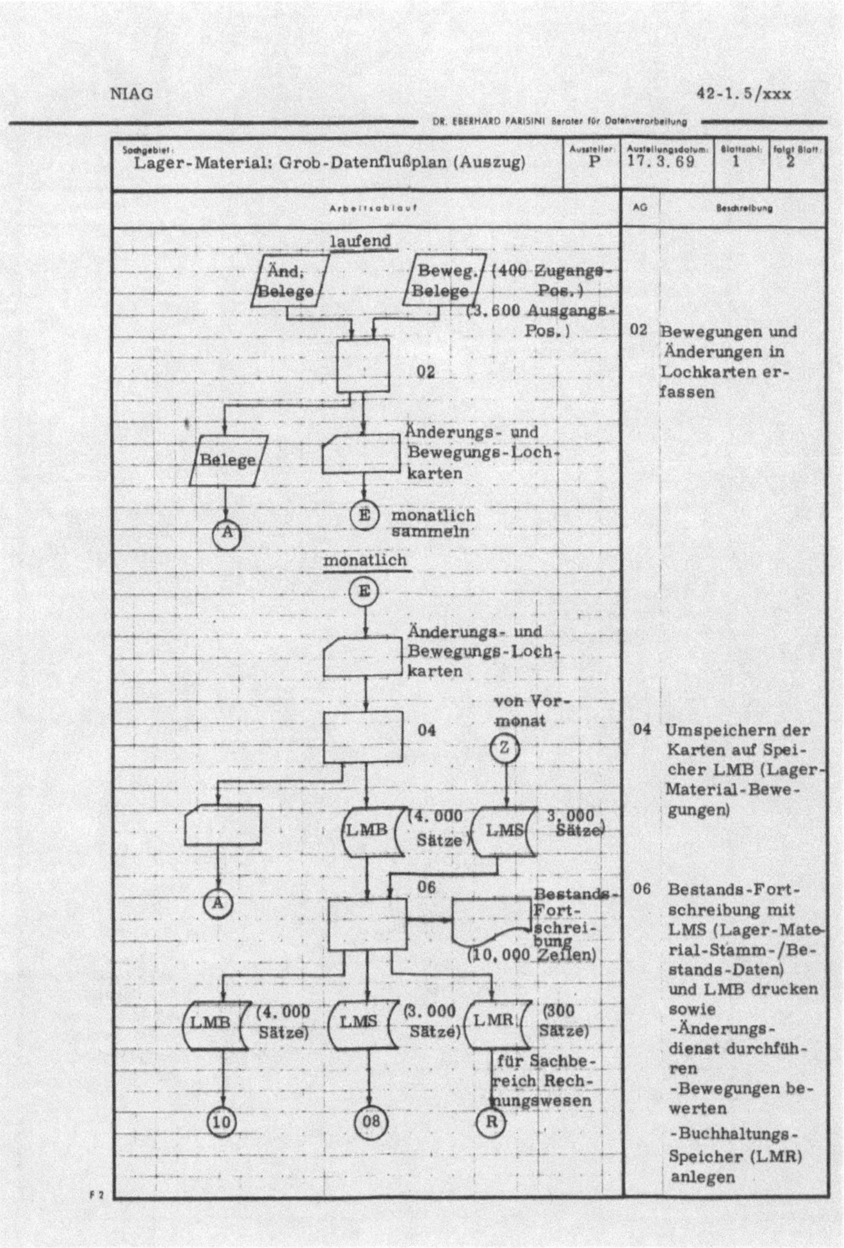

Abb. 20/1 **Grob-Datenflußplan**

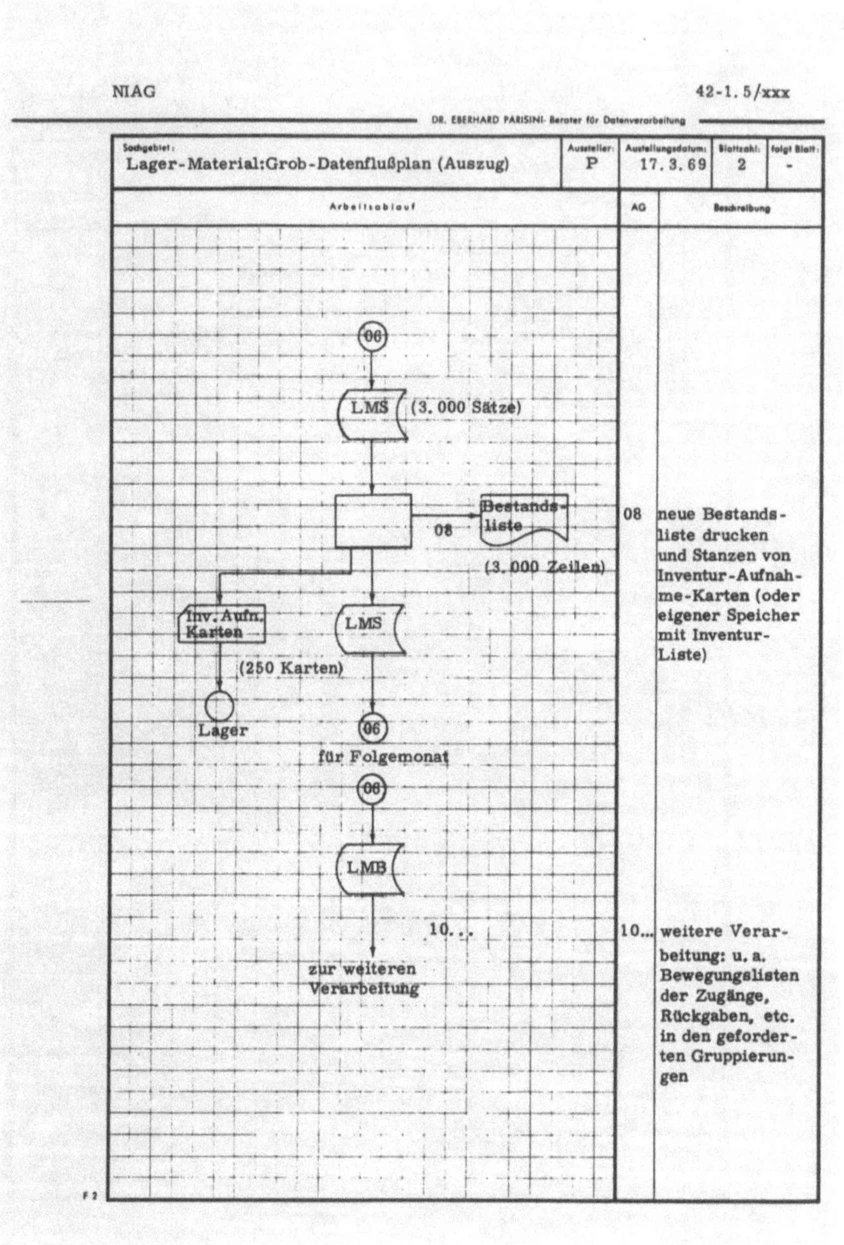

Abb. 20/2 **Grob-Datenflußplan**

- Zusammenfassen gleicher oder ähnlicher Datenbestände
- Differenzieren nach Stamm-/Bestands-Datenbeständen und Bewegungs-Datenbeständen
- Beziehungen dieser Datenbestände zu anderen Sachgebieten festhalten
- Überlegen der maschinellen Speicherungsform und Verarbeitungsweise der Datenbestände

Beispiel

Datenbestände des Sachgebietes „Lager-Material"

- Datenbestand der Lager-Material-Stamm-/Bestandsdaten (abegkürzt LMS) mit den Stamm-Sätzen für alle Material-Positionen, somit 3.000 x 120 = 360.000 Stellen; Speicherbedarf dafür inkl. Reserven ca. 500.000 Stellen
- Datenbestand „Lager-Material-Bewegungsdaten" (vorläufig abgekürzt LMB): dieser umfaßt ca. 400 Zugangs- und 3.600 Ausgangs-Positionen pro Monat, somit ca. 300.000 Stellen. Er wird jedoch mehrmals geteilt und umgespeichert. Es wird daher ein Speicher-Volumen von ca. 600.000 Stellen vorgesehen, das jedoch nur vorübergehend während der Verarbeitung gebunden ist
- Datenbestand „Lager-Material Rechnungswesen-Speicher" (vorläufig LMR): geringer Speicherbedarf von ca. 10.000 Stellen, vorübergehend benötigt bis zur Weiterverarbeitung in der Finanzbuchhaltung

9. Daten-Mengen-Analyse
   - Grundlage sind die Istzustands-Feststellungen über die Daten-Mengen
   - Anwendung der Mengen-Angaben auf den Grob-DFP in bezug auf
     - Datenerfassung
     - ADV-Eingaben
     - ADV-Ausgaben
     - Stamm-/Bestands-Datenbestände
     - Bewegungs-Datenbestände
   - Überlegen zusätzlicher oder einzusparender Daten-Mengen

Beispiel

Eintragen der Mengen-Angaben in den DFP, wie die Anzahl der Bewegungs-Positionen, der zu druckenden Zeilen etc. Der DFP in Abb. 20 enthält diese Angaben

2.413 Zwischen-Ergebnis je Sachgebiet

1. Nach Abschluß der Analysen aller Sachgebiete liegen je Sachgebiet vor:
   - grafischer DFP mit Arbeitsschritt-Komplexen, versehen mit Kurzbeschreibungen und Mengen-Angaben

- ADV-Ausgaben
- ADV-Eingaben und Datenerfassungs-Methode
- Übersicht über die Datenbestände

2. An Hand dieser Zwischen-Ergebnisse werden durch den Delegierten, die zuständigen Abteilungs-Leiter und den Organistor die zu erwartenden positiven und negativen Auswirkungen des ADV-Systems durchbesprochen
3. Die direkten und indirekten Vorteile, die das ADV-System bringen soll, werden beurteilt
4. Mit dem Abschluß aller Sachgebiets-Analysen ist die Grundlage für die **System-Synthese** geschaffen

Beispiel

Zwischen-Ergebnis für „Lager-Material"

Die Beurteilung des Ergebnisses der Sachgebiets-Analyse bestätigt die Vorausschätzung der **Voruntersuchung,** daß bei Verwirklichung des ADV-Systems

- die Arbeit im Lager wesentlich vereinfacht wird,
- die Buchhaltungs-Arbeiten überhaupt entfallen,
- die geforderten Ergebnisse bereitgestellt werden

2.42 System-Synthese

2.421 Inhalt

1. Koordinierung und Zusammenfassung der Zwischen-Ergebnisse der **Sachgebiets-Analysen** im Hinblick auf ein umfassendes ADV-System für das Unternehmen
2. Zweck der **System-Synthese** ist
   - allenfalls unterschiedliche Verarbeitungs- und Speicherungs-Methoden der einzelnen Sachgebiete auszugleichen
   - die Verknüpfung zwischen den Sachgebieten zu harmonisieren
   - die Grundlage für die Bestimmung der Kapazitäts-Erfordernisse zu definieren
3. Bezugsobjekte sind die Sachgebiets-Analysen

2.422 Verfahrensweise bei der System-Synthese

1. Die **System-Synthese** nimmt der Organisator gemeinsam mit dem Organisations-Team vor. Bei Bedarf kann es zu Anfragen bei Vertriebsfirmen kommen

2. Abstimmung der Grob-Datenflußpläne
   - Übersichtliche Zusammenstellung der Grob-DFP aller Sachgebiete in Form einer DFP-Übersicht
   - Logische und zeitliche Verknüpfungen und Zusammenhänge feststellen bzw. überprüfen
   - Überlegen der voraussichtlichen Computer-Konfiguration
3. Abstimmung der ADV-Eingaben und der Datenerfassung
   - Zusammenstellen aller zu erfassenden ADV-Eingaben
   - Prüfen, ob Zusammenlegung mehrerer Erfassungsvorgänge möglich ist
   - Aufeinanderabstimmen der Methoden der Datenerfassung
4. Abstimmung der ADV-Ausgaben
   - Prüfen, ob Überschneidungen vorliegen
   - Zusammenstellen aller ADV-Ausgaben
   - Aufeinanderabstimmen der ADV-Ausgaben
5. Abstimmung der Datenbestände
   - Datenbestände, die in mehreren Sachgebieten vorkommen, feststellen und aufeinander abstimmen
   - Abwägen von Vor- und Nachteilen der Speicherungsform bei mehrfacher Verwendung desselben Datenbestandes nach unterschiedlicher Verarbeitungsweise
   - Festlegen der Speicherungsform für die einzelnen Datenbestände (z. B. index-sequentiell, sequentiell)
   - Bestimmen der demnach erforderlichen Speicher-Medien (z. B. Magnetplatte, Magnetband)
6. Überprüfen der einzelnen Analysen
   - Prüfen der Auswirkungen von Veränderungen, die durch die Abstimmung der DFP, der Datenerfassung und der Datenbestände auf das einzelne Analyse-Zwischen-Ergebnis entstanden
   - Modifizierung der Analysen vornehmen
   - Rückwirkungen beachten
   - Durch die gegenseitige Abstimmung der Sachgebiets-Analysen im Zuge der **System-Synthese** entstehen die Grundkonzepte für die ADV-Systeme der einzelnen Sachgebiete

Beispiel

Auswirkung der **System-Synthese** auf das Sachgebiet „Lager-Material"

- Die Abstimmung der System-Analysen ergibt u. a., daß die übrigen Lager-Sachgebiete (Rohstoffe etc.), die nach gleichen Gesichtspunkten wie das Sachgebiet „Lager-Material" zu organisieren sind, eine kurzfristige Abfrage-Möglichkeit (Direkt-Zugriff) benötigen. Diese wird mittels index-sequentiellen Speicheraufbaus auf Magnetplatte erreicht. Daher wird auch für „Lager-Material" diese Speicherungsform vorgesehen

- Im übrigen wird das Grundkonzept des „Lager-Materials" nicht geändert

7. Abschließendes Grundkonzept für jedes Sachgebiet mit folgendem Inhalt
   - Kurzbeschreibung der Zielsetzung
   - DFP mit Kurzbeschreibung, Mengen-Angaben und Hinweis auf Verknüpfungen
   - Zusammenstellung der Datenbestände mit Angabe der Speicher-Erfordernisse
   - Zusammenstellung der ADV-Ausgaben mit Angabe des Umfanges
   - Zusammenstellung der ADV-Eingaben mit Angabe des Umfanges sowie der Datenerfassung
   - Kurz-Beurteilung der Vor- und Nachteile der konzipierten Organisationsform

8. Die Gesamtheit der Sachgebiets-Grundkonzepte bildet die Grundlage für die Ermittlung der Kapazitäts-Erfordernisse, deren Erfüllung die Verwirklichung des umfassenden ADV-Systems bedingt

2.43 Kapazitäts-Erfordernisse

2.431 Inhalt

1. Ermittlung der Erfordernisse an organisatorischer, personeller, maschineller und räumlicher Kapazität für die Verwirklichung des ADV-Systems

2. Zweck dieser Ermittlung ist die Schaffung der Grundlagen
   - für die **Wirtschaftlichkeits-Berechnung** des ADV-Systems und
   - für die Aufstellung eines **Realisierungs-Planes**

3. Bezugsobjekt ist die Anwendung von
   - Leistungswerten von Computern und Datenerfassungsgeräten sowie
   - Leistungswerten des Organisations-, Programmierungs- und Operating-Personals

   auf die im Zuge der Analyse und Synthese festgelegten Anforderungen

2.432 Verfahrensweise bei der Ermittlung der Kapazitäts-Erfordernisse

1. Soweit erforderlich und nützlich sollen Fach-Auskünfte von Vertriebs-Firmen eingeholt werden

2. Schätzen des Kapazitäts-Bedarfes für die Datenerfassung
   - Grundlage sind Art und Umfang der Datenerfassung je Sachgebiet

- Anwendung von Erfahrungs-Leistungswerten in Abhängigkeit von den vorgesehenen Erfassungsmethoden, sowie von der Art und voraussichtlichen Qualität der Belege
- Beachten von Periodizitäten und Terminen
- Errechnen des Zeitaufwandes in Stunden, getrennt für Erfassen und Prüfen, mit Angabe der Periodizität (täglich, wöchentlich, etc.)
- Aufschlagen von angemessenen Zeit-Reserven
- Ermitteln des Bedarfes an Datenerfassungs-Geräten entsprechend dem errechneten Zeitaufwand für die Datenerfassung

Beispiel

Kapazitäts-Bedarf für die Datenerfassung im Sachgebiet „Lager-Material"

- Personal:
  - Lochen: 120.000 Stellen ~ 14 Std. pro Monat
  - Prüfen: 100.000 Stellen ~ 12 Std. pro Monat
- Maschinen:
  - Erfassungsgerät: ca. 8% einer Monats-Kapazität
  - Prüfgerät: ca. 7% einer Monats-Kapazität

3. Schätzen des Kapazitäts-Bedarfes für die Datenverarbeitung
   - Grundlage bilden Art und Umfang der Verarbeitung gemäß DFP der Sachgebiete
   - Schätzen der Anzahl der voraussichtlich je Sachgebiet benötigten Programme, in etwa gegliedert nach Schwierigkeitsgrad
   - Anwendung von Erfahrungswerten in bezug auf die vermutliche Größe von Programmen
   - Errechnen der voraussichtlichen Laufzeit der Hauptprogramme
   - Schätzen der Laufzeit der Nebenprogramme
   - Aufschlagen von Erfahrungswerten für die Rüstzeiten auf die errechneten bzw. geschätzten Maschinen-Laufzeiten
   - Aufschlagen von Zeit-Reserven
   - Summieren der Zeit-Schätzungen in Minuten, gegliedert nach Periodizität je Sachgebiet und insgesamt

Beispiel

Kapazitäts-Bedarf für die Datenverarbeitung im Sachgebiet „Lager-Material"

- Anzahl der Programme:
  1 mittleres Programm (Bestands-Fortschreibung)
  7–8 kleine Programme (Bestandsliste, Zugangsliste etc.)
  4–5 Sortierprogramme

- Die Zeitschätzung für das Haupt-Programm (Bestands-Fortschreibung) zeigt die Abbildung 21.
- Zeitschätzung insgesamt pro Monat:

◦ Haupt-Programm	18 Minuten
◦ andere Programme	50 Minuten
insgesamt	68 Minuten
◦ Rüstzeit-Aufschlag (viele kurze Arbeiten)	22 Minuten
◦ Effektivzeit	90 Minuten

4. Schätzen des Kapazitäts-Bedarfes an Speichermedien
   - Grundlage ist der in den Analysen ermittelte Umfang der Datenbestände sowie der Datenerfassung
   - Zusammenfassen der Datenbestände in der Gliederung nach
     - jederzeit verfügbaren Datenbeständen (Direktzugriff)
     - periodisch verfügbaren Datenbeständen
     - Archiv-Datenbeständen
     - Arbeits-Datenbeständen, die vorübergehend benötigt werden
   - Ermitteln des sich daraus ergebenden Speicher-Bedarfs in der gleichen Gliederung in 1.000 Stellen
   - Aufschlagen von Kapazitäts-Reserven unter Bedachtnahme auf Speichermedium und Speicherungsform
   - Errechnen des Bedarfes an Datenträgern nach Art und Anzahl gemäß der Datenerfassung

5. Ermitteln der Größenordnung des erforderlichen Computers
   - Grundlagen:
     - die Ergebnisse der System-Synthese
     - die Schätzwerte bezüglich Zeitaufwand für die Verarbeitung
     - die Schätzwerte bezüglich Speicher-Bedarf
   - Feststellen, welche und wie viele Eingabe/Ausgabe-Aggregate gleichzeitig erforderlich sind
   - Feststellen, in welcher Größenordnung der maximale und durchschnittliche Einzel-Bedarf an Arbeitsspeicher-Kapazität liegt
   - Überlegen, wie sich die Aufteilung großer Einzel-Programme mit überdurchschnittlichem Speicher-Bedarf auswirken würde
   - Ausgleich finden zwischen höherem Arbeitsspeicher einerseits und längerer Laufzeit andererseits

NIAG 42-1.5/xxx

DR. EBERHARD PARISINI Berater für Datenverarbeitung

Sachgebiet:	Aussteller	Ausstellungsdatum	Blatt	folgt Blatt
Lager-Material		3.4.69		

Computer-Laufzeit-Schätzung für Programm: Bestands-Fortschreibung

1. Eingabe-Daten
   - Stamm-Daten mit 3.000 Sätzen, davon 2.000 bewegt; index-sequentielle Speicherung auf Magnetplatte
   - Bewegungs-Daten mit 4.000 Sätzen, sequentiell auf Magnet-Platte oder Magnet-Band, geblockt zu 10 Sätzen

2. Einlese-Zeit:
   - 3.000 Stamm-Sätze à 120 Stellen (siehe bei Ausgabe)
   - 4.000 Bewegungs-Sätze à 70 Stellen: (bei 30 KB/sec): 20.000 ms (Millisekunden)

3. Verarbeitungszeit:
   Wegen geringen Schwierigkeitsgrades kann diese vernachlässigt werden, weil sie jedenfalls durch die Eingabe/Ausgabe-Zeiten gedeckt ist.

4. Ausgabe-Daten:
   - Stamm-Daten: 1.000 unbewegt, 2.000 mit neuem Stand (updating)
   - Bewegungs-Daten: 4.000 bewertete Sätze auf Magnetband
   - Verbindungs-Speicher zum Rechnungswesen mit ca. 100 Gruppen-Summen-Sätzen (Finanzbuchhaltungs-Konten)
   - Bestands-Fortschreibungs-Liste:

1.000 unbewegte Material-Positionen	1.000 Druckzeilen
2.000 bewegte Material-Positionen alt/neu	4.000 "
4.000 Bewegungen	4.000 "
Kopfzeilen, Gruppen-Summen, Sprünge	1.000 "
	10.000 Druckzeilen

5. Ausgabe-Zeit:

- 1.000 unbewegte Stamm-Sätze à 20 ms	20.000 ms
- 2.000 bewegte Stamm-Sätze (Lesen und schreiben und schreibprüfen) à 100 ms	200.000 ms
- 4.000 Bewegungs-Sätze (analog Eingabe)	20.000 ms
- 300 Gruppen-Summen-Sätze: zu vernachlässigen	
-10.000 Druckzeilen (Drucker à 600 Z/min)	18 Minuten

6. Gesamt-Zeit:
   Unter Berücksichtigung der Überlappungen zählt nur die Drucker-Zeit, somit 18 Minuten

Abb. 21 **Computer-Laufzeit-Schätzung**

- Bestimmen einer angemessenen Computer-Konfiguration betreffend
  - Zentraleinheit
  - Eingabe/Ausgabe-Einheiten
- Bestimmen erforderlicher Hilfsmaschinen (z. B. Sorter, Übersetzer)
- Ermitteln der Kapazitäts-Auslastung der angenommenen Computer-Konfiguration an Hand der ermittelten Laufzeiten unter Beachtung der Periodizitäten

6. Schätzen des Zeitbedarfes für die **Vorbereitung**
   - Zusammenstellen der wichtigsten Tätigkeiten
   - Anwenden von Erfahrungswerten in Abhängigkeit von der Größenordnung und dem Schwierigkeitsgrad der Aufgabenstellung
   - Berücksichtigen der personellen und organisatorischen Gegebenheiten des Unternehmens

7. Schätzen des Zeitbedarfs für die Detail-Organisation und die Programmierung (= **Realisierung)**
   - Grundlage ist die Anzahl der voraussichtlich erforderlichen Programme je Sachgebiet
   - Anwenden von Erfahrungswerten für die Durchführung der Detail-Organisation bis zu präzisen Programm-Vorgaben je Sachgebiet und insgesamt
   - Anwenden von Erfahrungswerten für das Erstellen von ausgetesteten Programmen unterschiedlichen Schwierigkeitsgrades in Programmierer-Wochen je Sachgebiet und insgesamt
   - Aufschlagen von Zeit-Reserven

Beispiel

Schätzung des Zeitbedarfs für Organisation und Programmierung des Sachgebietes „Lager-Material"

○ 1 Analytiker	8 Wochen
○ 1 Verbindungsperson der Abteilung	12 Wochen
○ 1 Programmierer	4 Wochen

Anmerkung:

- Der hohe Anteil der Verbindungsperson ergibt sich dadurch, daß diese auch die Vergabe der Material-Nummern vornehmen muß
- Die Relation des Zeitaufwandes zwischen Analytiker und Programmierer setzt voraus, daß die **Programm-Vorgabe** in der im vorliegenden Handbuch beschriebenen präzisen Form erfolgt

8. Schätzen des Personal-Bedarfs, der sich ergibt
   - für die Ausübung der Leitungs-, Planungs- und Kontroll-Aufgaben
   - für die in der Organisations-Stufe **Vorbereitung** anfallenden Tätigkeiten
   - für die Organisations-Arbeiten gemäß dem geschätzten Zeitbedarf
   - für die Programmierung gemäß dem geschätzten Zeitbedarf
   - für die Datenerfassung nach dem Umfang der Quelldaten
   - für das Operating nach der Anlagen-Größe und dem Auslastungsgrad

9. Ermitteln des Raum-Bedarfes, der sich ergibt für die Unterbringung
   - des Personals:
     - Leitung
     - Analytiker
     - Programmierer
   - der Maschinen:
     - Computer
     - Hilfsmaschinen
   - der Datenerfassung
   - der Nebenräume

Beispiel

Einen Überblick über die Kapazitäts-Erfordernisse in bezug auf das Unternehmen in seiner Gesamtheit vermitteln die folgenden auszugsweise zusammengefaßten Angaben:

- Datenerfassung:
  - 4 Millionen Stellen pro Monat
  - 100.000 Lochkarten (oder entsprechendes Volumen an anderen Datenträgern pro Monat)
  - 4 Datenerfassungs-Geräte
  - 2 Prüf-Geräte
- Datenverarbeitungs-Anlage:
  - Computer mit 32kB Arbeitsspeicher, 3 Magnetplatten-Einheiten, 2 Magnetband-Einheiten (zunächst), Lochkarten-Lese-Einheit, Drucker (600 Z/min)
  - Soll-Auslastung in 1. Etappe: 50% zuzüglich Testzeiten
- Speicher-Bedarf:
  - 30 Millionen Stellen Stamm-Bestands-Daten
  - 15 Magnetplatten
  - 20 Magnetbänder

○ Personal-Bedarf:

	Vorbereitung ab Beginn	später	laufender Betrieb
○ Leiter DV-Abteilung	1	1	1
○ Analytiker	2	2	2
○ Chef-Programmierer	–	1	1
○ Programmierer	–	2	2
○ Leiter Rechenzentrum	–	1	1
○ Datenerfassung	–	–	6
○ Operating	–	–	2

○ Raumbedarf: ca. 300 qm

10. Damit sind die Voraussetzungen geschaffen, um sowohl die **Wirtschaftlichkeits-Berechnung** vornehmen als auch einen **Realisierungs-Plan** erstellen zu können

2.44 Wirtschaftlichkeits-Berechnung

2.441 Inhalt

1. Ermittlung der Differenz von Mehraufwand und Einsparungen durch das umfassende ADV-System gegenüber der bestehenden Organisationsform
2. Zweck ist die Schaffung einer realistischen Grundlage für die wirtschaftliche Beurteilung des konzipierten ADV-Systems
3. Bezugsobjekt der Wirtschaftlichkeits-Berechnung ist das konzipierte ADV-System als Gesamtheit unter Bedachtnahme auf
   - ○ die aufwendige **Vorbereitung**
   - ○ die stufenweise erfolgende **Realisierung**

2.442 Verfahrensweise bei der Wirtschaftlichkeits-Berechnung

1. Die **Wirtschaftlichkeits-Berechnung** wird vom Organisator entworfen und gemeinsam mit dem Delegierten ausgefertigt
2. Zusammenstellen des zusätzlich entstehenden Brutto-Aufwandes, gegliedert nach
   - ○ dem laufenden Betriebs-Aufwand ab der Inbetriebnahme des Computers
   - ○ dem Einführungs-Aufwand bis dahin
3. Zusammenstellen der zu erwartenden Einsparungen, gegliedert nach
   - ○ den direkt errechenbaren Einsparungen, die ab der Inbetriebnahme des

Computers entstehen unter Beachtung des voraussichtlichen Wirksamkeitsbeginns
- den indirekten Vorteilen, die die neue Organisationsform bringt

4. Gegenüberstellen von Mehraufwand und Einsparungen ab Inbetriebnahme des Computers und Ermittlung der Differenz, die den Wirtschaftlichkeits-Effekt bildet
5. Überlegen, ob der Wirtschaftlichkeits-Effekt und der Einführungs-Aufwand unter Bedachtnahme auf die indirekten Einsparungen und Vorteile gerechtfertigt sind
6. Die Zahlen der Wirtschaftlichkeits-Berechnung stehen – verteilt auf die Jahre der effektiven Ausgabe bzw. Einsparung – für die Budgetierung zur Verfügung

Beispiel

Kurzfassung der **Wirtschaftlichkeits-Berechnung** in bezug auf das umfassende ADV-System der NIAG

- Eine zusammengefaßte Übersicht, aus der auch die Verteilung des Aufwandes nach Jahren hervorgeht, ist der Abb. 22 zu entnehmen
- Der Gesamt-Aufwand ist gegenüber der Schätzung in der **Voruntersuchung** höher, weil der laufende Betriebs-Aufwand gegenüber der Annahme gestiegen ist. Dies ist vor allem darauf zurückzuführen, daß sich im Zuge der Analyse zusätzliche Anforderungen ergeben haben
- Diesem Mehraufwand steht aber auch eine wesentlich höhere Einschätzung der zu erwartenden Vorteile gegenüber. Statt bisher 250.000 DM beläuft sich jetzt die angenommene Verbesserung des Betriebsergebnisses auf rund 400.000 DM
- Unter Berücksichtigung der zeitlichen Verteilung des Aufwandes ist damit zu rechnen, daß der große Einführungs-Aufwand innerhalb von knapp sechs Jahren durch die Einsparungen wieder ausgeglichen sein wird

2.45 Realisierungs-Plan

2.451 Inhalt

1. Erstellung eines gegliederten Termin-Planes für die **Vorbereitung** und **Realisierung** des in der **Grund-Konzeption** erarbeiteten umfassenden ADV-Systems
2. Der Zweck des Realisierungs-Planes ist die Schaffung einer Grundlage für die zeitlich-kapazitative Beurteilung des weiteren Verfahrens

NIAG 42-1. 5/xxx

DR. EBERHARD PARISINI Berater für Datenverarbeitung

Kurzfassung der WIRTSCHAFTLICHKEITS-BERECHNUNG
für die GRUNDKONZEPTION der NIAG (Angaben in 1 000 DM)

		Verteilung nach Jahren 1	2	3	4	5	6
1. Einmal-Aufwand							
- Personal	180						
- Computer-Aufstellung	150						
- Raum-Adaptierung	100						
- Sonstiges	70						
	500	250	250				
2. Laufender Aufwand pro Jahr							
- Personal	245						
- Material	25						
- Computer-Miete	375						
- Datenerfassungs-Geräte	25						
- Sonstiges	30						
	700		200	700	700	700	700
3. Gesamt-Aufwand pro Jahr		250	450	700	700	700	700
4. Einsparungen der 1. Etappe (fließendes Wirksamwerden)							
- Personal (50 à 10. 000)	500						
- Zinsen (Rohstoffe etc.)	30						
	530			400	530	530	530
5. Bewertung der indirekten Vorteile durch die Geschäftsleitung (ab einem Jahr nach Inbetriebnahme des ADV-Systems wirksam)	400			100	400	400	400
6. Einsparungen der späteren Etappen	100				50	100	100
	1. 030						
7. Gesamt-Einsparung pro Jahr				500	980	1030	1030
8. Deckung		-250	-450	-200	+280	+330	+330

Abb. 22 **Wirtschaftlichkeits-Berechnung**

3. Bezugsobjekt ist der Kapazitäts-Bedarf in bezug auf
   - Zeit und
   - Mitarbeiter-Potential

2.452 Verfahrensweise bei der Erstellung des Realisierungs-Planes

1. Der **Realisierungs-Plan** wird vom Organisator entworfen und gemeinsam mit dem Delegierten ausgefertigt

2. Festlegen der vorläufigen Reihung der Sachgebiete
   - Bestimmen der Sachgebiete, die den Grundstock des umfassenden ADV-Systems bilden sollen, deren Detail-Organisation also so rechtzeitig ausgeführt werden soll, daß die betreffenden ADV-Systeme mit der Inbetriebnahme des Computers eingeführt werden können
   - Beachten der logischen Relationen zwischen diesen Sachgebieten (z. B. Lagerwirtschaft und Personalabrechnung vor Betriebsabrechnung)

3. Ermitteln der Mindest-Dauer bis zur Inbetriebnahme des Computers
   - Bestimmen des Zeitpunktes, zu dem laut Schätzung der Zeitdauer für die **Vorbereitung** frühestens mit der **Realisierung** der einzelnen ADV-Systeme (Projekt-Realisierung) begonnen werden kann. Dieser Zeitpunkt setzt eine Reihe von Vorbereitungsmaßnahmen im Zuge der Organisations-Stufe **Vorbereitung** voraus, liegt aber jedenfalls früher als der definitive Abschluß dieser Stufe
   - Ab diesem Zeitpunkt ist der Zeitaufwand, der für die Projekt-Realisierung der ersten ADV-Systeme laut Schätzung gemäß Punkt 2.432–7 unter Berücksichtigung der ermittelten Personal-Kapazität laut Punkt 2.432–8 anfallen wird, zu rechnen
   - Daraus ergibt sich der frühest-mögliche Zeitpunkt für die Einführung der ersten ADV-Systeme
   - Prüfen, ob die Inbetriebnahme des Computers und die dafür erforderlichen Voraussetzungen bis dahin erwartet werden können
   - Festhalten der sich ergebenden Gesamt-Zeitspanne von der Gegenwart bis zur Inbetriebnahme des Computers in Monaten
   - Bestimmen der Zwischen-Termine für die einzelnen Tätigkeiten der **Vorbereitung** und der **Realisierung** innerhalb dieser Zeitspanne

4. Ausfertigung des Realisierungs-Planes
   - Grafische Darstellung der Termine
   - Angabe der Termine unabhängig vom Kalender-Datum in Monaten, so daß Gültigkeit des Planes auch bei Änderung des Anfangs-Zeitpunktes aufrecht bleibt

2.5 Abschlußergebnis der Grund-Konzeption

2.51 Bericht über die Grund-Konzeption

1. Das Ergebnis der Organisations-Stufe **Grund-Konzeption** ist ein schriftlicher Bericht mit im wesentlichen folgender Gliederung:
   - 1. Einführung: Aufgabe, Zweck, Aufbau des Berichtes, Erläuterungen, Übersicht über die Sachgebiete
   - 2. zu jedem Sachgebiet:
     - Kurzbeschreibung der Zielsetzung
     - Datenflußplan mit Kurzbeschreibung, Mengen-Angaben und Hinweis auf Verknüpfungen
     - Zusammenstellung der Datenbestände mit Angabe der Speicher-Erfordernisse
     - Zusammenstellung der ADV-Ausgaben mit Angabe des Umfanges
     - Zusammenstellung der ADV-Eingaben mit Angabe des Umfanges sowie der Datenerfassung
     - Kurz-Beurteilung der Vor- und Nachteile der konzipierten Organisationsform
   - 3. Gesamt-Zusammenstellung
     - Konfiguration des erforderlichen Computers
     - Art und Anzahl der Datenerfassungs-Geräte
     - Art und Anzahl der Speichermedien
     - Art und Anzahl der Datenträger
     - Bedarf an Raum
     - Bedarf an Personal, gegliedert nach Art, Anzahl und Zeitpunkt (für Vorbereitung, Organisation, Programmierung, laufenden Betrieb)
     - Auslastung der Maschinen
     - Wirtschaftlichkeits-Berechnung
     - Realisierungs-Plan
     - Empfehlung

2. Die Details der Erhebungen und Überlegungen sind im Bericht nicht enthalten. Diese Unterlagen sind in Form von Protokollen, Entwürfen, Zusammenstellungen etc. in den betreffenden Abschnitten der Dokumentation enthalten, die im Zuge der Erarbeitung des Grundkonzeptes entsteht

3. Ist das Ergebnis der **Wirtschaftlichkeits-Berechnung** positiv oder zumindest ausgeglichen, so enthält der Bericht die Empfehlung, gemäß Realisierungs-Plan das Einführungs-Verfahren fortzusetzen.

2.52 Entscheidung

1. Studium des Berichtes über die **Grund-Konzeption** durch den Delegierten und die Geschäftsleitung
2. Diskussion der Vor- und Nachteile mit dem Organisator
3. Beschluß der Geschäftsleitung
    - die positive Entscheidung besteht in der Genehmigung des Berichtes und damit des Realisierungs-Planes; dieser führt zur Einleitung der dritten Organisations-Stufe, somit zur **Vorbereitung,** die als Voraussetzung für die **Realisierung** des ADV-Systems erforderlich ist
    - eine negative Entscheidung führt zur Beendigung des Einführungs-Verfahrens; der bisher entstandene Aufwand ist aber selbst in diesem Fall nicht verloren, da die **Grund-Konzeption**
        - einerseits als Grundlage für eine spätere Wiederaufnahme des Verfahrens verwendet werden kann, wenngleich sie dann jedenfalls nochmals überarbeitet werden müßte
        - andrerseits sich die systematische Auseinandersetzung der Geschäftsleitung, des Delegierten und der Abteilungs-Leiter sowie auch der Mitarbeiter mit organisatorischen Fragen in der Regel positiv auswirkt

Beispiel

Entscheidung der Geschäftsleitung der NIAG

- Die Geschäftsleitung beurteilt den Bericht über das Grundkonzept positiv
- Bestimmend für diesen Beschluß sind
    - die bereits erzielten Fortschritte im Einführungs-Verfahren
    - die bisher erkennbaren indirekten Auswirkungen
    - das wachsende Informationsbedürfnis, insbesondere in bezug auf die Sortiment-Struktur und die Artikel-Ergebnisrechnung
    - die Notwendigkeit, das Personal-Problem – vor allem des Vertriebs-Bereiches – einer baldigen Lösung zuzuführen, selbst unter Inkaufnahme eines höheren Übergangs-Aufwandes
- Die Geschäftsleitung beschließt daher, die Verwirklichung des ADV-Systems gemäß Realisierungs-Plan vorzunehmen

3. Organisations-Stufe Vorbereitung

3.1 Überblick

3.11 Zweck

1. Schaffung der Voraussetzungen auf allen *Organisations-Ebenen,* um die Realisierung des umfassenden ADV-Systems in Angriff nehmen zu können

2. Grundsatz-Überlegungen zum Zweck der **Vorbereitung**

   ○ **Voruntersuchung** und **Grund-Konzeption** sind die beiden *Organisations-Stufen,* in denen das Unternehmen als Einheit betrachtet wird, weil dessen Sach-Aufgaben nur aus der gesamtheitlichen Sicht sinnvoll analysiert und in den Rahmen des umfassenden ADV-Systems für das Unternehmen gestellt werden können

   ○ Als Ergebnis des Grundkonzeptes liegen einerseits die Grundzüge des zukünftigen ADV-Systems und andererseits die Bedingungen fest, die geschaffen werden müssen, um das ADV-System zu realisieren. Diese Bedingungen erstrecken sich auf alle Organisations-Ebenen des Einführungs-Verfahrens

   ○ In der Stufe der **Vorbereitung** geht es nun darum, auf den einzelnen Ebenen die Maßnahmen zu setzen, die zur Schaffung dieser Voraussetzungen führen

   ○ Da die Zeitpunkte, zu denen die einzelnen Bedingungen erfüllt sein müssen, unterschiedlich liegen, überlappen sich die **Vorbereitung** und der Beginn der **Realisierung.** Dies ist aus dem Netzwerk der Abb. 2 zu erkennen. Aus Gründen der Übersichtlichkeit wird aber in der schriftlichen Darstellung diese Überlappung außer Acht gelassen, so daß die ganze Organisations-Stufe **Vorbereitung** im vorliegenden Abschnitt besprochen wird

   ○ Dadurch kann überdies die Darstellung der Organisations-Stufe **Realisierung** auf die Beschreibung der Maßnahmen konzentriert werden, die sich auf die Detail-Organisation eines einzelnen ADV-Projektes beziehen

3. Die Ausführung der Vorbereitungs-Maßnahmen erfolgt auf allen Organisations-Ebenen parallel. Aus Gründen der Übersichtlichkeit werden diese hier jedoch entsprechend der Gliederung im folgenden Punkt nacheinander dargestellt

3.12 Gliederung

1. Die **Vorbereitung** umfaßt die folgenden auf den einzelnen Organisations-Ebenen parallel bzw. überlappend auszuführenden Aufgaben-Komplexe, die in den nachstehend genannten Unterabschnitten nach Inhalt und Verfahrensweise beschrieben werden:
   - 1. Leitungs-Ebene (Unterabschnitt 3.4)
     - Regelung der Leitungs-Aufgaben
     - Einrichtung der DV-Abteilung
     - Einsetzen eines Leiters
     - Methodische Grundlagen (Arbeits-Richtlinien)
   - 2. Personal-Ebene (Unterabschnitt 3.5)
     - Bedarf
     - Auswahl
     - Schulung
     - Einsatz
   - 3. Maschinen-Ebene (Unterabschnitt 3.6)
     - Ausschreibung
     - Auswahl
     - Bestellung
     - Installation
   - 4. Raum-Ebene (Unterabschnitt 3.7)
     - Auswahl
     - Ausbau
     - Einrichtung
   - 5. Sachgebiets-Ebene (Unterabschnitt 3.8)
     - ADV-Projekte
     - Projekt-Reihung
     - Projekt-Vergabe
2. Die Beilage zeigt das Detail-Netzwerk C für diese Organisations-Stufe

3.2 Voraussetzungen

3.21 Veranlassung

1. Die **Vorbereitung** wird durch einen diesbezüglichen Beschluß der Geschäftsleitung ausgelöst

2. Grundlagen für diesen Beschluß sind:
   - die Empfehlung im Bericht über die **Grund-Konzeption**
   - die Beurteilung der Vor- und Nachteile des zu verwirklichenden umfassenden ADV-Systems

3.22 Personelle Voraussetzungen

1. Fortsetzung des Auftrags an den Delegierten der Geschäftsleitung zur verantwortlichen Führung aller ADV-Angelegenheiten
2. Beauftragung des Organisators
   - Die Mitwirkung des Organisators erfährt insofern eine Änderung als im Verlauf dieser Organisations-Stufe die automatisierte Datenverarbeitung – und das Verfahren zu ihrer Einführung – im Unternehmen zu institutionalisieren ist. Der Beschluß zur Verwirklichung des ADV-Systems macht es notwendig, für die Wahrnehmung der ADV-Agenden kompetente Stellen innerhalb des Unternehmens zu schaffen. Dies geschieht durch die Bildung einer eigenen Datenverarbeitungs-Abteilung, deren Leitung einem unternehmens-eigenen Fachmann zu übertragen ist
   - Bis zur Arbeits-Aufnahme durch den Leiter der DV-Abteilung hat die **Vorbereitung** auf Leitungs-Ebene (Unterabschnitt 3.4) der Organisator im Einvernehmen mit dem Delegierten vorzunehmen
   - Darüber hinaus ist es zweckmäßig, den Organisator auch damit zu betrauen, bei der **Vorbereitung** auf den anderen Organisations-Ebenen beratend mitzuwirken
3. Fortsetzung der Bereitstellung des Organisations-Teams bis zur Einrichtung der DV-Abteilung
4. Information der Abteilungs-Leiter über den Beginn der **Vorbereitung** durch den Delegierten

3.23 Arbeitstechnische Voraussetzungen

1. Gewährleistung der entsprechenden Voraussetzungen der Organisations-Stufe **Grund-Konzeption** (siehe 2.23)
2. Erteilung einer generellen Bewilligung zur Kontaktnahme mit Vertriebs-Firmen und zur Einholung von relevanten Informationen von außen

3.24 Arbeits-Planung

1. Grundlage ist der in der **Grund-Konzeption** aufgestellte Realisierungs-Plan
2. Festlegung des konkreten Beginn-Datums für die Inangriffnahme der **Vorbereitung** und aller davon abhängigen Termine durch den Delegierten im Einvernehmen mit dem Organisator
3. Dieser Termin-Plan bildet vorläufig die Basis für den Delegierten zur Überwachung des Arbeits-Fortschrittes, wofür er periodische Kontroll-Besprechungen ansetzt.
4. Festlegen eines Termins für die Vorlage eines verfeinerten Termin-Planes für die einzelnen Organisations-Ebenen durch den Organisator

3.3 Ausführende*

In der Organisations-Stufe **Vorbereitung** werden im wesentlichen folgende Personen und Personengruppen im Hinblick auf die angeführten Aufgaben tätig. Siehe dazu auch die Übersicht „Tätigkeits-Verteilung" in Abb. 23

1. Geschäftsleitung
   - Beschluß zur Einleitung der **Vorbereitung**
   - Beauftragung des Delegierten
   - Beauftragung des Organisators
   - Genehmigung zur Bildung der DV-Abteilung
   - Abschluß der Maschinen-Verträge
   - Genehmigung des Realisierungs-Plans
2. Delegierter der Geschäftsleitung
   - laufende Verbindung zum Organisator
   - Koordinierung mit den Abteilungen
   - Gewährleistung der personellen und arbeitstechnischen Voraussetzungen
   - Mitwirkung an der Arbeits-Planung
   - Überwachung des Arbeits-Fortschrittes
   - periodische Berichterstattung an die Geschäftsleitung
   - disziplinäre Unterstellung der Angehörigen des Organisations-Teams, wenn ein außenstehender Organisator tätig ist
3. Organisator
   - Auftragsgemäße Durchführung der **Vorbereitung** auf Leitungs-Ebene
   - Beratung und Unterstützung des Delegierten bei der Gewährleistung der personellen und arbeitstechnischen Voraussetzungen
   - Arbeits-Planung im Einvernehmen mit dem Delegierten

*Aufgaben- bzw. Stellen-Beschreibungen siehe im Anhang B

Zeichen-Erklärung
- B = Beratung
- D = Durchführung
- E = Entscheidung
- M = Aktive Mitwirkung
- P = Passive Mitwirkung

	Geschäftsleitung	Delegierter	Abteilungen	Organisator	Organisations-Team	DV-Abteilung: Leiter DV-Abteilung	Chef-Analytiker	Leiter Projekt-Team	Projekt-Team	Chef-Programmierer	System-Programmierer	Leiter Progr.-Team	Programmierer-Team	Rechenzentrum	Lieferfirmen	Anmerkung
Voraussetzungen																
Beschluß zur Vorbereitung	E															
Auftrag an den Delegierten	D	P														
Auftrag an den Organisator	E	D		P												
Bereitstellung des Organisations-Teams		D		M	P											
Gewährleistung der Arbeits-Bedingungen		D		M												
Arbeits-Planung		M		D												
Information über Arbeits-Aufnahme		D	P													
Vorbereitung auf Leitungs-Ebene																
Verfeinerung des Realisierungs-Planes unter Einbeziehung aller Termine der Vorbereitung	E	M		D	M											
Regelung der Planung und Kontrolle		M		D	M											
Gliederung der DV-Abteilung				D	M											
Festlegung der Stellen				D	M											
Einbau in das Unternehmen		M		D	M											
Beschluß zur Bildung der DV-Abteilung	E	M														
Auswahl des Leiters der DV-Abteilung	E	D		M		P										1)
Einführung des Leiters		D		D		M										
Feststellung der Erfordernisse an Arbeits-Richtlinien				D	M	M										
Termin-Plan für die Bereitstellung				D	M	M										
Ausarbeitung der Arbeits-Richtlinien		E		D	M	M										
Ajourhalten der Arbeits-Richtlinien						D	D			D				D		

Abb. 23/1 **Tätigkeits-Verteilung in der Organisations-Stufe Vorbereitung**

Zeichen-Erklärung
- B = Beratung
- D = Durchführung
- E = Entscheidung
- M = Aktive Mitwirkung
- P = Passive Mitwirkung

						DV-Abteilung										
	Geschäftsleitung	Delegierter	Abteilungen	Organisator	Organisations-Team	Leiter DV-Abteilung	Chef-Analytiker	Leiter Projekt-Team	Projekt-Team	Chef-Programmierer	System-Programmierer	Leiter Progr.-Team	Programmierer-Team	Rechenzentrum	Lieferfirmen	Anmerkung
Vorbereitung auf Personal-Ebene																
Personal-Bedarfs-Ermittlung				B		D										
Termin-Plan für die Personal-Bereitstellung				B		D										
Personal-Suche				B		D										1)
Personal-Auswahl				B		D										1)
Erstellung des Schulungsplans				B		D										
Schulung				D		D									D	
Vorbereitung auf Maschinen-Ebene																
Festlegung der Methodik und Vorauswahl				B	M	D										
Ausschreibung				B	M	D										
Offert-Beurteilung				B	M	D										
Verifizierung der Wirtschaftlichkeits-Berechnung				B	M	D										
Auswahl-Vorschlag (Alternative)				B	M	D										
Entschluß zu Vertrags-Verhandlungen		E				M										
Vertrags-Verhandlungen		D				M									D	
Vertrags-Unterzeichnung	D	M														
Termin-Plan für die Maschinen-Bereitstellung					M	D										
Endgültige Definition der Konfiguration		E		B		D	M			M	M			M		
Installations-Planung						D								M	D	
Abstimmung mit Personal und Raum						D								M		
Installation der hardware						E								M	D	
Bereitstellung der software						E					M			M	D	
Übernahme der Maschinen						D								M		
Übernahme-Bestätigung		D				M										
Bereitstellung der Betriebsmittel														D		

Abb. 23/2 **Tätigkeits-Verteilung in der Organisations-Stufe Vorbereitung**

Zeichen-Erklärung
- B = Beratung
- D = Durchführung
- E = Entscheidung
- M = Aktive Mitwirkung
- P = Passive Mitwirkung

						DV-Abteilung										
	Geschäftsleitung	Delegierter	Abteilungen	Organisator	Organisations-Team	Leiter DV-Abteilung	Chef-Analytiker	Leiter Projekt-Team	Projekt-Team	Chef-Programmierer	System-Programmierer	Leiter Progr.-Team	Programmierer-Team	Rechenzentrum	Lieferfirmen	Anmerkung
Vorbereitung auf Raum-Ebene																
Ermittlung der Raum-Erfordernisse				B		D									M	
Erstellung eines Aufstellungs-Plans				B		M									D	
Auswahl der Räume		E		B		D									M	
Feststellung des Einrichtungs-Bedarfs				B		D										
Termin-Plan für die Raum-Bereitstellung						D								M		
Adaptierung der Räume						E								D	M	2)
Vornahme der Einrichtung						E								D		
Vorbereitung auf Sachgebiets-Ebene																
Überprüfung der Sachgebiets-Gliederung				D	M	M										
Bestimmung der ADV-Projekte				D	M	M										
Vorschlag der Reihung der Projekte				D	M	M										
Festlegung der Reihung der Projekte	E	M	M	B		M										
Termin-Plan für die Ausführung der Projekte				B		D	M									
Anlegung der Projekt-Auftragsblätter				B		D										

Anmerkung:
1) in Abstimmung mit der Personal-Abteilung
2) in Abstimmung mit der Bauabteilung bzw. Hausverwaltung

Abb. 23/3 **Tätigkeits-Verteilung in der Organisations-Stufe Vorbereitung**

- Anwendung der spezifischen Fachkenntnisse und Erfahrungen bei der Ausführung bzw. Veranlassung der Vorbereitungs-Maßnahmen
- Anwendung rationeller Methoden
- Entwicklung der Arbeits-Richtlinien
- fachliche Führung, dispositiver Einsatz und Überwachung des Organisations-Teams
- laufende Berichterstattung an den Delegierten
- periodische Berichterstattung an die Geschäftsleitung
- disziplinäre Unterstellung der Mitarbeiter des Organisations-Teams, wenn ein unternehmens-eigener Organisator tätig ist
- beratende Mitwirkung an der **Vorbereitung** auf allen Organisations-Ebenen

4. Organisations-Team
   - Ausführende und kreative Unterstützung des Organisators
   - laufende Berichterstattung an den Organisator
   - nach Bildung der DV-Abteilung werden die Mitarbeiter des Organisations-Teams in diese Abteilung übergeführt

5. Leiter bzw. deren Beauftragte der folgenden Abteilungen:
   - Personal-Abteilung: Mitwirkung in Personal-Angelegenheiten
   - Technische Abteilung: Mitwirkung in technischen und Raum-Angelegenheiten

6. Leiter der Datenverarbeitungs-Abteilung (DV-Abteilung)
   - Aufgaben gemäß Stellen-Beschreibung
   - Vornahme der Aufgaben in der Organisations-Stufe **Vorbereitung** auf den Organisations-Ebenen Personal, Maschinen, Raum und Sachgebiete (Unterabschnitte 3.5 bis 3.8)

7. Chef-Analytiker als Leiter der Analytiker-Gruppe
   - Aufgaben gemäß Stellen-Beschreibung
   - Unterstützung des Leiters der DV-Abteilung bei Vornahme der Aufgaben in der Organisations-Stufe **Vorbereitung** in bezug auf
     - organisatorische Aufgaben
     - personellen und organisatorischen Aufbau und Einsatzbereitstellung der Analytiker-Gruppe
     - Aufgaben der Sachgebiets-Ebene

8. Chef-Programmierer als Leiter der Programmierer-Gruppe
   - Aufgaben gemäß Stellen-Beschreibung
   - Unterstützung des Leiters der DV-Abteilung bei Vornahme der Aufgaben in der Organisations-Stufe **Vorbereitung** in bezug auf
     - Programmierung, Aufbau des Betriebssystems
     - personellen und organisatorischen Aufbau und Einsatz-Bereitstellung der Programmierer-Gruppe

9. Leiter des Rechenzentrums
   - Aufgaben gemäß Stellen-Beschreibung
   - Unterstützung des Leiters der DV-Abteilung bei Vornahme der Aufgaben in der Organisations-Stufe **Vorbereitung** in bezug auf
     - maschinen-, installations- und einrichtungstechnische Fragen
     - personellen und organisatorischen Aufbau und Betriebs-Bereitstellung des Rechenzentrums

10. Vertriebsfirmen von Computern, Datenerfassungs-Geräten und Organisationsmitteln
    - Erteilung von Auskünften
    - Bereitstellung von Informations-Material
    - Offertlegung
    - Lieferfirmen: Ausführung der vertraglich vereinbarten Lieferungen und Leistungen

3.4 Vorbereitung auf Leitungs-Ebene

3.41 Inhalt

1. Zweck der **Vorbereitung** auf dieser Organisations-Ebene ist die Schaffung der Voraussetzungen in bezug auf die Leitung, Struktur und Methoden für die Wahrnehmung der weiteren Aufgaben des Einführungs-Verfahrens

2. Die Bezugsobjekte dieser Maßnahmen sind die folgenden:
   - 1. Die Regelung der Leitungs-Aufgaben des Delegierten der Geschäftsleitung. Der Delegierte ist mit der Verantwortung für alle ADV-Angelegenheiten gegenüber der Geschäftsleitung betraut. Da er selbst nicht Fachmann ist, ist er auf das richtige Funktionieren der aktiv Tätigen (zunächst: Organisator, Organisations-Team; später Leiter und Mitarbeiter der DV-Abteilung) angewiesen. Diese benötigen immer wieder Weisungen und Entscheidungen, die der Delegierte zu treffen hat. Daher muß er sich die Möglichkeit schaffen, ständig über den Fortgang des Einführungs-Verfahrens am laufenden zu bleiben
   - 2. Die Einrichtung einer Datenverarbeitungs-Abteilung (DV-Abteilung) im Unternehmen, die unter einer einheitlichen Leitung alle Aufgaben der **Vorbereitung**, der **Realisierung** und – soweit es sich um die maschinellen Arbeiten handelt – des laufenden Betriebes auszuführen hat. Die DV-Abteilung ist baldmöglich nach der Einleitung der **Vorbereitung** zu bilden, um die Stellen-Struktur noch vor der konkreten Besetzung durch Mitarbeiter festzulegen
   - 3. Die Ernennung eines Fachmannes zum Leiter der DV-Abteilung, dessen Persönlichkeit, fachliche Qualifikation und Führungs-Eigenschaf-

ten von wesentlicher Bedeutung für das weitere Einführungs-Verfahren und die Gestaltung des umfassenden ADV-Systems im Unternehmen sind

- 4. Die Entwicklung der methodischen Grundlagen, die eine einheitliche, systematische und rationelle Arbeitsweise der DV-Abteilung gewährleisten sollen (Arbeits-Richtlinien). Die durch die Eigenart des Computer-Einsatzes bedingte Komplexität und Dauer des Einführungs-Verfahrens zwingen zur Beachtung bestimmter Verfahrens- und Arbeits-Methoden. Dadurch können die auftretenden Schwierigkeiten wie Verzögerungen, Fehlentwicklungen, Leerläufe usf. vermieden bzw. reduziert werden. Allgemein verbindliche Methoden, die als Rezept dienen könnten, gibt es allerdings nicht, wohl aber aus der Erfahrung gewonnene Regeln und Richtlinien. In der **Vorbereitung** müssen die Grundzüge dieser Richtlinien festgelegt werden, um sie in der Folge durch die Mitarbeiter der DV-Abteilung anwenden zu lassen. Dadurch wird erreicht, daß nicht erst im Laufe der konkreten Arbeit Verfahrensfragen diskutiert werden müssen

3.42 Verfahrensweise

3.421 Regelung der Leitungs-Aufgaben

1. Ausarbeitung eines Vorschlages für eine Verfeinerung des Realisierungs-Planes laut **Grund-Konzeption** durch den Organisator
   - Überlegen der zu treffenden detaillierten Maßnahmen auf den einzelnen Organisations-Ebenen
   - Anlegen von Stichwort-Verzeichnissen dieser Maßnahmen
   - Festlegen der geschätzten Beginn-Termine und der Dauer jeder Maßnahme
   - Erstellen eines grafischen Termin-Plan-Entwurfes
2. Festlegung eines definitiven Planes durch den Delegierten und den Organisator
   - Diskussion des Entwurfes
   - Genehmigung des verfeinerten Realisierungs-Planes über Empfehlung des Delegierten durch die Geschäftsleitung
   - Endgültige Ausfertigung des verfeinerten Realisierungs-Planes unter Einbeziehung aller Termine, die sich im Rahmen der **Vorbereitung** auf allen Organisations-Ebenen ergeben (z. B. in Form eines Netzplanes)
   - Erstellen von Kontroll-Blättern über zusammengehörige Maßnahmen-Komplexe mit Angabe der Stichworte
3. Regelung der Zusammenarbeit zwischen dem Delegierten und dem Organisator
   - Regelmäßig – zunächst wöchentlich – werden Kontroll-Besprechungen abgehalten

- Die Ausführung von Maßnahmen wird jeweils gemeinsam zwischen dem Delegierten und dem Organisator in den Kontroll-Besprechungen festgelegt
- Der Delegierte holt erforderlichenfalls die Genehmigung der Geschäftsleitung ein
- Der Delegierte veranlaßt die Durchsetzung beschlossener Maßnahmen, soweit diese nicht in die Kompetenz des Organisators fallen

4. Normung der Tagesordnung für die Kontroll-Besprechungen zwischen dem Delegierten und dem Organisator
   - Durchbesprechen aller auf den Kontroll-Blättern enthaltenen aktuellen Punkte
   - Streichen von erledigten und Ergänzen von neuen Maßnahme-Punkten
   - Eintragen von Bemerkungen über den Verlauf nach Inhalt und Termin
   - Ajourhalten der Kontroll-Blätter: durch die regelmäßigen Kontroll-Besprechungen über die aktuellen Fragen ergibt sicht die kontinuierliche Ergänzung, Ajourstellung und Erledigung der zu planenden, zu koordinierenden und daher auch zu überwachenden Einzel-Maßnahmen
   - Regelmäßige Überprüfung des Arbeits-Fortschritts an Hand des verfeinerten Realisierungs-Planes
   - Anpassung des Realisierungs-Planes in periodischen Abständen bei Veränderung der Gegebenheiten, wobei wesentliche Termin-Abweichungen der Zustimmung durch die Geschäftsleitung bedürfen
   - Die Kontroll-Besprechungen finden während des gesamten Zeitraumes des Einführungs-Verfahrens bis zum Abschluß der **Vorbereitung** statt, wobei je nach Erfordernis die Periodizität variiert

5. Die Regelung der Zusammenarbeit zwischen dem Delegierten und dem Organisator gilt grundsätzlich auch für die Zusammenarbeit zwischen dem Delegierten und dem Leiter der DV-Abteilung nach deren Einrichtung

3.422 Einrichtung der DV-Abteilung

Anmerkung: Richtlinien für die Gliederung der DV-Abteilung befinden sich im Anhang B dieses Handbuches

1. Ausarbeitung eines Entwurfes für den Aufbau der DV-Abteilung durch den Organisator

   - 1. Erstellen eines Gliederungs-Schemas für die zu bildende DV-Abteilung durch den Organisator
     - Verwendung einer Modell-Struktur und Anpassung derselben an die konkreten Erfordernisse und/oder Überlegung eines individuellen Aufbaues

- Die DV-Abteilung übernimmt Dienstleistungs-Funktionen für praktisch alle Sachbereiche des Unternehmens, ohne jedoch dadurch für deren Sachaufgaben inhaltlich verantwortlich zu werden

- 2. Festlegen der Gruppen innerhalb der DV-Abteilung
  - Analytiker-Gruppe unter der Leitung eines Chef-Analytikers mit der Aufgabe, die organisatorischen Arbeiten auszuführen
  - Programmierer-Gruppe unter der Leitung eines Chef-Programmierers mit der Aufgabe, die Programmierung auszuführen; für die spezifischen Erfordernisse des Betriebssystems ist dem Chef-Programmierer bei Bedarf ein eigener System-Programmierer beizugeben
  - Rechenzentrum mit der Aufgabe, die laufenden Durchführungs-Arbeiten zu verrichten; diese Gruppe untersteht dem Leiter des Rechenzentrums und ist weiter gegliedert in die Stellenbereiche
    - Datenerfassung (wenn nicht dezentralisiert)
    - Kontroll-Stelle
    - Datenverarbeitung (Computer und Hilfsmaschinen)
    - Material- und Archiv-Verwaltung

- 3. Festlegen der Stellen der DV-Abteilung
  - Bestimmen der Aufgaben jeder Stelle
  - Anfertigen von Stellen-Beschreibungen
  - Beschreiben der Anforderungen an die Stelleninhaber
  - Entwurf eines Gehalts-Schemas (Überstunden, Zulagen, Prämien) im Einvernehmen mit der Personal-Abteilung
  - Die Besetzung der Stellen erfolgt nach und nach entsprechend dem Personal-Bedarf

- 4. Regelung des Einbaues der DV-Abteilung in das Organisations-Schema des Unternehmens
  - Unterstellung überlegen: direkt unter die Geschäftsleitung bzw. den Delegierten
  - Bestimmen der Aufgaben des zuständigen Geschäftsleitungs-Mitgliedes in bezug auf die DV-Abteilung
  - Relation zu eventuell bestehender Organisations-Abteilung klären: werden die Organisations-Abteilung und die DV-Abteilung zusammengelegt, was unter Berücksichtigung der engen Verflechtung der allgemeinen Betriebs-Organisation mit der DV-Organisation anzustreben ist, so ist dies in der Bezeichnung der gemeinsamen Abteilung auszudrücken (z. B. „Organisation und Datenverarbeitung")

- 5. Regelung der Zusammenarbeit zwischen der DV-Abteilung und den anderen Abteilungen des Unternehmens
  - Bestimmen der Aufgaben für die Verbindungspersonen
  - Anfertigen von Arbeits-Richtlinien für die Verbindungspersonen

2. Abstimmung des Entwurfs mit dem Delegierten
   - eventuell Modifikationen vornehmen
   - endgültigen Entwurf ausarbeiten
3. Genehmigung des Entwurfes durch die Geschäftsleitung
   - Beschluß zur Bildung der DV-Abteilung treffen
   - Termin für Fertigstellung der Stellen-Beschreibungen festlegen

3.423 Einsetzung des Leiters der DV-Abteilung

1. Qualifikations-Kriterien
   - Führungs-Eigenschaften
   - Sinn für das Wesentliche und Praktische
   - Systematiker
   - Organisatorische Fähigkeiten
   - Hochschul-Ausbildung
   - Gute Kenntnisse in Betriebswirtschaft
   - Mehrjährige Praxis
   - Englische Sprach-Kenntnisse
2. Auswahl
   - in erster Linie kommt der unternehmens-eigene Organisator, wenn er die fachliche Qualifikation hat, in Betracht
   - andernfalls: Einstellung eines Fachmannes für ADV
   - oder: Heranziehen eines fachlich geeigneten Mitarbeiters des Organisations-Teams, der an der Erarbeitung der **Grund-Konzeption** mitgewirkt hat, mit Unterstützung durch den außenstehenden Organisator
   - Beurteilung
     - Persönlichkeits-Test
     - Fach-Test
     - Fachliche Referenzen
     - Interview durch Delegierten und Organisator
3. Zeitpunkt der Arbeits-Aufnahme
   - möglichst kurze Zeit nach Einleitung der Organisations-Stufe **Vorbereitung**
   - dadurch sollte noch in der Phase vor der Bildung der DV-Abteilung die Möglichkeit zur Akklimatisierung und zur Einführung gegeben sein
4. Einführung in die Arbeit
   - Information über die Stellen-Beschreibung
   - Studium des bisherigen Ergebnisses des Einführungs-Verfahrens
   - Mitwirkung an **Vorbereitung** auf Leitungs-Ebene, wenn die Arbeits-Aufnahme rechtzeitig erfolgt
   - Zusammenarbeit mit Organisator

3.424 Entwicklung der methodischen Grundlagen (Arbeits-Richtlinien)

1. Erfordernisse in bezug auf eine methodische Verfahrensweise bei der Einführung durchdenken:

   - Zusammenstellen der benötigten Arbeits-Richtlinien, wie
     - 1. Richtlinien für die Einführung von ADV-Systemen (das vorliegende Organisations-Handbuch stellt solche Richtlinien dar)
     - 2. Richtlinien für die Dokumentation (vergleiche Abb. 16)
     - 3. Richtlinien für den Aufbau einer DV-Abteilung (im Anhang B dieses Handbuches befindet sich ein Muster für diese Richtlinien)
     - 4. Richtlinien für die Planung und Kontrolle der Tätigkeiten der Mitarbeiter
     - 5. Richtlinien für die Ausschreibung und Auswahl eines Computers
     - 6. Richtlinien für die Organisation der automatisierten Datenverarbeitung
     - 7. Richtlinien für die Datenerfassung in der automatisierten Datenverarbeitung
     - 8. Richtlinien für die Erstellung und Beschreibung der
       - Datenflußpläne
       - Daten-Definitionen
       - Schlüssel
       - Belege und Formulare
       - Datensätze und Datenbestände
       - Programmier-Anweisungen
       - Arbeits-Anweisungen
     - 9. Richtlinien für die Bestimmung und Definition von Kontrollen in der automatisierten Datenverarbeitung
     - 10. Richtlinien für die Planung und Kontrolle von Arbeitszeiten und Maschinenlaufzeiten
     - 11. Richtlinien für die Klassifikation von Programmen etc.
   - Rangigkeit der Arbeits-Richtlinien gemäß zeitlichem Bedarf festlegen (Richtlinien für Ausschreibung und Auswahl des Computers sind z. B. zeitlich vorrangig gegenüber Arbeits-Anweisungen für Programmierer)
   - Ermitteln der Termine, zu denen sie benötigt werden

2. Verfügbarkeit von Modell-Richtlinien
   - Modelle sind in der Literatur bisher kaum vorhanden
   - Von den Vertriebsfirmen werden Handbücher beigestellt; diese beschränken sich aber weitgehend auf die maschinen-nahen Erfordernisse
   - Eigene Regeln zu entwickeln ist langwierig, praktisch nur nach langer Erfahrung möglich und daher in der Regel nicht durchführbar
   - Die Beiziehung eines außenstehenden Fachmannes (Beraters), der bereits

Einführungs-Verfahren bis in die Realisierung hinein ausgeführt hat, ist daher zweckmäßig
- Feststellen des Aufwandes für Modell-Richtlinien
- Entscheidung über die Inanspruchnahme

3. Bereitstellung der Arbeits-Richtlinien
   - Ausarbeitung bzw. Anpassung der Richtlinien entsprechend den konkreten Erfordernissen
   - Festlegen von Terminen für die Fertigstellung
4. Ajourhalten der Arbeits-Richtlinien
   - Die Gruppen-Chefs der DV-Abteilung haben laut Stellen-Beschreibungen die Arbeits-Richtlinien laufend zu erweitern, anzupassen und zu verfeinern
   - Alle Arbeits-Richtlinien bilden zusammen das den individuellen Gegebenheiten des Unternehmens entsprechende Organisations-Handbuch

3.5 Vorbereitung auf Personal-Ebene

3.51 Inhalt

1. Zweck der **Vorbereitung** auf dieser Organisations-Ebene ist die Schaffung der personellen Voraussetzungen für die Realisierung des umfassenden ADV-Systems
2. Bezugsobjekt ist die Bereitstellung des erforderlichen geschulten Personals nach folgenden Gesichtspunkten:
   - 1. Die Kategorien von Mitarbeitern, die erforderlich sind, ergeben sich aus der Stellen-Gliederung der DV-Abteilung. Die Aufgaben, die sie wahrzunehmen haben, sind in den Stellen-Beschreibungen der einzelnen Mitarbeiter festgelegt. Wie viele Mitarbeiter dafür benötigt werden, richtet sich nach den in der **Grund-Konzeption** festgehaltenen Erfordernissen
   - 2. Analytiker werden nach Bildung der DV-Abteilung benötigt, damit sie deren Leiter bereits bei der **Vorbereitung** unterstützen können. Die Mitarbeiter des Organisations-Teams, die bereits am Grundkonzept mitgewirkt haben, sind in erster Linie heranzuziehen. Einer der Analytiker ist mit der Leitung der Analytiker-Gruppe zu betrauen (Chef-Analytiker). Spätestens muß die erforderliche Anzahl Analytiker bei Beginn des ersten Projektes verfügbar sein
   - 3. Programmierer werden spätestens zum Zeitpunkt der **Programm-Vorgabe** für das erste Projekt, Chef- und System-Programmierer jedoch bereits bei dessen **Detail-Ausführung** benötigt

- 4. Das Personal des Rechenzentrums – also dessen Leiter, die Bedienungs-Kräfte (Operator), die Datenerfassungs-Kräfte, das Personal der Material- und Archiv-Verwaltung und der Kontroll-Stelle – wird zu verschiedenen Zeitpunkten benötigt, die auf den Termin der Installation der Maschinen abzustimmen sind. Der Leiter des Rechenzentrums ist so rechtzeitig zu ernennen, daß er den Leiter der DV-Abteilung beim Aufbau der Gruppe unterstützen kann

3. Die Aufgaben der Detail-Organisation (Analytiker) und der Programmierung (Programmierer) werden somit von unterschiedlichen Personen-Gruppen ausgeführt. Die hauptsächlichen Gründe für diese systematische Trennung der Aufgaben sind:
   - die unterschiedlichen Anforderungen
   - die Herstellung einer klaren Aufgaben-Trennung
   - das Erfordernis, das Spezialwissen konzentriert einzusetzen
   - die Gewähr für exakte Programmier-Anweisungen
   - die Unabhängigkeit des Änderungs-Dienstes von der Person des Mitarbeiters

3.52 Verfahrensweise

1. Personal-Bedarf
   - Grundlage ist die Bedarfs-Ermittlung laut **Grund-Konzeption**
   - Berücksichtigen von Modifikationen durch eventuelle Änderungen
   - Personal-Bedarfs-Plan aufstellen, gegliedert nach Art und Anzahl des Personals sowie nach Zeitpunkt des Bedarfs gemäß Realisierungs-Plan
   - Beiziehen des Organisators zur fachlichen Beratung
2. Personal-Suche
   - Zusammenarbeit des Leiters der DV-Abteilung mit der Personal-Abteilung
   - Feststellen der Anforderungen an die benötigten Mitarbeiter
   - Maßnahmen zur Beschaffung gemäß Bedarfs-Plan treffen durch Rundschreiben im Unternehmen, Anzeigen, Stellenvermittlung
   - Mitarbeiter aus dem Unternehmen bevorzugen, trotz Nachteil der fehlenden Ausbildung
   - Angehörige des Organisations-Teams nach Möglichkeit übernehmen
3. Personal-Auswahl
   - Ausarbeiten von Tests bzw. Vorsorgen von Testmöglichkeiten für die einzelnen Mitarbeiter-Kategorien
   - Testen der Bewerber durch eigene Tests, durch Lieferfirmen oder Personalberater
   - Beurteilung durch Leiter der DV-Abteilung ist im Zweifel maßgebend

- Aufnahme der Mitarbeiter zu den laut Bedarfs-Plan erforderlichen Zeitpunkten
- Einweisen der Mitarbeiter in die Stellen der DV-Abteilung

4. Personal-Schulung
   - Aufstellen bzw. Bereitstellen von Schulungs-Programmen für die Aus- und Weiterbildung der Mitarbeiter
   - Kontakte mit Lieferfirmen und Schulungs-Instituten herstellen
   - Rangigkeit der einzelnen Schulungskurse an Bedarf und Ausbildungsstand anpassen
   - Kursbesuche veranlassen
   - Evidenz der geplanten und absolvierten Kursbesuche je Mitarbeiter einrichten
   - Vertrautmachen der Mitarbeiter mit den Arbeits-Richtlinien

5. Die Bereitstellung der Personals erstreckt sich über einen Zeitraum, der vom Beginn der Organisations-Stufe **Vorbereitung** bis in die Organisations-Stufe **Realisierung** hineinreicht. Erst knapp vor der Aufstellung des Computers erreicht die DV-Abteilung etwa ihre volle Besetzung

6. Einsatz-Richtlinien
   - Festlegen von Richtlinien, nach denen die Tätigkeit der Mitarbeiter der DV-Abteilung geplant und kontrolliert wird
   - Festlegen von Richtlinien, nach denen der Einsatz von Analytikern für konkrete Aufträge erfolgt (Projekt-Vergabe)
   - Festlegen von Richtlinien, nach denen der Einsatz der Programmierer erfolgt
   - Festlegen von generellen Arbeits-Richtlinien und -Anweisungen für das Personal des Rechenzentrums

7. Personal-Einsatz
   - Die Analytiker werden auf Grund von Aufträgen für einzelne ADV-Projekte in Form von Projekt-Teams eingesetzt. Darüber hinaus übernimmt der Analytiker die organisatorische Pflege bereits eingeführter ADV-Systeme
   - Die Programmierer werden ebenfalls in Teams (Programmierer-Teams) für die Erstellung der Programme für einzelne ADV-Projekte auf Grund von Aufträgen eingesetzt; darüber hinaus werden die einzelnen Programmierer mit der Pflege von bereits angewendeten Programmen betraut
   - Das Personal des Rechenzentrums übt seine Aufgaben gemäß generellen und speziellen Arbeits-Anweisungen nach dem für die Ausführung der laufenden Arbeiten bestehenden Arbeits-Plan aus

8. Rechtzeitig zum Beginn der Realisierung des ersten Projektes ist von der Lieferfirma ein System-Berater zur Unterstützung beizustellen

3.6 Vorbereitung auf Maschinen-Ebene

3.61 Inhalt

1. Zweck der **Vorbereitung** auf dieser Organisations-Ebene ist die Schaffung der maschinen-technischen Voraussetzungen für die Realisierung des umfassenden ADV-Systems
2. Bezugsobjekte dieser Vorbereitungs-Maßnahmen sind:
   - 1. Die Bestimmung der maschinellen Mittel:
     - Computer inklusive der peripheren Einheiten (hardware) und Betriebssystem, Dienst-Programme etc. (software)
     - Datenerfassungs-Geräte
     - Hilfsmaschinen
   - 2. Die Betriebs-Bereitstellung der maschinellen Mittel

3.62 Verfahrensweise

1. Methodik und Vorauswahl
   - Grundlage ist die Art, Größenordnung und Anzahl der erforderlichen Maschinen gemäß **Grund-Konzeption**
   - Prüfen von Modell-Methoden für Ausschreibung und Offert-Beurteilung auf Anwendbarkeit
   - Festlegen, welche Vertriebs-Firmen zur Angebot-Stellung eingeladen werden sollen
   - Beiziehen des Organisators zur fachlichen Beratung
2. Ausschreibung
   - Festlegen einer übersichtlichen Gliederung der Ausschreibung, an die sich die Anbieter zu halten haben, um einheitliche Offerte zu erhalten
   - Angebotspunkte bestimmen und in Form einer Frageliste zusammenstellen
   - Ausarbeiten von Pilot-Beispielen; das sind charakteristische Teil-Probleme, für deren Lösung die Firmen genaue Vorschläge auszuarbeiten haben
   - Plan des vorgesehenen Aufstellungs-Raumes bereitstellen
   - Termin für Angebots-Eingang festlegen
   - Unterlagen, die den Firmen gegeben werden, einheitlich abfassen
   - Ausschreibung an die vorgesehenen Firmen gleichzeitig absenden
   - Die Ausschreibung besteht aus:
     - Begleitschreiben mit Offert-Termin
     - Auszug aus **Grund-Konzeption** (ohne Wirtschaftlichkeits-Berechnung)

   - Pilot-Beispiele
   - Raum-Plan
   - Frageliste

3. Offert-Beurteilung
   - Methode des Offert-Vergleichs bestimmen
   - Vorbereitung des Vergleichs
     - Ordnen der einzelnen Beurteilungs-Kriterien in Gruppen nach Schwerpunkten
     - Gewichten derselben zueinander
     - Festlegen von Ideal-Werten für die einzelnen Kriterien, unter Bedachtnahme auf die Gewichtung der Kriterien-Gruppen
   - Eingehende Offerte formal auf Termin, Gliederung, Fragebeantwortung, Lösung der Pilot-Beispiele kontrollieren
   - Studieren der einzelnen Offerte
     - innere Logik der vorgeschlagenen Lösung
     - Eignung der angebotenen Maschinen und Speichermedien
     - Feststellung der Leistungswerte
     - Ermittlung der Auslastung
     - Lösungen und Zeitberechnungen für Pilot-Beispiele prüfen
   - Bewerten der einzelnen Kriterien je Offert in Relation zu den festgelegten Ideal-Werten
   - Ermitteln der Relation der Offerte zueinander
   - Bei etwa gleichwertigen Ergebnissen: Untersuchung noch intensivieren, um allfällige wesentliche Unterschiede herauszufinden
   - Festfahren der Beurteilung durch zu intensive Untersuchung vermeiden
   - Berücksichtigen der Tatsache, daß jeder Vergleich nur eine Annäherung an die objektive Richtigkeit sein kann, aber immer noch besser ist als eine Entscheidung ohne Vergleich
   - Durchsprechen der einzelnen Bewertungs-Ergebnisse mit den betreffenden Anbietern zur Vermeidung von Fehl-Beurteilungen und allfällige Modifikationen des Offerts auslösen
   - Definitive Auswahl des (der) Offert(e)s treffen
   - Überlegen der Vertragsform (Kauf, Miete)
   - Wirtschaftlichkeits-Berechnung der **Grund-Konzeption** an Hand der Offert-Angaben verifizieren und allenfalls abändern
   - Zusammenfassenden Entscheidungs-Vorschlag (Alternative) für den Delegierten ausarbeiten

4. Vertrags-Abschluß
   - Beschluß der Geschäftsleitung über Empfehlung des Delegierten und Bewilligung zur Aufnahme von konkreten Vertrags-Verhandlungen mit dem verbleibenden Anbieter

- Führen der Verhandlungen durch den Delegierten und den Leiter der DV-Abteilung zum Zweck der genauen Festlegung aller Details
- Beharren auf genauer und verbindlicher schriftlicher Festlegung aller Einzelheiten
- Vorbehalten von Änderungen der Konfiguration sowie des Lieferzeitpunktes bis zu bestimmten Terminen
- Ausgefertigte Vertrags-Unterlagen studieren
- Unterzeichnung durch Geschäftsleitung
- Termine für Einhaltung der Vertragsbedingungen in Evidenz nehmen

5. Definition der Konfiguration
   - Grundlage ist der vertragliche Vorbehalt, daß die definitive Konfigurations-Bestimmung bis zu einem bestimmten Zeitpunkt zu erfolgen hat
   - Sammeln und Auswerten etwa geänderter Anforderungen an die Maschinen-Konfiguration, die sich im Zuge der Bearbeitung von Projekten ergeben
   - Überprüfen der Anpassungs-Möglichkeit der bestellten Maschinen an die erforderlichen Modifikationen
   - Feststellen der Auswirkungen einer Änderung auf die Wirtschaftlichkeits-Berechnung
   - Festlegen der definitiven Konfiguration innerhalb der vertraglich vorgesehenen Frist
   - Entsprechende Anpassung des Vertrages

6. Liefertermin
   - Grundlage ist der vertragliche Vorbehalt, den definitiven Liefer-Zeitpunkt bis zu einem festgelegten Termin variieren zu können
   - Allfällige Verzögerungen, insbesondere der **Projekt-Realisierung,** berücksichtigen
   - Definitiven Zeitpunkt für die Installation fixieren

7. Installations-Planung
   - Grundlage sind die technischen Anforderungen für die Maschinen-Aufstellung
   - Rechtzeitig vor dem geplanten Zeitpunkt der Installation sind Kontakte mit der Lieferfirma über die Art und den Zeitpunkt der Anlieferung, Aufstellung und Inbetriebnahme der Maschinen zu pflegen
   - Veranlassung der Lieferfirma, einen Termin-Plan für die Abwicklung der Installation aufzustellen
   - Einhaltung des Termin-Planes überwachen
   - Abstimmung mit der Bereitstellung der Räume vornehmen
   - Abstimmung mit der Bereitstellung des Bedienungs-Personals vornehmen

8. Installation
   - Aufstellung der Maschinen gemäß Termin-Plan durch die Lieferfirma
   - Einrichtung des Betriebs-Systems für den Computer in Abstimmung zwischen der Lieferfirma und dem System-Programmierer durch individuelle Zusammensetzung des Betriebs-Systems
   - Einrichten der Dienst-Programm-Bibliothek (z. B. Sortier-Programme)
   - Vorbereitung der Anwender-Programm-Bibliothek, die im Zuge der Realisierung der einzelnen Projekte aufgebaut wird
   - Aufbau einer vollständigen und übersichtlichen Dokumentation

9. Übernahme der Maschinen
   - Offizielle Übergabe der Maschinen nach Abschluß der technischen Installation und Einrichtung des Betriebs-Systems durch die Lieferfirma
   - Betriebs-Bereitschaft des Computers, der Datenerfassungs-Geräte und der Hilfsmaschinen an Hand von Testläufen nachweisen lassen
   - Eventuelle Mängel feststellen und Termine für deren Behebung fixieren
   - Betriebs-Anleitungen prüfen und Handbücher übernehmen
   - Schriftliche Bestätigung der Übernahme durch den Delegierten erst nach Klärung aller offenen Fragen

10. Bereitstellung der Betriebsmittel
    - Rechtzeitige Bestimmung der Art und Anzahl der Speicher-Medien (Bänder, Platten, Lochkarten)
    - Kompatibilität von Betriebsmitteln, die nicht von der Computer-Lieferfirma beigestellt werden, mit dem Computer absichern
    - Offerte einholen, Eignung beurteilen und Lieferaufträge erteilen
    - Kontrolle der rechtzeitigen Anlieferung vornehmen

3.7 Vorbereitung auf Raum-Ebene

3.71 Inhalt

1. Zweck der **Vorbereitung** auf dieser Organisations-Ebene ist die Schaffung der räumlichen Voraussetzungen für die Realisierung des umfassenden ADV-Systems

2. Bezugsobjekte dieser Vorbereitungs-Maßnahmen sind
   - 1. die Unterbringung des Personals der DV-Abteilung
   - 2. die Unterbringung des Computers, der Datenerfassungs-Geräte und der Hilfsmaschinen

3.72 Verfahrensweise

1. Ermittlung der Raum-Erfordernisse
   - Grundlage bildet der ermittelte Bedarf an Personal, Maschinen und Nebenräumen
   - Zusammenstellen des Raum-Bedarfes für die Mitarbeiter der DV-Abteilung bezogen auf die geplante Voll-Kapazität
   - Beiziehen der Fachleute der Lieferfirma zur Ermittlung des Raum-Bedarfs für die Maschinen
   - Veranlassung der Lieferfirma, einen vorläufigen Maschinen-Aufstellungs-Plan zu erstellen
   - Festlegen der technischen Anforderungen an den Maschinen-Raum wie elektrische Anschlußwerte, Doppelboden, Klimaanlage, etc. durch die Lieferfirma

2. Auswahl der Räume
   - Beiziehen der unternehmens-eigenen technischen (Bau-)Abteilung und/oder eines spezialisierten Architekten
   - Ermittlung der Räume, die den Anforderungen entsprechen bzw. am wirtschaftlichsten umgestaltet werden können
   - Beachten der Verkehrswege zwischen dem Computer und den Stellen, die die Daten anliefern bzw. die Ergebnisse erhalten, sowie den Daten-erfassungs-Geräten und den Hilfsmaschinen
   - Beiziehen der Lieferfirma zur Eignungs-Beurteilung der in Aussicht genommenen Räume
   - Schätzen der Adaptierungs-Kosten und der Zeit für den Ausbau
   - Abstimmung mit der definitiven Konfiguration des Computers und dem Aufstellungs-Zeitpunkt vornehmen
   - Definitive Auswahl treffen und danach den endgültigen Aufstellungs-Plan mit Angabe der technischen Anforderungen erstellen
   - Erstellen eines detaillierten Termin-Planes, sodaß die Räume recht-zeitig verfügbar sind

3. Bestimmung des Einrichtungs-Bedarfs
   - Feststellen des Bedarfes an Möbeln, Ablage-Vorrichtungen, Schneide-Geräten, Transport-Geräten etc.
   - Beiziehen des Organisators zur fachlichen Beratung
   - Festlegen der Termine für die Bereitstellung der Einrichtungs-Gegen-stände in Abstimmung mit dem Termin-Plan

4. Adaptierung und Einrichtung der Räume
   - Nominieren eines Verantwortlichen für die Planung, Koordination und Überwachung der Adaptierung und Einrichtung der Räume
   - Ausschreiben der erforderlichen Adaptierungs-Arbeiten und Einrichtungen

- Offert-Beurteilung vornehmen
- Auftrags-Vergabe mit Fixierung der Liefer- bzw. Ausführungs-Termine in Abstimmung auf den Termin-Plan
- Ausführung der Arbeiten veranlassen und gemäß Termin-Plan überwachen
- Einrichten der adaptierten Räume mit den benötigten Möbeln und Hilfs-Geräten

5. Bereitstellung der Räume
   - Übergabe der Räume an den Leiter der DV-Abteilung
   - Zuführen zur bestimmungsgemäßen Verwendung

3.8 Vorbereitung auf Sachgebiets-Ebene

3.81 Inhalt

1. Der Zweck der **Vorbereitung** auf dieser Organisations-Ebene ist:
   - 1. die definitive Untergliederung der Sachgebiete in einzelne gut überblickbare ADV-Projekte unter Wahrung der in der **Grund-Konzeption** festgelegten Zusammenhänge und dadurch
   - 2. die Ermöglichung klar abgegrenzter Aufträge zur **Projekt-Realisierung,** sowie
   - 3. die endgültige Bestimmung der Reihenfolge, in der die ADV-Projekte realisiert werden sollen
2. Bezugs-Objekt ist somit die Gesamtheit der Sachgebiete, die in der **Grund-Konzeption** festgelegt wurden

3.82 Verfahrensweise

1. Überprüfung der Sachgebiets-Gliederung
   - Grundlage bilden die vorläufige Gliederung in Sachgebiete sowie der Realisierungs-Plan gemäß **Grund-Konzeption**
   - Überprüfen dieser Gliederung auf ihre Zweckmäßigkeit unter Bedachtnahme auf
     - die Größe und Komplexität der einzelnen Sachgebiete
     - die Relationen der Sachgebiete zueinander
     - die sachlichen und personellen Gegebenheiten in den entsprechenden Abteilungen
     - die zeitliche Realisierbarkeit
     - die Dringlichkeit, die Realisierung vorzunehmen etc.
   - Allenfalls weitere oder geänderte Gliederung vornehmen
   - Zuordnen von Sachgebiets-Nummern gemäß Gliederungs-Systematik (siehe Punkt 2.23), soweit nicht bereits erfolgt

2. Bestimmung der ADV-Projekte
   - Festlegen von ein oder mehreren ADV-Projekten für jedes Sachgebiet unter Bedachtnahme auf das Erfordernis, für jedes Projekt Zeitvorgaben erstellen und die Abwicklung kontrollieren zu müssen
   - Kurz-Bezeichnung jedes Projektes festlegen
   - Bestimmen der Projekt-Zahl in Erweiterung der Sachgebiets-Nummer (vergleiche Abb. 16)

Beispiel

- Das Sachgebiet „Lager-Material" wird ohne weitere Gliederung oder Änderung als ADV-Projekt bestimmt
- Die Sachgebiets-Nummer „42–" wird durch die Projekt-Zahl „1" ergänzt, sodaß die daraus entstehende Projekt-Nummer lautet: „42–1". Dementsprechend weisen alle Dokumentations-Nummern des Projektes diese Zahlen-Kombination in Verbindung mit der Ablage-Nummer auf

   - Schätzen der Gesamt-Dauer und Dauer der einzelnen Projekt-Stufen sowie des personellen Kapazitäts-Bedarfs für jedes Projekt unter Heranziehung der entsprechenden Schätzungen der **Grund-Konzeption**
3. Vorschläge für die Projekt-Reihung
   - Erstellen einer zusammenfassenden Übersicht über alle Projekte
   - Überlegen, in welcher Reihenfolge die Projekte realisiert werden sollen
   - Festlegen von Beginn- und End-Terminen für die einzelnen Projekte
   - Beachten der zeitlichen und fachlichen Beziehungen zwischen der Realisierung der Projekte und den Vorbereitungs-Maßnahmen auf allen Organisations-Ebenen
   - Erstellen eines Vorschlages für die Reihung der Projekte
4. Festlegung der Projekt-Reihung
   - Aussprache zwischen dem Delegierten, den Leitern der Abteilungen und dem Leiter der DV-Abteilung über den Vorschlag
   - Vor- und Nachteile diskutieren und allfällige Änderungen berücksichtigen
   - Zustimmung der Geschäftsleitung zum Vorschlag über Empfehlung des Delegierten
   - Die genehmigte Projekt-Reihung bildet die Grundlage für die Realisierungs-Termine der einzelnen ADV-Projekte im verfeinerten Realisierungs-Plan und damit in weiterer Folge für die Verwirklichung des umfassenden ADV-Systems des Unternehmens
5. Veränderungen der Projekt-Reihung
   - Nach Tunlichkeit sollen Änderungen der genehmigten Reihung vermieden werden

- Veränderungen der Projekt-Reihung ergeben sich aber insbesondere
  - als Folge einer unrichtigen Einschätzung der Kapazitäten
  - durch Verzögerungen bei der Projekt-Realisierung
  - durch Veränderung der Reihungs-Bedingungen
- Soweit Änderungen der Projekt-Reihung erfolgen, sind diese im Realisierungs-Plan zu berücksichtigen

6. Anlegen der Projekt-Auftrags-Blätter
   - Projekt-Auftrags-Blatt je Projekt anlegen
   - Kontroll-Blatt je Projekt anlegen
   - Bei Eintritt des Beginn-Termins für ein bestimmtes Projekt laut Realisierungs-Plan erfolgt die Vergabe des Projekt-Auftrages (siehe Punkt 4.141), womit für das betreffende Projekt die **Realisierung** gemäß Abschnitt 4 dieses Leitfadens eingeleitet wird
   - Die Vergabe des ersten Projektes im Rahmen des Einführungs-Verfahrens hat der Delegierte zu genehmigen

Beispiel

Das Projekt-Auftrags-Blatt für das Sachgebiet „Lager-Material" der NIAG ist im Rahmen der Projekt-Dokumentation des Beispiels im Anhang A dieses Handbuches unter der Dokumentations-Nummer 42–1–0.1/xxx eingeordnet

3.9 Abschlußergebnis der Vorbereitung

3.91 Zusammenfassung

Die abschließenden Ergebnisse der Organisations-Stufe **Vorbereitung** sind auf den einzelnen Ebenen des Einführungs-Verfahrens, kurz zusammengefaßt, folgende:

1. Leitungs-Ebene:
   - Regelung der Planung, Koordinierung und Überwachung der **Vorbereitung** und der **Realisierung** durch den Delegierten an Hand eines verfeinerten Realisierungs-Planes und regelmäßiger Kontroll-Besprechungen zwischen diesem und dem Organisator bzw. dem Leiter der DV-Abteilung
   - Errichtung der DV-Abteilung
   - Einsetzung des Leiters der DV-Abteilung
   - Ausarbeitung von Arbeits-Richtlinien

2. Personal-Ebene:
   - Bereitstellung des nach Kategorie und Anzahl erforderlichen Personals mit der den Aufgaben entsprechenden Ausbildung zu den auf den Einsatz-Bedarf abgestimmten Zeitpunkten
   - Regelung der Einsatz-Bedingungen
3. Maschinen-Ebene:
   - Betriebs-Bereitstellung des Computers, der Datenerfassungs-Geräte und der Hilfsmaschinen zu Zeitpunkten, die die planmäßige Einführung der ersten Projekte gewährleisten
   - Betriebs-Bereitschaft des Rechenzentrums
4. Raum-Ebene:
   - Bereitstellung von Räumen samt Einrichtung für das Personal der DV-Abteilung
   - Bereitstellung der für die Installation des Computers, der Datenerfassungs-Geräte und Hilfsmaschinen adaptierten und eingerichteten Räume
5. Sachgebiets-Ebene:
   - Definitive Gliederung der Sachgebiete in ADV-Projekte
   - Festlegung der Reihung, nach der die Ausführung der Projekte in der Organisations-Stufe **Realisierung** erfolgen soll

3.92 Voraussetzungen für die Projekt-Realisierung

Mit der Darstellung dieses Abschnittes wurden die Voraussetzungen beschrieben, die zum Teil erfüllt, zum Teil zumindest in die Wege geleitet sein müssen, ehe mit der Realisierung der ersten ADV-Projekte des Unternehmens begonnen werden kann. Da sich die Ausführung der einzelnen Maßnahmen über einen längeren Zeitraum erstreckt, ergibt sich eine zeitliche Überlappung der Organisations-Stufen **Vorbereitung** und **Realisierung.** Wann mit der Realisierung der ersten ADV-Projekte bzw. mit den einzelnen Projekt-Stufen derselben begonnen werden kann, d. h. also welche Voraussetzungen der **Vorbereitung** bis zu dem jeweiligen Zeitpunkt geschaffen sein müssen, wird bei der Darstellung der einzelnen Projekt-Stufen in Form von Prüflisten angegeben

4. Organisations-Stufe Realisierung (Projekt-Realisierung)

4.0 Überblick

1. Der Zweck der Organisations-Stufe **Realisierung** ist die Verwirklichung des umfassenden ADV-Systems für das Unternehmen in seiner Gesamtheit. Diese erfolgt in der Weise, daß die ADV-Projekte, die im Realisierungs-Plan enthalten sind, nach diesem Plan einzeln ausgeführt werden

2. Während also in den bisherigen Organisations-Stufen **Voruntersuchung**, **Grund-Konzeption** und **Vorbereitung** das Einführungs-Verfahren stets auf das Unternehmen ausgerichtet war, konzentriert es sich nunmehr auf das einzelne ADV-Projekt

3. Dessen Einordnung in die umfassende **Grund-Konzeption** des Unternehmens ist durch das ausgearbeitete Grundkonzept für das dem ADV-Projekt zugrunde liegende Sachgebiet gegeben. Daher kann die weitere Detaillierung dieses Grundkonzeptes für das Projekt weitgehend autonom erfolgen

4. Dementsprechend betrifft dieser Abschnitt des Handbuches die **Realisierung** eines einzelnen ADV-Projektes, also die **Projekt-Realisierung** d. h. die Verfahrensweise, nach welcher ein ADV-Projekt von der Planung bis zur Durchführung abgewickelt wird

5. Die **Projekt-Realisierung** gliedert sich in folgende Projekt-Stufen, deren Darstellung in den angeführten Unterabschnitten enthalten ist:
   - ○ **Projekt-Planung** (Unterabschnitt 4.1)
   - ○ **Detail-Konzeption** (Unterabschnitt 4.2)
   - ○ **Detail-Ausführung** (Unterabschnitt 4.3)
   - ○ **Programm-Vorgabe** (Unterabschnitt 4.4)
   - ○ **Programmierung** (Unterabschnitt 4.5)
   - ○ **Einführung** (Unterabschnitt 4.6)
   - ○ **Durchführung** (Unterabschnitt 4.7)

   Die Beilage enthält das Detail-Netzwerk D für die **Projekt-Realisierung**

   Anmerkung: Jene Tätigkeiten, die man vielfach als „System-Analyse" bezeichnet, sind ein Teil der **Projekt-Realisierung** und umfassen etwa die Unterabschnitte 4.1 bis 4.3 und teilweise 4.4

6. Die Gliederung der **Projekt-Realisierung** in diese Projekt-Stufen ist dadurch gerechtfertigt, daß nach jedem der Unterabschnitte Zwischen-Ergebnisse vorliegen müssen, die als Voraussetzung für die Fortsetzung der Realisierungs-Arbeiten in der jeweils darauffolgenden Stufe anzusehen sind. Dies ändert jedoch nichts an der Tatsache, daß die Realisierung des Projektes ein

Zeichen-Erklärung
B = Beratung
D = Durchführung
E = Entscheidung
M = Aktive Mitwirkung
P = Passive Mitwirkung

						DV-Abteilung										
	Geschäftsleitung	Delegierter	Abteilungen	Organisator	Organisations-Team	Leiter DV-Abteilung	Chef-Analytiker	Leiter Projekt-Team	Projekt-Team	Chef-Programmierer	System-Programmierer	Leiter Progr.-Team	Programmierer-Team	Rechenzentrum	Lieferfirmen	Anmerkung
Projekt-Planung																
Beantwortung der Prüflisten		D				D	D									
Erteilung des Projekt-Auftrags						D	P									
Information über Beginn des Projektes			P			D										
Beurteilung des Projektes und Zeitvorgabe							D									
Anforderung der Verbindungspersonen			M				D									
Bildung des Projekt-Teams							D	P	P							
Studium der Projekt-Unterlagen								D								
Entwurf der Aufgabenstellung								D								
Entwurf eines Termin-Planes								D								
Definitive Formulierung der Aufgabenstellung			E			E	M	D								
Festlegung der Termine			M			M	D	M								
Gliederung des Projektes								D								
Einrichtung der Dokumentation							M	D								
Einführung des Projekt-Teams							M	D	M							
Studium der Unterlagen								M	D							
Bericht über Arbeits-Bereitschaft		P				P	P	D								
Detail-Konzeption																
Beantwortung der Prüfliste							D									
Genehmigung zum Beginn							D	P	P							
Überprüfung der Istzustands-Aufnahme			M					D	M							
Überprüfung der Zielsetzung			M					D	M							
Abgrenzung des Grob-DFP							M	D	M							
Erstellung des Arbeitsschritt-DFP								D	M							
Erstellung der Ausgaben								D	M							
Erstellung der Eingaben								D	M							
Definition der Daten							M	D	M							
Definition der Schlüssel							M	D	M							
Erstellung der Daten-Inhalts-Übersicht								D	M							
Erstellung der Datenbestände							M	D	M							

Abb. 24/1 **Tätigkeits-Verteilung in der Organisations-Stufe Realisierung**
(Realisierung eines ADV-Projektes)

Zeichen-Erklärung
B = Beratung
D = Durchführung
E = Entscheidung
M = Aktive Mitwirkung
P = Passive Mitwirkung

						DV-Abteilung										
	Geschäftsleitung	Delegierter	Abteilungen	Organisator	Organisations-Team	Leiter DV-Abteilung	Chef-Analytiker	Leiter Projekt-Team	Projekt-Team	Chef-Programmierer	System-Programmierer	Leiter Progr.-Team	Programmierer-Team	Rechenzentrum	Lieferfirmen	Anmerkung
Allgemeine Beschreibung des ADV-Systems			M					D	M							
Abstimmung mit den Abteilungen			D					D	M							
Genehmigung der Ausgaben und Eingaben			E					M								
Genehmigung des Abschlußergebnisses der Detail-Konzeption		P				P	E	P	P							
Detail-Ausführung																
Beantwortung der Prüfliste							D									
Genehmigung zum Beginn							D	P	P							
Gliederung in Programmschritte								D	M		B				B	
Erstellung des Programm-DFP								D	M							
Vergabe der Programm-Nummern								D	M							
Vergabe der Datenbestands-Nummern							M	D	M							
Erstellung der Programm-Kurzbeschreibungen								D	M							
Erstellung der Daten-Sammlung u. des Schlüssel-Verzeichnisses							M	D	M							
Berechnung der Computer-Laufzeit								D	M		M				M	
Beurteilung der Berechnung							M	M	M		D				D	
Optimierung des Programm-DFP							M	D	M		M				M	
Schätzung des Zeitaufwandes für die Programm-Vorgabe							M	D	M							
Schätzung des Zeitaufwandes für die Programmierung								D	M	M						
Formal-Ausfertigung der Ein- und Ausgaben			M					D	M							
Druckfreigabe der Ein- und Ausgaben			E					M								
Genehmigung des Abschlußergebnisses der Detail-Ausführung		P				P	E	P	P							

Abb. 24/2 **Tätigkeits-Verteilung in der Organisations-Stufe Realisierung**
(Realisierung eines ADV-Projektes)

Zeichen-Erklärung
B = Beratung
D = Durchführung
E = Entscheidung
M = Aktive Mitwirkung
P = Passive Mitwirkung

						DV-Abteilung										
	Geschäftsleitung	Delegierter	Abteilungen	Organisator	Organisations-Team	Leiter DV-Abteilung	Chef-Analytiker	Leiter Projekt-Team	Projekt-Team	Chef-Programmierer	System-Programmierer	Leiter Progr.-Team	Programmierer-Team	Rechenzentrum	Lieferfirmen	Anmerkung
Programm-Vorgabe																
Beantwortung der Prüfliste							D									
Genehmigung zum Beginn							D	P	P							
Erstellung der Datensätze								D	M							
Festlegung der Datenbestände								D	M							
Erstellung der Programmier-Anweisungen								D	M							
Fertigstellung d. Daten-Sammlung u. des Schlüssel-Verzeichnisses								D	M							
Erstellung des Problem-Tests			M					D	M							
Schluß-Kontrolle								D	M							
Bereitstellung der Projekt-Spezifikation								D								
Genehmigung des Abschlußergebnisses der Programm-Vorgabe		P				P	E	P	P							
Programmierung																
Beantwortung der Prüfliste										D						
Übernahme der Projekt-Spezifikation								M		D						
Bildung des Programmierer-Teams										D		P	P			
Studium der Projekt-Spezifikation												D				
Arbeits-Planung, Festlegung der Programmier-Sprachen												D				
Festlegung der Arbeits-Planung							M	M		D		M				
Einführung des Programmierer-Teams								M				D	M			
Vorbereitung der Einzel-Programme												D	M		B	
Grob-Blockdiagramm-Erstellung												D	M		B	
Fein-Programmierung												D	M		B	
Formal-Testen												D	M	M	B	
Problem-Testen								M				D	M	M		
Nachweis der Richtigkeit der Programme			M				M	M		M		D	M			
Genehmigung der Test-Ergebnisse			E					E								

Abb. 24/3 **Tätigkeits-Verteilung in der Organisations-Stufe Realisierung**
(Realisierung eines ADV-Projektes)

Zeichen-Erklärung
- B = Beratung
- D = Durchführung
- E = Entscheidung
- M = Aktive Mitwirkung
- P = Passive Mitwirkung

						DV-Abteilung									
	Geschäftsleitung	Delegierter	Abteilungen	Organisator	Organisations-Team	Leiter DV-Abteilung	Chef-Analytiker	Leiter Projekt-Team	Projekt-Team	Chef-Programmierer	System-Programmierer	Leiter Progr.-Team	Programmierer-Team	Rechenzentrum	Lieferfirmen	Anmerkung
Erstellen der Programm-Beschreibungen												D	M			
Zusammenfassung der Einzelprogramme											M	D	M		B	
Erstellung der Testdatei												D	M	M	B	
Erstellung der Programm-Dokumentation												D	M			
Aufnahme der Programme in die Programm-Bibliothek											D	M	M	M	B	
Übergabe der Programme an das Rechenzentrum												D		M		
Übergabe der Programm-Beschreibung an das Projekt-Team							M	M		M		D				
Genehmigung des Abschlußergebnisses der Programmierung		P				P	P	P		E		P	P	P		
Einführung																
Beantwortung der Prüfliste							D									
Genehmigung zum Beginn			E				E	P	P							
Einrichtung von Stellen und Festlegung von Tätigkeiten			M					D	M							
Erstellung der Arbeits-Anweisungen			M					D	M							
Bereitstellung der Belege und Schlüssel			M					D	M							
Einschulung			M					D	M							
Aufbereitung der Stamm-Daten			D					B	M							
Erfassung der Stamm-Daten			M					M	M					D		
Erstellung der Stamm-Datenbestände								M	M					D		
Anpassung des Personal-Einsatzes			D			M	M	B								
Genehmigung des Abschlußergebnisses der Einführung		P	E			P	E	P	P	P				P		

Abb. 24/4 **Tätigkeits-Verteilung in der Organisations-Stufe Realisierung (Realisierung eines ADV-Projektes)**

Zeichen-Erklärung
B = Beratung
D = Durchführung
E = Entscheidung
M = Aktive Mitwirkung
P = Passive Mitwirkung

						DV-Abteilung									
	Geschäftsleitung	Delegierter	Abteilungen	Organisator	Organisations-Team	Leiter DV-Abteilung	Chef-Analytiker	Leiter Projekt-Team	Projekt-Team	Chef-Programmierer	System-Programmierer	Leiter Progr.-Team	Programmierer-Team	Rechenzentrum	Lieferfirmen	Anmerkung
Durchführung																
Beantwortung der Prüfliste						D										
Erstellung des Durchführungs-Planes								D	M					M		
Einbau in die Arbeits-Planung								M						D		
Genehmigung des Durchführungs-Planes			E			E	M	P						M		
Parallellauf			D					M	M					D		
Ergebnis-Überprüfung			M				M	D	M					M		
Bericht über Parallellauf			M			P	M	D						M		
Freigabe zum definitiven Betrieb		E	M			M										
Definitiver Betrieb			D											D		
Abschluß der Dokumentation								D	M			D	M			
Vorsorge für Projekt- und Programm-Pflege							M	D	M	M		D	M			
Laufzeit-Kontrolle														D		
Soll-Ist-Vergleich								D				D				
Erstellung von Berichten über den Verlauf des Projekts							P	D		P		D		D		
Genehmigung und Abgabe der Berichte						P	E			E						
Vollzugsmeldung über das ADV-Projekt		P				D										

Abb. 24/5 **Tätigkeits-Verteilung in der Organisations-Stufe Realisierung**
(Realisierung eines ADV-Projektes)

in sich geschlossenes und zusammenhängendes Verfahren darstellt. Dies zeigt sich u. a. daran, daß einige Aufgaben, wie z. B. die Festlegung aller Daten und Schlüssel, nicht eindeutig in die einzelnen Unterabschnitte aufgeteilt werden können. Darüber hinaus ergeben sich auch teilweise Überschneidungen dadurch, daß in Abhängigkeit von den Gegebenheiten des konkreten Falles gewisse Arbeiten parallel abgewickelt werden können; so kann z. B. die **Einführung** von Belegen bereits einsetzen, ehe noch die **Programmierung** oder sogar die **Programm-Vorgabe** abgeschlossen sind

7. Innerhalb der einzelnen Projekt-Stufen werden die jeweiligen Aufgaben zum Teil parallel ausgeführt. Aus Gründen der Übersichtlichkeit müssen die Tätigkeiten aber nacheinander dargestellt werden. Die praktische Verfahrensweise ergibt sich aus der sinnvollen Anwendung der jeweils dargestellten Bearbeitungs-Vorgänge unter gleichzeitiger Bedachtnahme auf die sich dabei ergebenden Rückwirkungen auf andere Bearbeitungs-Vorgänge

8. Veranlaßt wird diese **Projekt-Realisierung** entsprechend
   - o dem Eintritt des Beginn-Zeitpunktes laut Realisierungs-Plan
   - o durch die Auftrags-Erteilung seitens des Leiters der DV-Abteilung an den Chef-Analytiker

9. Voraussetzung für die Auftrags-Erteilung bzw. für die konkrete Inangriffnahme der **Projekt-Planung** sowie in weiterer Folge auch der darauf folgenden Projekt-Stufen ist jeweils die positive Beantwortung von Prüflisten. Diese sind in den einzelnen Unterabschnitten enthalten

10. Ebenso wird in den jeweiligen Unterabschnitten angegeben, welche Stellen bzw. Stellen-Inhaber darin als Ausführende im Hinblick auf das einzelne Projekt tätig werden. die Abbildung 24 gibt überdies einen zusammenfassenden Überblick über die „Tätigkeits-Verteilung" in den Projekt-Stufen der **Projekt-Realisierung**

4.1 Projekt-Stufe Projekt-Planung

4.11 Überblick

1. Zweck der **Projekt-Planung** ist es, die konkreten Maßnahmen zu setzen, die notwendig sind, um die Arbeiten für die Realisierung eines ADV-Projektes in Gang zu setzen

2. Die **Projekt-Planung** umfaßt im wesentlichen
   - o die Vergabe des Projekt-Auftrages
   - o die Arbeits-Vorbereitung

4.12 Voraussetzungen

1. Die **Projekt-Planung** wird veranlaßt durch die Erteilung des Auftrages zur Ausführung des betreffenden ADV-Projektes durch den Leiter der DV-Abteilung an den Chef-Analytiker gemäß Eintritt des Beginn-Zeitpunktes für das Projekt laut Realisierungs-Plan
2. Als Voraussetzung für die Inangriffnahme der **Projekt-Planung**, als erste Projekt-Stufe der **Projekt-Realisierung**, müssen die in den folgenden Prüflisten enthaltenen Fragen positiv von den genannten Stellen-Inhabern beantwortet werden
   - Prüfliste für den Delegierten (grundsätzlich nur beim ersten Projekt eines Einführungs-Verfahrens)
     - 1. Ist die DV-Abteilung eingerichtet und in das Gesamtgefüge des Unternehmens organisch eingegliedert?
     - 2. Ist die Stelle des Leiters der DV-Abteilung mit einem Fachmann für ADV besetzt?
     - 3. Wurde geprüft, ob ein außenstehender Fach-Berater zur Unterstützung beizuziehen ist?
     - 4. Ist somit die Gewähr für eine funktionierende Planung, Koordinierung und Überwachung der **Projekt-Realisierung** gegeben?
     - 5. Spricht nichts dagegen, die **Projekt-Realisierung** gemäß Realisierungs-Plan beginnen zu lassen?
   - Prüfliste für den Leiter der DV-Abteilung
     - 1. Sind die Form und Periodizität der Überwachung und der Berichterstattung über ADV-Projekte festgelegt?
     - 2. Liegen die Einsatz-Richtlinien der Mitarbeiter der DV-Abteilung vor?
     - 3. Sind die methodischen Arbeits-Richtlinien ausgearbeitet, soweit sie für die Ausführung der **Projekt-Realisierung** erforderlich sind?
     - 4. Ist die Einordnung des Projektes in die Sachgebiets-Gliederung erfolgt?
     - 5. Liegt für das zu bearbeitende Projekt ein genehmigtes Grundkonzept vor?
     - 6. Liegt eine Schätzung des Aufwandes und der Dauer des Projektes vor?
     - 7. Ist die Reihung des Projektes verbindlich festgelegt und genehmigt?
     - 8. Sind die Gegebenheiten, die zur Festlegung der Reihung geführt haben, nach wie vor gültig?
     - 9. Ist der Beginn-Zeitpunkt für das Projekt gemäß Realisierungs-Plan eingetreten?
     - 10. Liegt – für das erste Projekt des Einführungs-Verfahrens – die Genehmigung des Delegierten vor?

- Prüfliste für den Chef-Analytiker
  - 1. Sind die Abteilungen, die das Sachgebiet des Projektes betreffen, über den Projekt-Beginn informiert?
  - 2. Steht die für das Projekt geschätzte Kapazität an Analytikern zur Verfügung?
  - 3. Sind die Analytiker ausreichend geschult?
  - 4. Sind die Analytiker mit den Arbeits-Richtlinien vertraut?
  - 5. Sind die arbeitstechnischen Voraussetzungen für die Analytiker gegeben?
  - 6. Ist die Mitwirkung bzw. fallweise Beiziehung von Fachleuten der Lieferfirma im Zuge der **Projekt-Realisierung** gewährleistet?
  - 7. Liegt die Konfiguration des Computers und der Datenerfassungs-Geräte zumindest größenordnungsmäßig fest?

Beispiel

- Für das Beispiel wird eine neutrale Konfiguration des Computers angenommen; die wesentlichen Kriterien dieses fiktiven Computers sind:
  - Zentral-Einheit mit 32K Bytes
  - Konsole mit Schreibmaschine
  - Lochkarten-Einheit
  - 3 Magnetplatten-Einheiten
  - 2 Magnetband-Einheiten
  - Drucker mit ca. 36.000 Druckzeilen/Std.
- Als Datenerfassungs-Geräte werden Lochkarten-Locher angenommen

4.13 Ausführende*

1. Delegierter der Geschäftsleitung
   - Kontrolle gemäß Prüfliste
   - Berichterstattung an die Geschäftsleitung über den Fortschritt der **Realisierung**
2. Leiter der DV-Abteilung
   - Aufgaben gemäß Stellen-Beschreibung
   - Kontrolle gemäß Prüfliste
   - Auftrags-Vergabe gemäß Realisierungs-Plan
   - Periodische Berichterstattung an den Delegierten über den Fortschritt des Projektes
3. Chef-Analytiker
   - Aufgaben gemäß Stellen-Beschreibung
   - Kontrolle gemäß Prüfliste

*Aufgaben- bzw. Stellen-Beschreibungen siehe im Anhang B

- Bildung des Projekt-Teams
- Planung, Koordination und Überwachung der **Projekt-Realisierung**
- Regelmäßige Berichterstattung an den Leiter der DV-Abteilung über den Stand der **Projekt-Realisierung**

4. Analytiker als Leiter des Projekt-Teams
   - Aufgaben gemäß Stellen-Beschreibung
   - Formulierung der Aufgabenstellung des Projektes
   - Arbeits-Planung
   - Aufgaben-Verteilung
   - Führung des Projekt-Teams
   - Einführung der Mitglieder des Projekt-Teams
   - Laufende Berichterstattung an den Chef-Analytiker
5. Analytiker als Mitglied des Projekt-Teams
   - Aufgaben gemäß Stellen-Beschreibung
   - Kenntnisnahme der Aufgabenstellung
6. Verbindungsperson als Mitglied des Projekt-Teams
   - Aufgaben gemäß Stellen-Beschreibung
   - Kenntnisnahme der Aufgabenstellung
   - Grundausbildung in ADV
   - Vertrautwerden mit Arbeits-Richtlinien

4.14 Inhalt und Verfahrensweise

4.141 Auftrags-Vergabe

1. Erteilung des Projekt-Auftrages
   - Der Leiter der DV-Abteilung beauftragt nach Prüfung der erforderlichen Voraussetzungen für den Beginn der **Projekt-Realisierung** den Chef-Analytiker mit der Ausführung des ADV-Projektes entsprechend dem laut Realisierungs-Plan vorgesehenen Beginn-Zeitpunkt
   - Zeitliche Abstimmung mit den anderen Projekten
   - Genehmigung des Delegierten beim ersten Projekt
   - Bei Änderung der Gegebenheiten, die für die Reihung des Projektes maßgebend waren, muß eine Abstimmung mit dem Delegierten erfolgen
   - Allenfalls neuen Termin für Projekt festlegen
   - Bericht an den Delegierten über erfolgte Auftrags-Erteilung
   - Verständigung der Abteilungen, deren Aufgaben vom Projekt berührt werden
2. Beurteilung des Projektes
   - Der Chef-Analytiker beurteilt das Projekt an Hand der darüber vorhandenen Dokumentation nach Art, Umfang, Schwierigkeitsgrad

- Eignung bestimmter Analytiker für die Ausführung überlegen
- Verknüpfung zu anderen Projekten beachten
- Angemessenheit der vorgesehenen Termine und des geschätzten Arbeits-Aufwandes prüfen
- Festlegen des Kapazitäts-Bedarfs an Analytikern und Verbindungspersonen in den Projekt-Stufen **Detail-Konzeption** bis **Programm-Vorgabe**
- Festlegen von Zeit-Vorgaben für diese Projekt-Stufen
- Prüfung der Voraussetzungen für den Beginn der **Projekt-Realisierung**

Beispiel

- Da bei der NIAG kein eigener Chef-Analytiker eingesetzt ist, nimmt dessen Aufgaben der Leiter der DV-Abteilung wahr
- Die Berücksichtigung der Verknüpfung mit anderen Sachgebieten ist – bezogen auf den im Beispiel behandelten Auszug aus dem Projekt „Lager-Material" – dadurch gegeben, daß
  - die Kostenstellen-bezogenen Lager-Bewegungen für deren Weiterverarbeitung in der Betriebsabrechnung bereitgestellt werden
  - im Zuge der Bestands-Fortschreibung ein Anschluß-Speicher für die Buchhaltung erstellt wird
- Den Kapazitäts-Bedarf an Arbeitskraft für das Projekt „Lager-Material" legt der Leiter der DV-Abteilung unter Zugrundelegung der Schätzung in der **Grund-Konzeption** (siehe Beispiel zu Punkt 2.432–7) für die einzelnen Projekt-Stufen wie folgt fest:

	Analytiker	Verbindungsperson
○ **Detail-Konzeption**	7 Tage	7 Tage
○ **Detail-Ausführung**	8 Tage	8 Tage
○ **Programm-Vorgabe**	12 Tage	12 Tage
○ Reserve	3 Tage	3 Tage
	30 Tage	30 Tage

  - Für die Verbindungsperson kommen noch schätzungsweise weitere 20–30 Tage für die Vergabe der Material-Nummern hinzu
- Entsprechend dem Realisierungs-Plan ist ein Zeitraum von vier Monaten für die Ausführung des Projektes – inklusive **Programmierung** – vorgesehen. Darin sind bereits die Wartezeiten zwischen den Projekt-Stufen berücksichtigt (z. B. für Genehmigung der ADV-Ausgaben durch die Abteilungs-Leiter). Aus dem Verhältnis zwischen diesem Zeitrahmen und dem

angenommenen Bedarf an Arbeits-Kapazität ermittelt der Leiter der DV-Abteilung folgende Termine für den Abschluß der einzelnen Projekt-Stufen:

Detail-Konzeption: Start-Termin plus 10 Tage
Detail-Ausführung: Start-Termin plus 20 Tage
Programm-Vorgabe: Start-Termin plus 35 Tage

Unter Bedachtnahme auf die geschätzte Dauer der **Programmierung** – 4 Wochen – und die **Einführung** – die er mit Rücksicht auf die aufwendige Erfassung der Material-Stamm-/Bestands-Daten mit 6 Wochen ansetzt – ergibt sich ein Zeitraum von 17 Wochen, der genau den 4 Monaten des Realisierungs-Planes entspricht. Eine Reserve ist allerdings dadurch gegeben, daß sich die **Einführung** weitgehend mit **Programm-Vorgabe** und **Programmierung** überlappt

3. Bildung des Projekt-Teams
   - Für die Ausführung der **Projekt-Realisierung** ist ein Team von Analytikern und Verbindungspersonen der Abteilungen, die vom Sachgebiet des Projektes betroffen sind, zu bilden (Projekt-Team)
   - Die Anzahl der Mitglieder des Projekt-Teams richtet sich nach Art, Umfang und Schwierigkeit des Projektes
   - Bestimmen eines der Analytiker zum Leiter des Projekt-Teams
   - Bestimmen weiterer Analytiker zu Mitgliedern des Projekt-Teams
   - Anfordern und Einbeziehen von Verbindungspersonen der Abteilungen in das Projekt-Team; Ausbildungsstand überprüfen und erforderlichenfalls die Schulung nachholen

Beispiel

- Entsprechend dem Bedarf an Personal-Kapazität in Verbindung mit den geplanten Terminen entscheidet der Leiter der DV-Abteilung, daß das Projekt-Team besteht aus:
  1 Analytiker (als Leiter des Projekt-Teams)
  1 Verbindungsperson (ein Mitarbeiter der derzeitigen „Material-Buchhaltung")
- In der weiteren Darstellung des Beispiels wird zwischen dem Leiter des Projekt-Teams und dem Analytiker nicht unterschieden; soweit die Verbindungsperson spezielle Tätigkeiten ausübt, wird dies besonders erwähnt; im übrigen wird unterstellt, daß die beiden Mitglieder des Projekt-Teams nach der jeweiligen Arbeits-Einteilung durch den Analytiker gemeinsam tätig werden
- Die Verbindungsperson erhält eine generelle Einführungs-Schulung über ADV und über die Arbeits-Richtlinien für Projekt-Teams

4. Studium des Projektes durch den Leiter des Projekt-Teams
   - Kenntnisnahme des Istzustandes und des Grundkonzeptes des Sachgebietes, auf das sich das Projekt bezieht
   - Beurteilen der Zeit-Vorgaben
   - Durchbesprechen des Projektes mit dem Chef-Analytiker
   - Verbindungspunkte zu anderen Projekten eindeutig präzisieren
   - Entwerfen einer schriftlichen Formulierung der inhaltlichen Aufgabenstellung des Projektes zum Zweck der eindeutigen Abgrenzung
   - Entwurf eines Termin-Planes für die Projekt-Stufen **Detail-Konzeption** bis **Durchführung**
5. Definition der Aufgabenstellung
   - Einberufung einer Projekt-Besprechung durch den Leiter der DV-Abteilung über Antrag des Chef-Analytikers
   - Durchbesprechung der schriftlichen Formulierung zwischen dem Leiter der DV-Abteilung und den Leitern der betroffenen Abteilungen, dem Chef-Analytiker und dem Leiter des Projekt-Teams
   - Allenfalls Modifizierung und einvernehmliche definitive Formulierung der Aufgabenstellung, inklusive der Verbindungspunkte zu anderen Projekten, vornehmen
   - Die so präzisierte Aufgabenstellung ist für die weitere Realisierung des Projektes verbindlich; allfällige nachträgliche Änderungen sind nur im Zusammenwirken aller Teilnehmer an der Projekt-Besprechung möglich
   - Festlegen des Beginn-Termins der Arbeiten für die **Detail-Konzeption** (Unterabschnitt 4.2)
   - Festlegen des Termins für die Vorlage der Ergebnisse der Projekt-Stufe **Detail-Konzeption**
   - Festlegen von Richt-Terminen für die darauffolgenden Projekt-Stufen

Beispiel

Die Formulierung der Aufgabenstellung für das Projekt „Lager-Material" wird in die Projekt-Dokumentation unter 42–1–1.1 aufgenommen (siehe die Hinweise zur Projekt-Dokumentation im Anschluß an den nachfolgenden Punkt 4.142–1)

4.142 Arbeits-Vorbereitung

1. Arbeits-Planung
   - Ausfertigen der Aufgabenstellung durch den Leiter des Projekt-Teams
   - Ausfertigen des Termin-Planes
   - Gliederung des Projektes in Teil-Aufgaben
   - Einrichten der Projekt-Dokumentation gemäß Gliederungs-Systematik (siehe Abb. 25) Diese Gliederung stellt einerseits die Ablageordnung

dar, nach welcher sämtliche im Zuge der **Projekt-Realisierung** anfallenden Unterlagen abzulegen sind; daraus ergibt sich nach und nach die vollständige Projekt-Dokumentation. Zugleich bietet diese Gliederung die Möglichkeit, als Richtschnur für die auszuführenden Arbeiten verwendet zu werden. Das Prinzip dieser Ablage-Systematik beruht darauf, daß jede Aussage bzw. Festlegung grundsätzlich nur einmal in der Ablage existiert; soweit an anderen Stellen darauf Bezug genommen werden muß, sind entsprechende Verweisungen zu machen

- Einordnen der das Projekt betreffenden Unterlagen der **Voruntersuchung** und der **Grund-Konzeption** – allenfalls in Form von Kopien – in die Projekt-Dokumentation

Beispiel

- Die Einrichtung der Projekt-Dokumentation nimmt der Analytiker in der Weise vor, daß er unter der Projekt-Nummer 42–1 eine Ablage-Ordnung gemäß Arbeits-Richtlinien aufbaut (vergleiche Punkt 2.23). Nach dieser Ordnung werden alle im weiteren Verlauf der **Projekt-Realisierung** anfallenden Unterlagen abgelegt
- Als erste Dokumente werden eingereiht:
  - eine Kopie des Projekt-Auftrages
  - der Termin-Plan für die Realisierung des Projektes
  - die schriftlich formulierte Aufgabenstellung
  - die das Sachgebiet „Lager-Material" betreffenden Teile der Istzustands-Aufnahme
  - die entsprechenden Teile des Grundkonzeptes
- Die im Zuge der **Projekt-Realisierung** entstehenden Teile der Projekt-Dokumentation des Beispiels sind, wie bereits erwähnt, im Anhang A dieses Handbuches zusammengefaßt. Es handelt sich hierbei um einen Auszug, da eine umfassende Wiedergabe den Rahmen sprengen und über den Zweck des vorliegenden Buches hinausgehen würde. Dieser Auszug betrifft im wesentlichen den im Beispiel behandelten Teil des Projektes. Auf diesen beschränkt sich daher auch die Formulierung der Aufgabenstellung

2. Einführung des Projekt-Teams
   - Konstituierende Sitzung des Projekt-Teams unter dem Vorsitz des Chef-Analytikers
   - Einführende Instruktion der Team-Mitglieder über das Projekt
   - Verteilung der Bearbeitung von Teil-Aufgaben auf die Mitglieder des Projekt-Teams mit Vorgabe von Zwischen-Terminen
3. Studium der Unterlagen durch die Team-Mitglieder

Schema einer Projekt-Dokumentation

Gliederungs-Systematik und zugleich Ablage-Ordnung der Projekt-Dokumentation mit Angabe von Ausführungs-Beginn und -Abschluß der den einzelnen Punkten entsprechenden Tätigkeiten. Grundsätzlich ist für jedes Projekt eine eigene Projekt-Dokumentation mit einer Projekt-Nummer einzurichten.

		Ausführungs-Beginn in Org.Stufe	Ausführungs-Abschluß in Org.Stufe*
0.	Allgemein		
0.0	Inhalts-Übersicht	PP	D
0.1	Schriftverkehr, Auftrag	PP	PP
0.2	Projekt-Planung, Kontrolle, Termine	PP	D
0.3	Protokollierung	PP	D
0.4	Einordnung des Projektes in Gesamt-Organisation	PP	PP
0.5	Personal-Angelegenheiten, Arbeitsaufwand-Schätzung	PP	DA
0.6	Maschinen-Angelegenheiten, Laufzeit-Schätzung	PP	DA
0.7	Raum-Angelegenheiten	PP	D
0.8	Arbeits-Richtlinien	PP	PP
1.	Projekt-Gegenstand		
1.1	Aufgabenstellung	PP	PP
1.2	Istzustand (Auszug)	PP	DK
1.3	Ist-Formulare (Auszug)	PP	DK
1.5	Grundkonzept (Auszug)	PP	PP
1.9	Allgemeine Beschreibung des ADV-Systems	DK	DK
2.	Datenflußpläne (DFP)		
2.1	DFP-Übersicht (Einordnung des Projektes)	DK	DK
2.3	Arbeitsschritt-DFP	DK	DK
2.4	Programm-DFP	DA	DA
3.	Daten und Schlüssel		
3.1	Allgemeine Daten-Definitionen	PP	PP
3.2	Sachgebiets-Daten-Definitionen	PP	PV
3.5	Daten-Sammlung	DK	PV
3.8	Schlüssel-Verzeichnis	DK	PV
4.	Eingabe-Belege		
4.1	Stammdaten-Belege	DK	DA
4.3	Bewegungsdaten-Belege	DK	DA
4.5	Steuer-, Melde- und Tabellen-Belege	DK	E
4.9	Sonstige Belege	DK	E
5.	Speicherbelegung		
5.1	Datenbestände (formlos)	DK	DA
5.2	Daten-Inhalts-Übersicht	DK	DA
5.4	Datensatz-Verzeichnis	PV	PV
5.5	Datensätze	PV	PV
5.7	Datenbestands-Beschreibung	PV	PV
5.8	Datenbestands-Verzeichnis	PV	PV

Abb. 25/1 **Schema einer Projekt-Dokumentation**

		Ausführungs-Beginn in Org.Stufe	Ausführungs-Abschluß in Org.Stufe *
6.	Druck-Ausgaben		
6.1	Listbilder	DK	DA
6.3	Druck-Formulare	DK	DA
6.8	Druck-Ausgabe-Beschreibungen	DK	DA
7. + 8.	je Einzel-Programm		
7.	Programmier-Anweisung (durch Projekt-Team)		
7.1	Programm-Kurz-Beschreibung	DA	DA
7.2	Organisatorische Hinweise	PV	PV
7.3	Programmtechnische Hinweise	PV	PV
7.4	Eingabe-/Ausgabe-Übersicht	PV	PV
7.5	Steuerungs-Angaben	PV	PV
7.6	Eingabe-Daten	PV	PV
7.7	Niveau-Identifikation	PV	PV
7.8	Verarbeitung	PV	PV
7.9	Ausgabe-Daten und Druck-Ausgaben	PV	PV
8.	Programm-Beschreibung (durch Programmierer)		
8.1	Grob-Blockdiagramm	P	P
8.2	Programm-Liste	P	P
8.3	Programm-Logik	P	P
8.4	Programm-Test	P	P
8.5	Operator-Richtlinien	P	P
9.	Betriebs-Anweisungen		
9.1	Problem-Test-Beispiele	PV	P/E
9.2	Anweisungen für manuelle Bearbeitung	E	E
9.3	Anweisungen für Datenerfassung	E	E
9.4	Anweisungen für Hilfsmaschinen-Bedienung	E	E
9.5	Anweisungen für Computer-Bedienung	P	E
9.6	Einführungs-Bestimmungen	E	E
9.7	Durchführungs-Bestimmungen	D	D

*) Bedeutung der Abkürzungen: Stufen der Projekt-Realisierung

PP = Projekt-Planung
DK = Detail-Konzeption
DA = Detail-Ausführung
PV = Programm-Vorgabe
P = Programmierung
E = Einführung
D = Durchführung

Abb. 25/2 **Schema einer Projekt-Dokumentation**

4. Bereitschaft zur Arbeits-Aufnahme
   - Bericht durch den Leiter des Projekt-Teams an den Chef-Analytiker über die Bereitschaft des Teams, die Ausführung des Projektes zu beginnen
   - Aufnahme des Projektes in die Überwachung durch den Chef-Analytiker

4.15 Abschlußergebnis der Projekt-Planung

1. Folgende Unterlagen liegen als Abschlußergebnis dieser Projekt-Stufe vor:
   - Schriftliche Formulierung der Aufgabenstellung des ADV-Projektes
   - Exakte Terminierung und Arbeits-Planung der **Projekt-Realisierung** für die Projekt-Stufe **Detail-Konzeption** laut Termin-Plan
   - Richt-Termine für die **Detail-Ausführung** und **Programm-Vorgabe** laut Termin-Plan
2. Bereitschaft des Projekt-Teams zur Ausführung der **Projekt-Realisierung** gemäß Arbeits-Verteilung
3. Einbeziehung des Projektes in die Überwachung durch den Leiter der DV-Abteilung und den Chef-Analytiker

4.2 Projekt-Stufe Detail-Konzeption

4.21 Überblick

1. Der Zweck der Projekt-Stufe **Detail-Konzeption** ist die Verfeinerung und Vertiefung des Grundkonzeptes für das Sachgebiet, auf welches sich das ADV-Projekt bezieht
2. Die wesentlichen Tätigkeiten in dieser Stufe erstrecken sich darauf,
   - die Aufnahme des Istzustandes zu überprüfen und auf den letzten Stand zu bringen
   - die Zielsetzung im Detail zu überprüfen und allenfalls zu ergänzen
   - den Datenflußplan zu verfeinern
   - den Inhalt und die Form der ADV-Eingaben und der ADV-Ausgaben verbindlich festzulegen
   - die Daten und Schlüssel zu definieren
   - die Datenbestände und deren Inhalt zu bestimmen
   - eine allgemeine Beschreibung des Lösungsweges der Aufgabenstellung, d. h. also des ADV-Systems zu machen
   - das damit im Detail konzipierte ADV-System, insbesondere dessen Belegwesen mit den betroffenen Abteilungen abzustimmen

4.22 Voraussetzungen

1. Der Beginn der Arbeiten an der **Detail-Konzeption** wird mit Genehmigung des Chef-Analytikers durch den Leiter des Projekt-Teams gemäß Termin-Plan veranlaßt
2. Als Voraussetzung für die Genehmigung zum Beginn der **Detail-Konzeption** sind vom Chef-Analytiker die Fragen der folgenden Prüfliste positiv zu beantworten:
   - Prüfliste für den Chef-Analytiker
     - 1. Ist das Projekt in die laufende Überwachung aufgenommen?
     - 2. Ist die Aufgabenstellung des Projektes eindeutig und im Einvernehmen mit den betroffenen Abteilungen sowie mit dem Leiter der DV-Abteilung schriftlich formuliert und genehmigt?
     - 3. Sind die Verbindungsstellen zu anderen Projekten festgelegt und termin-mäßig abgestimmt?
     - 4. Ist der Termin für den Abschluß der Projekt-Stufe **Detail-Konzeption** festgelegt?
     - 5. Liegen die Richt-Termine für die nachfolgenden Projekt-Stufen und für den Abschluß des Projektes fest?
     - 6. Ist das Projekt-Team gebildet?
     - 7. Haben die Verbindungspersonen eine generelle Einführungsschulung über ADV erhalten?
     - 8. Sind die Verbindungspersonen mit den Arbeits-Richtlinien vertraut gemacht?
     - 9. Ist die Information des Projekt-Teams über die Aufgabenstellung des Projektes erfolgt?
     - 10. Ist die Arbeits-Planung innerhalb des Projekt-Teams geschehen?
     - 11. Liegt der Termin-Plan für die Abwicklung der **Projekt-Realisierung** vor?
     - 12. Ist die Arbeits-Verteilung innerhalb des Projekt-Teams erfolgt?
     - 13. Ist die Dokumentations-Gliederung festgelegt?
   - Es wird unterstellt, daß die jeweils vorausgegangenen Prüflisten positiv beantwortet worden sind

4.23 Ausführende*

1. Delegierter der Geschäftsleitung
   - Berichterstattung an die Geschäftsleitung über den Fortschritt der **Realisierung**

*Aufgaben- bzw. Stellen-Beschreibungen siehe im Anhang B

2. Leiter der DV-Abteilung
   - Aufgaben gemäß Stellen-Beschreibung
   - Periodische Berichterstattung an den Delegierten über den Fortschritt des Projektes

3. Chef-Analytiker
   - Aufgaben gemäß Stellen-Beschreibung
   - Kontrolle gemäß Prüfliste
   - Regelmäßige Berichterstattung an den Leiter der DV-Abteilung über den Stand der **Projekt-Realisierung**
   - Überwachung der **Projekt-Realisierung**
   - Unterstützende Mitwirkung bei schwierigen Fragen
   - Vorsorge für die Beachtung der Verbindungen der Projekte untereinander

4. Leiter des Projekt-Teams
   - Aufgaben gemäß Stellen-Beschreibung
   - Führung des Projekt-Teams
   - Arbeits-Planung
   - Arbeits-Einteilung und -Verteilung
   - Fortschritts-Überwachung
   - Verantwortliche Ausführung der Tätigkeiten der Projekt-Stufe **Detail-Konzeption**
   - Führung der Besprechungen
   - Erstellen der Protokolle
   - Vornahme der konzeptiven Arbeiten
   - Mitwirkung an den ausführenden Arbeiten
   - Vorsorge für die Anwendung rationeller Methoden gemäß Arbeits-Richtlinien
   - Praktische Fortbildung der Verbindungspersonen
   - Laufende Berichterstattung an den Chef-Analytiker

5. Analytiker als Mitglied des Projekt-Teams
   - Aufgaben gemäß Stellen-Beschreibung
   - ADV-orientierte Mitwirkung an den konzeptiven Arbeiten
   - Ausführende Arbeiten mit Schwerpunkt auf den Computer-Erfordernissen

6. Verbindungsperson als Mitglied des Projekt-Teams
   - Aufgaben gemäß Stellen-Beschreibung
   - Sachgebiets-orientierte Mitwirkung an den konzeptiven Arbeiten
   - Ausführende Arbeiten mit Schwerpunkt auf den Sachgebiets-Erfordernissen

7. Abteilungs-Leiter
   - Auskunfts-Erteilung und Unterstützung des Projekt-Teams bei der Ausführung der **Detail-Konzeption**
   - Prüfung und Genehmigung der Eingabe-Belege und der Druck-Ausgaben
8. System-Berater der Lieferfirma
   - Erteilung von Auskünften über den Computer
   - Beratung über analoge Applikationen
   - Beurteilung der Arbeiten des Projekt-Teams im Hinblick auf die zweckmäßige Durchführbarkeit der Aufgabenstellung mit dem Computer

4.24 Inhalt und Verfahrensweise

4.241 Überprüfung der Aufnahme des Istzustandes

1. Die Aufnahme des Istzustandes im Rahmen der **Voruntersuchung** liegt bei Beginn der **Detail-Konzeption** mehr oder weniger lange zurück. Überdies hat meistens der Leiter des Projekt-Teams daran nicht mitgewirkt. Für eine ordnungsgemäße Problem-Lösung ist aber die unmittelbare Kenntnis des Istzustandes für die Analytiker nützlich
2. Es ist daher an Hand der vorliegenden Dokumentation die Istzustands-Aufnahme vom Projekt-Team auf den letzten Stand zu bringen, sofern nötig zu vertiefen und um etwa noch unbekannte Einzelheiten zu ergänzen
3. Dabei sind insbesondere die aktuellen Daten-Mengen, Stellen-Anzahlen, Rechengrößen und -formeln sowie Verarbeitungs-Bestimmungen im Detail festzuhalten
4. Bei dieser Erhebungs-Tätigkeit dient das in der **Grund-Konzeption** festgelegte ADV-System für das Sachgebiet des Projektes als Leitlinie, so daß die zu klärenden Detailfragen darauf auszurichten sind

Beispiel

- Die Überprüfung der Istzustands-Aufnahme ergibt nur die wesentliche zusätzliche Information, daß das Material nach Material-Gruppen auf die drei vorhandenen Lager aufgeteilt ist, so daß eine Material-Gruppe (1. Stelle der Material-Nummer) nur jeweils in einem Lager vorkommt
- Die genauen Angaben über die Mengen, Stellenwerte etc. sind in den folgenden Ausführungen über die **Detail-Konzeption** berücksichtigt

4.242 Überprüfung der Zielsetzung

1. Dem Grundkonzept des ADV-Systems liegt die in der **Voruntersuchung** festgelegte Zielsetzung zugrunde. Der bis zur Aufnahme der Arbeiten für die **Detail-Konzeption** verstrichene Zeitraum macht die Verifizierung der seinerzeit definierten Ziele notwendig

2. Die Zielsetzung kommt vor allem in der Art und dem Inhalt der ADV-Ausgaben zum Ausdruck. Deren Informations-Gehalt soll möglichst hoch sein

3. Es ist daher zu überprüfen, ob die vorgesehenen ADV-Ausgaben des Sachgebietes, welches das Projekt betrifft, den aktuellen, möglicherweise inzwischen geänderten Anforderungen noch entsprechen. Auf das Ergebnis dieser Überprüfung ist die Zielsetzung anzupassen, jedoch unter Bedachtnahme auf die in der **Projekt-Planung** formulierte Aufgabenstellung

Beispiel

Es wird festgestellt, daß die Zielsetzung unverändert bleibt

4.243 Verfeinerung des Grundkonzeptes

1. Grundlage für die Detaillierung des Grundkonzeptes bilden:
   - der durch die Formulierung der Aufgabenstellung abgegrenzte Teil des Grundkonzeptes des Sachgebietes in Form der entsprechenden Dokumentation
   - die aktualisierten Istzustands-Daten
   - die verifizierte, allenfalls modifizierte Zielsetzung

2. Abgrenzung des Grob-Datenflußplanes gemäß **Grund-Konzeption**
   - Herauslösen des das Projekt betreffenden Teiles aus dem Grob-Datenflußplan, sofern dieses nur einen Teil des Sachgebietes betrifft
   - Festlegen der sich dabei ergebenden Verbindungspunkte zu anderen Projekten
   - Abstimmen derselben mit den durch die Aufgabenstellung bereits festgehaltenen Verbindungspunkten

3. Entwerfen des Arbeitsschritt-Datenflußplanes
   - Verfeinern der Arbeitsschritt-Komplexe des Grob-DFP in einzelne Arbeitsschritte unter Berücksichtigung der inzwischen zumindest größenordnungsmäßig festgelegten Konfiguration des Computers
   - Überprüfen der logischen und zeitlichen Rangigkeit der ADV-Ausgaben und der entsprechenden ADV-Eingaben
   - Berücksichtigen der allfälligen Änderungen gegenüber dem Grundkonzept
   - Verbinden der Arbeitsschritte zu einem einheitlichen detaillierten DFP
   - Ergänzen von Arbeitsschritten, die zur Verbindung der Arbeitsschritt-Komplexe untereinander erforderlich werden (z. B. Sortieren)
   - Typische Computer-bezogene Vorgänge werden in diesem DFP nicht berücksichtigt (z. B. Reorganisieren von Speichern)
   - Zeichnen des logisch geschlossenen Arbeitsschritt-DFP

- Beschreibung der einzelnen Arbeitsschritte durch Angabe des wesentlichen Verarbeitungs-Inhalts in Form von Stichworten
- Zur Identifizierung erhält jeder Arbeitsschritt eine laufende Nummer; dabei ist es zweckmäßig, etwa jede 2. oder 3. Zahl zu verwenden, um nachträgliche Einschübe zu erleichtern

Beispiel

- Der Auszug aus dem Arbeitsschritt-DFP für das „Lager-Material" befindet sich in der Projekt-Dokumentation unter der Dokumentations-Nummer 42–1–2.3/xxx
- Dieser Auszug zeigt die folgenden Arbeitsschritte:
    - 22 Einlesen der Bewegungs-Lochkarten und Umspeichern des Inhalts derselben in Form von Bewegungs-Sätzen auf einen Extern-Speicher (ob Magnetband oder Magnetplatte wird hier noch nicht festgelegt); dabei erfolgen Plausibilitäts-Kontrollen
    - 24 Sortieren der kontrollierten Bewegungs-Sätze, um die benötigte Ordnung nach Lager-Nummer, Material-Nummer, Datum und Bewegungsart zu erzielen
    - 26 Bestands-Fortschreibung
- Das gezeigte Muster stellt die Form des DFP dar, die am Ende der **Detail-Konzeption** erreicht wird und der eine Reihe von Entwürfen vorangehen
- Dementsprechend sind darin bereits die Datenbestände und der Anschlußpunkt zum Sachbereich Rechnungswesen eingezeichnet. Die Entwicklung des DFP erfolgt parallel mit den anderen in dieser Projekt-Stufe auszuführenden Tätigkeiten
- Die Nummern der Arbeitsschritte ergeben sich unter Berücksichtigung der vorausgehenden – im vorliegenden Auszug nicht gezeigten – Teile des DFP
- Es ist zu erkennen, daß – im Gegensatz zu dem Grob-DFP der **Grund-Konzeption** – nunmehr nur noch die Bewegungs-Karten zur Verarbeitung gelangen, während der Änderungsdienst bereits vorher erfolgt ist

4. Bestimmen der ADV-Ausgaben
    - Festlegen aller ADV-Ausgaben nach ihrem Inhalt mit Angabe der Daten im Detail
    - Zeichnen von Listbild- und Formular-Entwürfen für die Darstellung der Druck-Ausgaben
    - Beschreibung jeder Druck-Ausgabe nach folgenden Kriterien:
        - Verwendungs-Zweck der Druck-Ausgabe
        - Empfangende Stellen, für die die Druck-Ausgabe bestimmt ist

- ○ Periodizität der Erstellung der Druck-Ausgabe
- ○ Inhalt der Druck-Ausgabe mit Angabe der Druckzeilen (Druck-Sätze), der Sortier-Ordnung und der Summen-Gliederung
- ○ Formal-Aufbau mit der Angabe, ob es sich um ein Formular oder einen Ausdruck auf Blanko-Papier handelt, sowie Anzahl der Kopien
- ○ Hinweise auf allfällige Korrektur-Vorgänge an Hand der Druck-Ausgabe

○ Festhalten der ADV-Ausgaben nach ihrem Inhalt, soweit es sich um Anschluß-Verbindungen zu anderen Projekten handelt

Beispiel

○ Entsprechend der auszugsweisen Darstellung des Sachgebietes „Lager-Material" erstreckt sich das Beispiel auf die Wiedergabe der folgenden beiden Druck-Ausgaben:
- ○ Lagerbestands-Fortschreibung: diese ist unter 42–1–6.3/xxx der Projekt-Dokumentation abgelegt. In Ergänzung dazu befindet sich darin unter 42–1–6.8/xxx auch die betreffende Druck-Ausgabe-Beschreibung
- ○ Kontroll-Protokoll: siehe unter 42–1–6.1/xxx

sowie auf die Speicher-Ausgabe für den Sachbereich „Rechnungswesen"

○ Zu Lagerbestands-Fortschreibung: diese wird als Formular zu gestalten sein, weil die Gliederung in zahlreiche, teilweise nur einstellige Spalten dies zweckmäßig erscheinen läßt; außerdem haben mehrere Stellen – Beschaffung, Lager, Buchhaltung – damit zu arbeiten, die sich auf einem solchen Vordruck leichter zurecht finden als auf einem rein maschinell gedruckten Listbild, auf dem auch die Kopfzeilen vom Computer ausgegeben werden. In der **Detail-Konzeption** geht es darum, den Inhalt ganz genau und die formale Gliederung im wesentlichen zu fixieren

○ Zu Kontroll-Protokoll: diese Übersicht über fehlerhafte Lager-Bewegungen wird auf Blanko-Papier gedruckt, so daß die formale Darstellung vorerst noch nicht wichtig ist. Das Protokoll entsteht aus der Überlegung heraus, daß fehlerhafte Lager-Bewegungen bzw. fehlerhafte Bewegungs-Lochkarten nicht in die Verarbeitung zur Bestands-Fortschreibung gelangen dürfen. Diese müssen daher in einem vorausgehenden Arbeits-Vorgang festgestellt werden, um sie zu korrigieren. Dieses Erfordernis ergibt sich im Zuge der Überlegungen parallel zur Erstellung des Arbeitsschritt-DFP

○ Zu Speicher-Ausgabe: über die Summen-Werte je Material-Gruppe ist ein maschineller Speicher zu erstellen, der die automatische Weiterleitung derselben in den Sachbereich „Rechnungswesen" gewährleistet

- Bei den im DFP eingezeichneten weiteren ADV-Ausgaben wie z. B. dem Speicher „Bewegungs-Daten bewertet", handelt es sich um ADV-Ausgaben, die zur automatischen Verbindung zwischen den einzelnen Arbeitsschritten dienen

5. Bestimmen der ADV-Eingaben
   - Festlegen aller ADV-Eingaben nach ihrem Inhalt mit Angabe der Quell-Daten im Detail
   - Zeichnen von Beleg-Entwürfen für die Erfassung der Quell-Daten
   - Beschreibung jedes Beleges nach folgenden Kriterien:
     - Verwendungszweck des Beleges
     - zuständige Stelle für Ausstellung, Ergänzung, Überprüfung etc. des Beleges
     - Periodizität der Erstellung und Weitergabe des Beleges
     - Daten-Inhalt des Beleges
   - Zusammenstellen der ADV-Eingaben, die von anderen Projekten vorgegeben bzw. vorzugeben sind (z. B. Summenwerte aus der Lager-Abrechnung als Bewegungs-Eingabe in der Finanz-Buchhaltung)

Beispiel

Der Auszug des Beispiels enthält keine ADV-Eingaben im Sinne von Belegen (Anmerkung: unter ADV-Eingaben werden auch die Eingabe-Daten des einzelnen Arbeitsschrittes in Form von Speichermedien verstanden). In der Dokumentation ist jedoch unter 42–1–4.2/xxx als Muster der Ausgangs-/Retour-Schein für „Lager-Material" wiedergegeben

6. Definition der Daten
   - Im Zuge der Überprüfung der Istzustands-Aufnahme und der Verfeinerung des Grundkonzeptes werden alle vorkommenden Daten hinsichtlich
     - ihrer Bezeichnung und einer – erforderlichenfalls – näheren Definition
     - der Stellen-Anzahl (vor und nach dem Komma)
     - des Charakters (ob alphabetische oder numerische Stellen)
     - einer mnemotechnisch einprägsamen und aussagekräftigen Abkürzung

     bestimmt, so daß nach und nach eine Sammlung aller im Projekt zu berücksichtigenden Daten, die im Zuge der **Detail-Ausführung** und der **Programm-Vorgabe** nach Bedarf noch ergänzt wird, entsteht
   - Verwendung der einmal festgelegten Abkürzungen in allen Belegen, Listen, Anweisungen, Beschreibungen, also in der gesamten Dokumentation einheitlich

- Soweit in anderen Projekten dieselben Daten vorkommen, muß eine Abstimmung über den Chef-Analytiker erfolgen
- Daten-Begriffe, die das ganze Unternehmen, die DV-Abteilung und die organisatorische Tätigkeit insgesamt umfassen, werden vom Chef-Analytiker generell definiert, übersichtlich zusammengestellt und den einzelnen Projekt-Teams zur Verfügung gestellt

Beispiel

Das Muster einer auszugsweisen Übersicht über allgemeine Definitionen zeigt die Dokumentations-Nummer 42–1–3.1/xxx. Zur Daten-Sammlung siehe das Beispiel bei Punkt 4.344

7. Definition der Schlüssel-Begriffe
   - Schlüssel-Begriffe sind Daten, die der komprimierten Identifizierung von Daten-Inhalten nach Gesichtspunkten der Reihung (Ordnungs-Begriffe) und Verarbeitung (Parameter) dienen
   - Insoweit Daten den Charakter von Schlüsseln besitzen, sind diese zusätzlich nach
     - dem Formal-Aufbau (z. B. Datum, gegliedert nach Tag, Monat, Jahr) und
     - der Bedeutung der einzelnen Schlüssel-Zahlen (zumindest bei Parametern)

     zu definieren
   - Die Gestaltung und Anwendung von Schlüsseln ist gemäß Arbeits-Richtlinien vorzunehmen
   - Beim Aufbau von Schlüsseln ist generell zu beachten, daß in der ADV die Parallel-Verschlüsselung vorzuziehen ist; d. h., daß verschiedene Kriterien des Verschlüsselungs-Objektes, die durch den Schlüssel zum Ausdruck kommen sollen, einzeln verschlüsselt und diese – dadurch einfach und flexibel gestalteten – Einzel-Verschlüsselungen nebeneinander dem Objekt zugeordnet werden
   - Sämtliche Schlüssel sind
     - einerseits in die Sammlung aller Daten einzubeziehen und
     - andrerseits in ein eigenes Schlüssel-Verzeichnis aufzunehmen (siehe dazu Punkt 4.344)
8. Erstellen der Daten-Inhalts-Übersicht
   - Darunter ist die übersichtliche Darstellung des Daten-Inhalts aller ADV-Eingaben und ADV-Ausgaben des Projektes zu verstehen
   - Zweck dieser Übersicht ist die Veranschaulichung der Zusammenhänge aller vorkommenden Daten untereinander und insbesondere der Verbindung zwischen Eingabe-Daten und Ausgabe-Daten

- Sobald die Daten-Inhalts-Übersicht vollständig ist, läßt sich erkennen, ob alle Ausgabe-Daten mit Hilfe der vorhandenen Eingabe-Daten aufgebaut und ausgegeben werden können. Mit Hilfe dieser Übersicht kann also kontrolliert werden, ob alle erforderlichen Eingabe-Daten verfügbar sind
- Die Reihung der einzelnen Daten erfolgt primär nach der Rangigkeit, wobei Ordnungs-Begriffe an die Spitze zu stellen sind, und sekundär nach der Häufigkeit ihres Vorkommens
- Die Anzahl der Stellen der einzelnen Daten sind zu berücksichtigen, wobei sich diese aus der gleichzeitig erfolgenden Definition der Daten ergibt
- Diese Übersicht wird in der **Programm-Vorgabe** als Grundlage für den Aufbau der Speicherbelegung (Datensätze) verwendet

Beispiel

- Das Muster einer Daten-Inhalts-Übersicht zeigt die Dokumentation in 42–1–5.2/xxx. Darin ist auch die – erst später erfolgende – Aufteilung der Daten-Inhalte auf die Datensätze bereits ausgewiesen, so daß daraus die endgültige Form dieser Hilfs-Aufzeichnung zu erkennen ist. Ebenso sind die Daten darin bereits mit ihren Abkürzungen (vergleiche Punkt 4.344) angegeben
- Die Daten-Inhalts-Übersicht ermöglicht überdies eine vorläufige Schätzung der Größe der Datensätze; diese Angabe ist für die Schätzung der Maschinen-Laufzeit (vergleiche Punkt 4.345) von Bedeutung

9. Bestimmen der Datenbestände
   - Die Verbindung zwischen den einzelnen Arbeitsschritten des DFP erfolgt mit Hilfe von externen Speichermedien (Band, Platte etc.), auf denen die verarbeiteten bzw. die zu verarbeitenden Daten enthalten sind. Diese Daten-Gruppen werden als Datenbestände bezeichnet
   - Der in einem Arbeitsschritt als Eingabe-Datenbestand aufscheinende Datenbestand ist in einem vorausgehenden Arbeitsschritt Ausgabe-Datenbestand
   - Alle Datenbestände sind ohne zwingende Beachtung der Art des verwendeten Speichermediums im DFP anzugeben
   - Aufteilen aller Daten – gruppiert nach Bewegungs-, Änderungs-, Stamm- und Bestands-Daten – auf Datenbestände nach logischen und Ablauf-bezogenen Gesichtspunkten
   - Bestimmen der Zusammensetzung des einzelnen Datenbestandes, ohne noch auf die genaue Gliederung einzugehen
   - Zusammenziehen gleicher oder zusammengehöriger Datenbestände nach logischen und Ablauf-bezogenen Gesichtspunkten

- Berücksichtigen der Verbindungen von und zu anderen Projekten, die in der Regel ebenfalls in Form von Datenbeständen erfolgen; diese sind daher ebenfalls inhaltlich zu definieren, wobei besondere Anforderungen der anderen Projekte in formaler oder terminlicher Hinsicht zu beachten sind
- Schätzen der Größe der Datenbestände unter Berücksichtigung der voraussichtlichen Zusammensetzung derselben aus Datensätzen

Beispiel

- Die Datenbestände, die sich für den im Beispiel behandelten Teil des Projektes „Lager-Material" ergeben, sind unter der Dokumentations-Nummer 42–1–5.1/xx1 und /xx2 wiedergegeben
- Daraus geht hervor,
  - welche Datenbestände es gibt und
  - welche Daten in diesen enthalten sind
- Die Zuordnung der Daten zu den Datenbeständen ergibt sich aus der Überlegung, welche Daten beim jeweiligen Arbeitsschritt, in dem der betreffende Datenbestand zur Verarbeitung gelangt, benötigt werden
- In der Projekt-Stufe **Detail-Konzeption** werden vom Analytiker die folgenden drei Datenbestände mit den angegebenen Schätzungs-Größen als erforderlich betrachtet:
  - Stamm-Bestands-Datenbestand mit ca. 3.000 Stamm-Datensätzen à 100 Stellen = 300.000
  - Bewegungs-Datenbestand mit ca. 4.000 Bewegungs-Datensätzen à 35 Stellen bei der Eingabe = 140.000
    und 70 Stellen bei der Ausgabe = 280.000
  - Rechnungswesen-Datenbestand mit ca. 80 Summen-Datensätzen à 20 Stellen = 1.600

10. Allgemeine Beschreibung des ADV-Systems
    - Zusammenfassung aller Detailfragen, die im Zuge der Verfeinerung des Grundkonzeptes festgestellt und geklärt wurden
    - Anfertigung einer übersichtlichen verbalen Beschreibung der wesentlichen Merkmale des zukünftigen ADV-Systems
    - Diese Beschreibung hat die Organisationsform, in der die Aufgabenstellung des Projektes in Zukunft abgewickelt werden soll, so darzustellen, daß sie auch ein mit der ADV nicht Vertrauter ohne Schwierigkeiten versteht
    - Die Beschreibung hat den Zweck,
      - einerseits den an der Erarbeitung nicht unmittelbar Beteiligten, vor allem den Leitern der betroffenen Abteilungen, eine klare Vorstellung zu vermitteln, wie die Aufgaben des Sachgebietes in der geplanten Organisationsform des ADV-Systems ausgeführt werden

  - andrerseits das Projekt-Team zu veranlassen, die organisatorische Lösung der Aufgabenstellung des Projektes in einer umfassenden Darstellung festzuhalten
- Dadurch wird erreicht, daß
  - die Abteilungsleiter beurteilen können, ob die Grundzüge des ADV-Systems den sachlichen Erfordernissen entsprechen, und
  - das Projekt-Team zu einer selbstkritischen „Zwischenbilanz" gezwungen ist

Beispiel

Die Allgemeine Beschreibung des ADV-Systems für das „Lager-Material" ist auszugsweise in der Dokumentations-Nummer 42–1–1.9/xxx enthalten

4.244 Bestätigung durch die Abteilungen

1. Das durch die Verfeinerung des Grundkonzeptes entstandene Ergebnis, das nach außen hin durch die Eingabe-Belege und die Druck-Ausgaben repräsentiert wird, ist mit den Abteilungen, die vom Sachgebiet des Projektes betroffen sind, abzustimmen

2. Dazu werden den Leitern dieser Abteilungen die Belege und Druck-Ausgaben im Entwurf als Vorschlag vorgelegt und im einzelnen an Hand des DFP erläutert. Gemäß diesem Vorschlag sind die endgültigen Inhalte der ADV-Ausgaben und ADV-Eingaben gemeinsam zu erarbeiten und definitiv festzulegen. Es empfiehlt sich, zuerst die Ausgaben durchzuarbeiten, da diese das Produkt des zukünftigen ADV-Systems darstellen. Damit wird die Verbindung zur Zielsetzung der Organisation am deutlichsten vor Augen geführt. Sobald die Daten der Ausgaben abgestimmt sind, steht fest, welche Daten eingegeben werden müssen, um daraus die gewünschten Ergebnisse ableiten zu können. Ist auch die Eingabe festgelegt, so kann leicht überprüft werden, ob aus diesen Eingabe-Daten tatsächlich die vorgesehenen ADV-Ausgaben entstehen können

3. Vornehmen von sinnvollen und zweckmäßigen Änderungen, die sich im Zuge der Abstimmung mit den Abteilungen ergeben; Beachten der Auswirkungen auf den DFP und auf die Datenbestände

4. Abzeichnen der Entwürfe durch die Abteilungs-Leiter zum Zeichen des Einverständnisses und als Bestätigung von Inhalt und Form der Ein- und Ausgaben. Es sollen dadurch nachträgliche Änderungen, die die weitere Organisations-Arbeit erschweren und verzögern würden, weitgehend vermieden werden

5. Mit der Bestätigung der ADV-Eingaben und der ADV-Ausgaben erhält der Vorschlag den Charakter eines Detailkonzeptes

4.25 Abschlußergebnis der Detail-Konzeption

1. Folgende Unterlagen liegen als Abschlußergebnis der Projekt-Stufe **Detail-Konzeption** für das ADV-Projekt vor:
   - o Arbeitsschritt-DFP mit Kurzbeschreibung der Arbeitsschritte
   - o ADV-Ausgaben in verbindlichen Entwürfen, bestätigt von den betroffenen Abteilungen
   - o ADV-Eingaben in verbindlichen Entwürfen, bestätigt von den betroffenen Abteilungen
   - o Daten-Definitionen, soweit bereits festgelegt
   - o Schlüssel-Begriffe, soweit bereits festgelegt
   - o Daten-Inhalts-Übersicht
   - o Formlose Zusammenstellung der Datenbestände
   - o Allgemeine Beschreibung des ADV-Systems
2. Beurteilung des Abschlußergebnisses durch den Chef-Analytiker
   - o Kenntnis aus der laufenden Überwachung und fallweisen Mitwirkung
   - o Überprüfung in fachlicher und formaler Hinsicht
   - o Kontrolle der Arbeitsweise des Projekt-Teams
   - o Kontrolle auf Einhaltung des geplanten Termines
   - o Kontrolle auf Einhaltung des geplanten Arbeits-Aufwandes
   - o Informationsgespräch mit den Leitern der betroffenen Abteilungen
   - o Bericht an den Leiter der DV-Abteilung über den Abschluß der **Detail-Konzeption**
3. Genehmigung des Abschlußergebnisses durch den Chef-Analytiker

4.3 Projekt-Stufe Detail-Ausführung

4.31 Überblick

1. Der Zweck der Projekt-Stufe **Detail-Ausführung** ist die inhaltliche und formale Ausfertigung aller Unterlagen des Projektes, die die Durchführung der **Programm-Vorgabe** (Unterabschnitt 4.4) ermöglichen
2. Die wesentlichen Tätigkeiten in dieser Stufe erstrecken sich auf folgende Punkte:
   - o Umgestaltung des Arbeitsschritt-DFP in den Programm-DFP mit Festlegung der Programme
   - o Kurz-Beschreibung der einzelnen Programme des DFP
   - o Erstellung der Daten-Sammlung und des Schlüssel-Verzeichnisses
   - o Optimierung des Programm-DFP
   - o Formale Ausfertigung der ADV-Eingaben und ADV-Ausgaben

4.32 Voraussetzungen

1. Der Arbeitsbeginn an der **Detail-Ausführung** wird nach Vorliegen des Abschlußergebnisses der **Detail-Konzeption** mit Genehmigung des Chef-Analytikers vom Leiter des Projekt-Teams gemäß Termin-Plan veranlaßt
2. Als Voraussetzung für die Genehmigung, mit den Arbeiten an der **Detail-Ausführung** zu beginnen, sind vom Chef-Analytiker die Fragen der folgenden Prüfliste positiv zu beantworten:
   - Prüfliste für den Chef-Analytiker:
     - 1. Wurden die Ergebnisse der **Detail-Konzeption** genehmigt, insbesondere die ADV-Eingaben und ADV-Ausgaben des Projektes von den Leitern der betroffenen Abteilungen abgezeichnet?
     - 2. Ist das Ergebnis der **Detail-Konzeption** fachlich befriedigend und sind insbesondere die Erfordernisse und Möglichkeiten des Computers bereits berücksichtigt?
     - 3. Wurden die Arbeits-Richtlinien durch das Projekt-Team beachtet?
     - 4. Wurden die geplanten Termine und der vorgesehene Arbeits-Aufwand eingehalten?
     - 5. Sind die zuständigen Abteilungs-Leiter positiv zur konzipierten Lösung eingestellt?
     - 6. Kann der Richt-Termin der **Projekt-Planung** als Fest-Termin für die **Detail-Ausführung** übernommen werden? Wenn nein, ist ein neuer Termin festgelegt?
     - 7. Ist der Kapazitäts-Bedarf des Projekt-Teams für die **Detail-Ausführung** festgelegt?
     - 8. Ist der Termin-Plan für die **Projekt-Realisierung**, soweit erforderlich, auf den letzten Stand gebracht?
     - 9. Sind die Arbeits-Richtlinien für die **Programmierung** ausgearbeitet, soweit dies für die Tätigkeit des Projekt-Teams maßgebend ist?
     - 10. Sind die Stellen des Chef- und des System-Programmierers besetzt, so daß die Unterstützung des Projekt-Teams auf deren Spezial-Gebieten gewährleistet ist?
     - 11. Steht die Konfiguration des Computers fest, insbesondere bezüglich der Kapazitäten der Zentraleinheit und der peripheren Aggregate sowie der Type der Speichermedien?
     - 12. Ist die Software des Computers, insbesondere das Betriebssystem, die Dienstprogramme, die verwendbaren Programmiersprachen, die Organisation der externen Speicher und die Ein-/Ausgabe-Arbeitsweise, bekannt?
     - 13. Ist die Type der Datenerfassungs-Geräte festgelegt?
     - 14. Ist die Gewähr für verbindliche Auskünfte seitens der Lieferfirma über alle technischen Details der Maschinen gegeben?
   - Es wird unterstellt, daß die vorausgegangenen Prüflisten positiv beantwortet worden sind

4.33 Ausführende*

1. Delegierter der Geschäftsleitung
   - Berichterstattung an die Geschäftsleitung über den Fortschritt der **Realisierung**
2. Leiter der DV-Abteilung
   - Aufgaben gemäß Stellen-Beschreibung
   - Periodische Berichterstattung an den Delegierten über den Fortschritt des Projektes
3. Chef-Analytiker
   - Aufgaben gemäß Stellen-Beschreibung
   - Kontrolle gemäß Prüfliste
   - Regelmäßige Berichterstattung an den Leiter der DV-Abteilung über den Stand der **Projekt-Realisierung**
   - Überwachung der **Projekt-Realisierung**
   - Unterstützende Mitwirkung bei schwierigen Fragen
   - Vorsorge für die Beachtung der Verbindungen der Projekte untereinander
4. Leiter des Projekt-Teams
   - Aufgaben gemäß Stellen-Beschreibung
   - Führung des Projekt-Teams
   - Arbeits-Planung
   - Arbeits-Einteilung und -Verteilung
   - Fortschritts-Überwachung
   - Verantwortliche Ausführung der Tätigkeiten der Projekt-Stufe **Detail-Ausführung**
   - Führung der Besprechungen
   - Erstellen der Protokolle
   - Vornahme der konzeptiven Arbeiten
   - Mitwirkung an den ausführenden Arbeiten
   - Vorsorge für die Anwendung rationeller Methoden gemäß Arbeits-Richtlinien
   - Praktische Fortbildung der Verbindungspersonen
   - Laufende Berichterstattung an den Chef-Analytiker
5. Analytiker als Mitglied des Projekt-Teams
   - Aufgaben gemäß Stellen-Beschreibung
   - ADV-orientierte Mitwirkung an den konzeptiven Arbeiten
   - Ausführende Arbeiten mit Schwerpunkt auf den Computer-Erfordernissen

*Aufgaben- bzw. Stellen-Beschreibungen siehe im Anhang B

6. Verbindungsperson als Mitglied des Projekt-Teams
   - Aufgaben gemäß Stellen-Beschreibung
   - Sachgebiets-orientierte Mitwirkung an den konzeptiven Arbeiten
   - Ausführende Arbeiten mit Schwerpunkt auf den Sachgebiets-Erfordernissen
7. Chef-Programmierer
   - Aufgaben gemäß Stellen-Beschreibung
   - Mitwirkung an der Klassifizierung der Programme
   - Mitwirkung an der Schätzung des Kapazitäts-Bedarfes für die **Programmierung**
8. System-Programmierer
   - Aufgaben gemäß Stellen-Beschreibung
   - Computer-bezogene Unterstützung und Auskunftserteilung
   - Beurteilung des Programm-DFP und Mitwirkung an dessen Optimierung
   - Mitwirkung an der Maschinen-Laufzeit-Schätzung
9. Abteilungs-Leiter
   - Formale Prüfung und Druck-Freigabe der Eingabe-Belege und Druck-Ausgaben
10. System-Berater der Lieferfirma
   - Erteilung von Auskünften über technische Detailfragen
   - Beistellung von Unterlagen
   - Beratung über analoge Applikationen
   - Verbindliche Beurteilung der Maschinen-Laufzeit-Schätzung

4.34 Inhalt und Verfahrensweise

4.341 Gliederung der Arbeitsschritte in Programme

1. Weiterentwicklung und Umgestaltung der Arbeitsschritte der **Detail-Konzeption** zu einzelnen Computer-Programmen
2. Für die Bestimmung der Programme sind vor allem
   - deren Verarbeitungs-Inhalt
   - die Anzahl der dafür erforderlichen Eingabe- und Ausgabe-Datenbestände sowie
   - deren Umfang und Beschaffenheit

   maßgebend

   Diese Faktoren bestimmen wesentlich die Größe des einzelnen Programmes
3. Anpassung der Größe des einzelnen Programmes an die Kapazität des Computers

4. Faktoren, die die maximale Programm-Größe beeinflussen, sind
   - die Kapazität der Zentraleinheit
   - die im einzelnen Programm eingesetzten peripheren Einheiten
   - der Arbeitsspeicher-residente Teil des Betriebssystems
5. Exakte Maßstäbe für die Beurteilung, wie groß ein Programm tatsächlich wird, gibt es nicht. Es ist daher notwendig, im Zweifelsfall die Programme so zu definieren, daß eine Herauslösung einzelner Teile und deren Zuordnung in ein Folge-Programm relativ einfach möglich ist
6. Praktisch läuft diese Arbeit darauf hinaus, daß
   - entweder mehrere Arbeitsschritte zu einem Programm zusammengefaßt
   - oder ein Arbeitsschritt in mehrere Programme geteilt wird
   - oder ein Arbeitsschritt einem Programm entspricht
7. Beiziehen des System-Programmierers oder/und des System-Beraters der Lieferfirma zur Unterstützung

Beispiel

- Die Arbeitsschritte 22, 24 und 26 des Arbeitsschritt-DFP (42–1–2.3/xxx) werden jeweils ein Programm
- Dies ergibt sich daraus, daß
  - der Arbeitsschritt 22 ein Umspeichern von unsortierten Lochkarten auf Platte mit gleichzeitiger Vornahme von Plausibilitäts-Prüfungen zum Inhalt hat, wogegen
  - der Arbeitsschritt 26 die Lager-Bestands-Fortschreibung zum Gegenstand hat, bei der die aus den Lochkarten entstandenen Bewegungs-Sätze in sortierter Reihenfolge verarbeitet werden
  - Daher hat dazwischen eine Sortierung zu erfolgen, die in Arbeitsschritt 24 vorgenommen wird, so daß die Sequenz der drei Arbeitsschritte auch für die entsprechenden Programme gilt
- *Anmerkung:* Es wäre denkbar, auf das Sortieren zu verzichten und die ungeordneten Bewegungs-Sätze mit dem auf Platte gespeicherten Stamm-Bestands-Datenbestand, mittels direkten Zugriffs, zu verarbeiten. Abgesehen davon, daß diese Direkt-Zugriffs-Verarbeitung zeitaufwendiger wäre, müßte auf die gleichzeitige Erstellung des Lagerbestands-Fortschreibungs-Formulars verzichtet werden, weil die dafür geforderte Reihung der Material-Positionen ohne vorhergehende Sortierung nicht erzielt werden könnte
- Eine Aufgliederung auf mehrere Programme ist für keinen der Arbeitsschritte nötig, weil auch der arbeits-intensivste Arbeitsschritt, nämlich die Bestands-Fortschreibung, mit der gegebenen Computer-Konfiguration in einem Programm durchführbar sein sollte

4.342 Erstellen des Programm-Datenflußplanes

1. Entsprechend der Gliederung der Arbeitsschritte in Programme wird der DFP umgegliedert

2. Dieser auf die Computer-Abwicklung bezogene DFP umfaßt sämtliche Programme, somit auch Sortier- und Misch-Programme sowie solche, die durch die Computer-Technik bedingt sind (z. B. Reorganisation eines Datenbestandes auf Magnetplatte)

3. Jedes Programm erhält eine systematische Programm-Nummer, die im DFP angeführt ist
   - ○ Diese Programm-Nummer (PRONR) ist wie folgt aufgebaut:

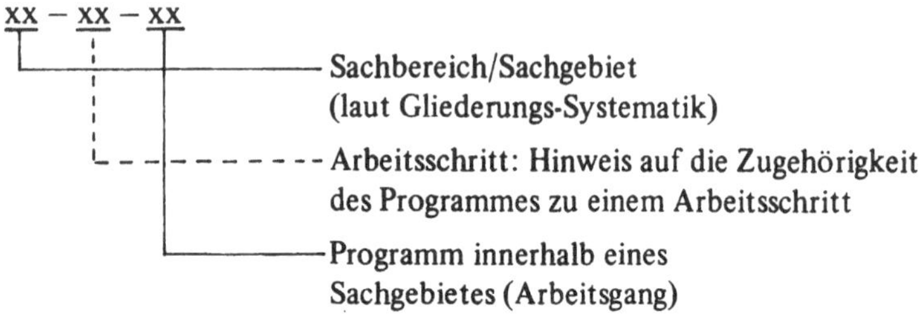

   - ○ Die Programm-Nummer identifiziert demnach die Zugehörigkeit jedes Programmes in sachlicher und ablaufbezogener Hinsicht eindeutig
   - ○ Diese Programm-Nummer ist nicht identisch mit der im Zuge der **Programmierung** zu vergebenden fortlaufenden Programm-Nummer!

4. Die Verarbeitungs-Vorgänge, die in den einzelnen Programmen ablaufen sollen, sind im Programm-DFP stichwortartig festzuhalten; die Stichworte stellen einen Auszug aus der Kurz-Beschreibung jedes Programmes gemäß Punkt 4.343 dar

5. Der DFP enthält ferner die Angabe der Speichermedien (Lochkarten, Magnetbänder, Magnetplatten), die für die Datenbestände verwendet werden. Welches Speichermedium für welchen Datenbestand verwendet wird, ergibt sich durch die Abstimmung der technischen Gegebenheiten des Computers mit den Erfordernissen der organisatorischen Lösung

6. Bei der Festlegung der Speichermedien für die Datenbestände sind die in der **Detail-Konzeption** festgestellten Datenbestands-Inhalte zu überprüfen und zu ergänzen. Die endgültige formale Definition und Ausfertigung der Datenbestände erfolgt erst im Zuge der **Programm-Vorgabe**, sobald die Daten-Sätze gebildet sind

7. Jeder Datenbestand erhält eine Bezeichnung, eine Abkürzung und eine Nummer (Datenbestands-Nummer, DABEN)

- Diese Nummer ist wie folgt aufgebaut:

xx – xx – xx

- erstes xx: Sachbereich/Sachgebiet (laut Gliederungs-Systematik)
- zweites xx: Datenbestands-Schlüssel-Bezeichnung (Nummer des Datenbestandes innerhalb des Sachgebietes)
- drittes xx: Verarbeitungs-Status: dieser Teil der Nummer gibt an, in welchem Zustand sich der Datenbestands-Inhalt im Laufe des Arbeitsablaufes befindet, er wird erst im Zuge der **Programm-Vorgabe** vergeben

- Die Abkürzung ist eine alphabetische Kurzform der Bezeichnung des Datenbestandes
- Datenbestände sind grundsätzlich nicht fest an bestimmte Speichermedien gebunden; die Verwendung eines Datenbestandes in einem bestimmten Programm des DFP macht allerdings die eindeutige Festlegung des Speichermediums erforderlich
- Soweit die Speicherungsform nicht durch das Speichermedium bedingt ist (wie z. B. die sequentielle Speicherung beim Magnetband), ist sie festzulegen (z. B. index-sequentielle Speicherung bei Magnetplatte)

Beispiel

- Da die drei im Beispiel behandelten Arbeitsschritte drei Programmen entsprechen, ändert sich der Programm-DFP, der in der Projekt-Dokumentation unter 42–1–2.4/xxx gezeigt wird, in der Sequenz gegenüber dem Arbeitsschritt-DFP (42–1–2.3/xxx) nicht. Änderungen ergeben sich jedoch in der Darstellungsform vor allem in folgender Hinsicht:
  - Numerierung: an die Stelle der Arbeitsschritt-Nummer (22, 24, 26) treten Programm-Nummern (PRONR 42–22–06, 42–24–08 und 42–26–10); der mittlere Teil der PRONR verdeutlicht die Verbindung von Arbeitsschritt und Programm
  - Symbolisierung der Datenbestände: während im Arbeitsschritt-DFP die Datenbestände auf neutralen Extern-Speichern dargestellt sind, präzisiert der Programm-DFP die Verwendung von Platten bzw. Bändern. Besonders deutlich zeigt sich dieser Unterschied am Stamm-/Bestands-Datenbestand, der als index-sequentiell aufgebauter Speicher symbolisiert ist
  - Bezeichnung der Datenbestände: diese sind bisher verbal gekennzeich-

net gewesen und werden nunmehr mit Abkürzungen und den Datenbestands-Nummern versehen. Soweit nicht die Datenbestände in der gezeigten Programm-Sequenz entstehen – wie DABEN 42–20–00, enthält die Datenbestands-Nummer an der 5. und 6. Stelle zwei x, weil die definitive Festlegung des Verarbeitungs-Zustandes erst in der **Programm-Vorgabe** erfolgt

- *Anmerkung:* Im Zuge der Umgestaltung des Arbeitsschritt-DFP stellt der Analytiker fest, daß er übersehen hatte, die Konsequenz aus der Korrektur der im Kontroll-Protokoll ausgewiesenen Fehler zu ziehen. Es fehlt im Arbeitsschritt-DFP die Möglichkeit, den Inhalt der nicht verarbeiteten Lochkarten nach erfolgter Korrektur noch auf den Erfassungs-Speicher zu bringen. Bei der Gestaltung des Programm-DFP muß er daher die Wiederholungs-Möglichkeit der PRONR 42–22–06 in der Weise vorsehen, daß der DABEN 42–12–00 in Etappen entsteht. Im DFP des Beispiels ist darauf insofern Rücksicht genommen als die Flußlinie zwischen den PRONR 42–22–06 und PRONR 42–24–08 unterbrochen dargestellt ist

4.343 Kurz-Beschreibung der Programme

1. Parallel zur Erstellung des Programm-DFP ist jedes Programm verbal kurz zu beschreiben
2. Diese Programm-Kurz-Beschreibungen beinhalten:
   - einen allgemeinen Überblick über den Zweck des Programmes
   - eine kurze, auf das Wesentliche beschränkte Angabe der Verarbeitungs-Vorgänge, die in dem Programm erfolgen
   - allenfalls nähere Erläuterungen zu diesen Vorgängen, sofern dies dem besseren Verständnis dient
3. Die Gesamtheit der Kurz-Beschreibungen hat den Zweck, einen detaillierten, auch dem Nicht-Fachmann verständlichen Überblick über die organisatorische Gestaltung des ADV-Projektes zu vermitteln
4. Die einzelnen Kurz-Beschreibungen dienen in der Folge als einführende allgemeine Beschreibung für die detaillierten Programmier-Anweisungen

Beispiel

Die Kurz-Beschreibungen der drei Programme des Beispiels sind in den jeweiligen Punkten 42–1–7.1 der Dokumentation jedes Programmes enthalten (bezüglich des Aufbaues des Abschnittes 7 der Projekt-Dokumentation siehe die Erläuterungen zu Punkt 4.443–5)

4.344 Erstellen von Daten-Sammlung und Schlüssel-Verzeichnis

1. Im Verlaufe der **Detail-Ausführung** sind die bereits in der **Detail-Konzeption** festgestellten Daten und Schlüssel durch zusätzliche, insbesondere verarbeitungsbedingte Daten-Begriffe zu ergänzen
2. Alle das Projekt betreffenden Daten-Begriffe sind zu definieren, zu sammeln und übersichtlich zusammenzufassen
3. Daten-Sammlung
   - Die Daten-Sammlung ist die nach den Abkürzungen alphabetisch geordnete Zusammenstellung aller Daten-Begriffe, die im Projekt verwendet werden
   - Die Entstehung der Daten-Sammlung erstreckt sich über die gesamte **Projekt-Realisierung**, da die Definitionen je nach Anfall der Daten vorzunehmen sind
   - Dem Chef-Analytiker obliegt es,
     - die Koordinierung der Definitionen wahrzunehmen
     - deren Zusammenstellung zur Daten-Sammlung vorzunehmen
     - die Daten-Sammlung für die Gesamtheit aller ADV-Projekte des Unternehmens einheitlich zu gestalten
   - Der Zweck der exakten Vornahme der Daten-Definitionen und der Anlegung der Daten-Sammlung ergibt sich aus der Notwendigkeit
     - eine Vielzahl von Begriffen unter Kontrolle zu bekommen und zu halten
     - unterschiedliche Definitionen bzw. Abkürzungen desselben Begriffs im Zuge der Tätigkeit mehrerer Analytiker zu verhindern
     - die Einheitlichkeit der Daten-Definitionen quer durch alle Projekte zu gewährleisten
     - ein gemeinsames Nachschlagewerk für alle Begriffe, die in der ADV-Organisation des Unternehmens vorkommen, zu erstellen
4. Schlüssel-Verzeichnis
   - Das Schlüssel-Verzeichnis enthält in alphabetischer Reihenfolge die Definitionen und den Aufbau aller Schlüssel des Projektes
   - Schlüssel werden im Laufe der **Projekt-Realisierung** sowohl vom Projekt-Team als auch während der Programmierung festgelegt
   - Soweit es sich um Schlüssel handelt, die von den Abteilungen anzuwenden sind, sind sie von deren Leitern zu genehmigen
   - Der Zweck des Schlüssel-Verzeichnisses ist es, analog zur Daten-Sammlung, in welche auch alle Schlüssel-Bezeichnungen aufzunehmen sind,
     - die Präzisierung der verwendeten Schlüssel
     - deren verbindliche Festlegung
     - deren einheitliche Anwendung

     sicherzustellen

5. Sowohl die Daten-Sammlung als auch das Schlüssel-Verzeichnis sind in die Projekt-Dokumentation aufzunehmen

Beispiel

- Den Auszug aus der Daten-Sammlung des Projektes „Lager-Material" zeigt die Projekt-Dokumentation unter 42–1–3.5/xxx
- Die im Beispiel verwendeten Schlüssel sind unter der Dokumentations-Nummer 42–1–3.8/xx1 bis /xx3 eingeordnet

4.345 Optimierung des Programm-DFP

1. Erfordernis der Abstimmung des Programm-DFP auf die Besonderheiten der konkreten Konfiguration des Computers:
   - die Mitglieder des Projekt-Teams können mit den technischen Einzelheiten, insbesondere den Gegebenheiten des Betriebssystems des Computers nicht vollauf vertraut sein
   - diese Gegebenheiten können sich aber wesentlich auf die formale Gestaltung des Programm-DFP und damit auf die Computer-Laufzeit der Projekt-Programme, auf die manipulative Abwicklung im Rechenzentrum, auf den Schwierigkeitsgrad der Programmierung etc. auswirken
   - daher ist es notwendig, daß zu einem Zeitpunkt, in dem das ADV-Projekt
     - einerseits in allen inhaltlich-sachlichen Details geklärt ist
     - andrerseits aber die formale Ausfertigung als Grundlage für die **Programm-Vorgabe** noch nicht abgeschlossen ist

     eine Koordinierung der detaillierten Vorstellungen des Projekt-Teams mit den konkreten Gegebenheiten der Computer-Konfiguration stattfindet
2. Erfordernis der Laufzeit-Ermittlung:
   - für die Beurteilung des Kapazitäts-Bedarfes, der Computer-Auslastung und der Arbeits-Einteilung im Rechenzentrum wird eine realistische Voraussage der voraussichtlichen Inanspruchnahme des Computers durch das Projekt benötigt
   - die Beanspruchung des Computers ergibt sich aus der Gesamtheit der Laufzeiten der den DFP bildenden Programme. Es ist daher erforderlich, die voraussichtliche Laufzeit der einzelnen Programme zu kennen
   - theoretisch ist diese Forderung zwar erfüllbar, praktisch hingegen scheitert sie in der Regel an der Schwierigkeit, alle Programme im Detail unter Berücksichtigung der zahlreichen Einflußgrößen durchzurechnen

- daher muß eine Beschränkung in der Weise erfolgen, daß auf der Basis des Programm-DFP die theoretische Laufzeit jener Programme berechnet wird, die zufolge ihrer Größe und Häufigkeit voraussichtlich zeitaufwendig sein werden
- für alle anderen Programme sind Schätzungen vorzunehmen

3. Vorbereitende Ermittlung der Computer-Laufzeit durch das Projekt-Team:
   - Grundlage dafür bilden:
     - der Programm-DFP
     - die Anzahl der Eingabe-Belege bzw. Eingabe-Sätze
     - die ungefähre Satzlänge der ein- und auszugebenden Sätze
     - die geschätzte Anzahl der ein- und auszugebenden Sätze
     - die geschätzte Anzahl der zu druckenden Zeilen
     - die Anzahl der direkten Zugriffe auf Datenbestände
     - die angenommene Größe der Blockung
     - die Speicherungsform der Datenbestände
     - die technischen Angaben des Computers (z. B. Direkt-Zugriffs-Zeit, Druck-Zeit)
   - Berechnen der Laufzeit der voraussichtlich lange und/oder häufig laufenden Programme
   - Schätzen der Laufzeit aller anderen Programme
   - Berücksichtigen von Rüstzeiten für Vorbereitung, Bedienung, Papierwechsel, Wechsel der Speichermedien etc.
   - Festhalten der ermittelten Laufzeiten je Programm mit und ohne Rüstzeit

Beispiel

- Das Muster einer Computer-Laufzeit-Berechnung wurde bereits in der **Grund-Konzeption** als Abb. 21 gezeigt
- Die dort ermittelte Laufzeit für die „Lagerbestands-Fortschreibung" gilt auch für das Programm PRONR 42–26–10, da die angenommenen Grundlagen im wesentlichen unverändert sind

4. Koordinations-Besprechung zwischen dem Projekt-Team, dem System-Programmierer und dem System-Berater in Anwesenheit des Chef-Analytikers und des Chef-Programmierers:
   - Einführung in die Aufgabenstellung durch den Leiter des Projekt-Teams
   - Erläuterung des Programm-DFP
   - Besprechung der einzelnen Programme
   - Beurteilung der Laufzeiten durch den System-Programmierer

- Verbindliche Beurteilung durch den System-Berater der Lieferfirma bei der Realisierung der ersten Projekte
- Diskussion von Vorschlägen zur Änderung des DFPs zum Zweck einer Optimierung desselben vor allem durch
  - Teilung oder Zusammenfassung von Programmen
  - Umgliederung von Sortier- und Misch-Programmen
  - Modifizierung der Speicherungsform
  - Änderung der Satz-Blockung
- Auswirkungen auf Datenbestände berücksichtigen
- Endgültige Form des DFP einvernehmlich bestimmen

5. Ausfertigung des Programm-DFP durch das Projekt-Team
   - Formale End-Redigierung des Programm-DFP unter Berücksichtigung der allfälligen Änderungen
   - Einordnen des Programm-DFP in die Projekt-Dokumentation
   - Vornahme der entsprechenden Änderungen in den Datenbeständen
   - Ergänzung bzw. Änderung der Programm-Kurz-Beschreibungen

Beispiel

Eine Änderung des Programm-DFP ergibt sich aus der Konfigurations-Koordinierung für den auszugsweisen Teil des Projektes „Lager-Material" nicht

6. Schätzung des Zeitaufwandes für die **Programm-Vorgabe** und die **Programmierung**
   - Für die Einsatz-Planung des Projekt-Teams ebenso wie der Programmierer ist die Kenntnis des erforderlichen Zeitaufwandes von großer Bedeutung
   - Die Schätzung dieses Zeitaufwandes ist jedoch sehr schwierig, weil zuverlässige Maßstäbe fehlen und in der Regel Einflüsse mitwirken, die im voraus kaum einkalkuliert werden können. Es ist daher notwendig, auf Erfahrungswerte zurückzugreifen, die bei ähnlich gelagerten Fällen gewonnen wurden
   - Zu diesem Zweck sind die einzelnen Programme nach einem vorgegebenen Klassifizierungs-Schema im Einvernehmen mit dem Chef-Programmierer einzuteilen
   - Dieses Klassifizierungs-Schema enthält für Programme verschiedenen Schwierigkeitsgrades Richtwerte über das Ausmaß des für die Erstellung erforderlichen Zeitaufwandes
   - Die Anwendung des Schemas auf die Programme des Projektes führt zu einer Größenordnung von Zeit-Einheiten, die der weiteren Planung und Personal-Disposition zugrunde gelegt werden kann

Beispiel

Die Schätzung des Zeitaufwandes ergibt für die drei Programme des Beispiels folgendes Ergebnis:

- PRONR 42–22–06: einfaches Konvertierungs-(Umwandlungs-)Programm Lochkarte – Platte mit einigen Kontrollen; Zeit für Programmierung: 1 Tag
- PRONR 42–24–08: einfaches Sortier-Programm; als Standard-Software vorhanden; kein Programmier-Aufwand erforderlich
- PRONR 42–26–10:
  - 1 Eingabe-Datenbestand mit gleichen Datensatz-Arten (Bewegungsarten), sequentiell
  - 1 Eingabe-Datenbestand mit gleichen Datensätzen, index-sequentiell
  - 1 Ausgabe-Datenbestand mit vier (?) verschiedenen Satzarten, sequentiell
  - 1 Ausgabe-Datenbestand, identisch mit index-sequentiellem Eingabe-Datenbestand (Updating)
  - 1 Ausgabe-Datenbestand mit einer Satzart, sequentiell
  - Druck-Ausgabe mit Kopfzeilen, verschiedenen Satzzeilen, diversen Summenzeilen
  - Verarbeitung: einfache Rechen- und Vergleichs-Vorgänge
  - das Programm ist mittelschwer, der Zeitaufwand für die Programmierung beträgt etwa 5 Arbeitstage
- Für die **Programmierung** inklusive Testen dieser drei Programme ergibt sich daher ein geschätzter Bedarf von 6 Arbeitstagen
- Die Durchführung der **Programm-Vorgabe** für diese Programme durch das Projekt-Team erfordert voraussichtlich ebenfalls 6 Arbeitstage

4.346 Formale Ausfertigung der Eingabe-Belege und der Druck-Ausgaben

1. Die in der **Detail-Konzeption** inhaltlich definierten und formal entworfenen ADV-Eingabe-Belege und ADV-Druck-Ausgaben sind in formaler Hinsicht zu vervollständigen

2. Zu diesem Zweck sind für die Eingabe-Belege, soweit sie nicht unternehmens-intern vervielfältigt werden, sowie für die Ausgabe-Formulare druckreife Vorlagen anzufertigen

3. Ferner sind die nicht formular-gebundenen ADV-Druck-Ausgaben in Rein-Ausfertigungen auf Listbild-Vordrucke, die einen Zeilen- und Stellenraster aufweisen, zu zeichnen, wobei die vorgesehenen Überschriften, Druckzeilen und Gruppen-Summen deutlich zu machen sind

4. Alle Belege, Formulare und Listbilder sind mit den Abteilungen, die sie zu verwenden haben, endgültig abzustimmen und von deren Leitern zum Druck freizugeben

4.35 Abschlußergebnis der Detail-Ausführung

1. Die Projekt-Stufe der **Detail-Ausführung** findet ihren Abschluß mit der Fertigstellung folgender Unterlagen, die in der Projekt-Dokumentation enthalten sein müssen:
   - Programm-DFP mit Angabe der Programme, der Datenbestände und Stichwort-Angaben zum Programm-Inhalt
   - Kurz-Beschreibung der einzelnen Programme
   - Daten-Sammlung
   - Schlüssel-Verzeichnis mit Genehmigung der Fachabteilung, soweit erforderlich
   - Schätzung der Computer-Laufzeiten der einzelnen Programme und insgesamt
   - Klassifizierung der Programme und Schätzung des Zeitaufwandes für die **Programm-Vorgabe** und die **Programmierung**
   - Reinzeichnungen aller Eingabe-Belege und Druck-Ausgaben (List-Bilder und Formulare) mit erteilter Druck-Genehmigung durch die betroffenen Abteilungen
2. Beurteilung des Abschlußergebnisses durch den Chef-Analytiker
   - Kenntnis aus der laufenden Überwachung und fallweisen Mitwirkung
   - Überprüfung in fachlicher und formaler Hinsicht
   - Kontrolle der Arbeitsweise des Projekt-Teams
   - Kontrolle auf Einhaltung des geplanten Termins
   - Kontrolle auf Einhaltung des geplanten Arbeits-Aufwandes
   - Informationsgespräch mit den Leitern der betroffenen Abteilungen
   - Bericht an den Leiter der DV-Abteilung über den Abschluß der **Detail-Ausführung**
3. Genehmigung des Abschlußergebnisses durch den Chef-Analytiker

4.4 Projekt-Stufe Programm-Vorgabe

4.41 Überblick

1. Der Zweck der Projekt-Stufe **Programm-Vorgabe** ist es, auf Grund der bisherigen Arbeits-Ergebnisse die detaillierte Vorgabe für die **Programmierung** zu erstellen

2. Die Tätigkeiten, die in dieser Stufe vorzunehmen sind, erstrecken sich auf folgende Punkte:
   - Erstellung der Datensätze (Gruppierung der Daten zu Datensätzen)
   - Formale Festlegung der Datenbestände
   - Erweiterung der Kurz-Beschreibungen der einzelnen Programme zu detaillierten Programmier-Anweisungen
   - Vervollständigung der Daten-Sammlung und des Schlüssel-Verzeichnisses, soweit neue Begriffe festgelegt werden
   - Ausarbeitung von Problem-Test-Beispielen
   - Vornahme einer zusammenfassenden Schluß-Kontrolle

4.42 Voraussetzungen

1. Der Arbeitsbeginn an der **Programm-Vorgabe** wird, sobald nach Vorliegen der Abschlußergebnisse der **Detail-Ausführung** die Genehmigung durch den Chef-Analytiker erteilt ist, durch den Leiter des Projekt-Teams veranlaßt
2. Als Voraussetzung für die Genehmigung zum Beginn der **Programm-Vorgabe** sind vom Chef-Analytiker die Fragen der folgenden Prüfliste positiv zu beantworten:
   - Prüfliste für den Chef-Analytiker:
     - 1. Wurden die Ergebnisse der **Detail-Ausführung** genehmigt, sind insbesondere die ADV-Eingaben und ADV-Ausgaben des Projektes von den Leitern der betroffenen Abteilungen auch formal akzeptiert?
     - 2. Ist das Ergebnis der **Detail-Ausführung** fachlich befriedigend und sind insbesondere die Gegebenheiten des Computers bestmöglich berücksichtigt?
     - 3. Wurden die Arbeits-Richtlinien durch das Projekt-Team beachtet?
     - 4. Wurden die geplanten Termine und der vorgesehene Arbeits-Aufwand eingehalten?
     - 5. Sind die zuständigen Abteilungs-Leiter positiv zur ausgeführten Lösung eingestellt?
     - 6. Kann der Richt-Termin der **Projekt-Planung** als Fest-Termin für die **Programm-Vorgabe** übernommen werden? Wenn nein, ist ein neuer Termin festgelegt?
     - 7. Ist dabei die in der **Detail-Ausführung** erfolgte Zeitschätzung für den Arbeits-Aufwand für die **Programm-Vorgabe** berücksichtigt?
     - 8. Ist der Kapazitäts-Bedarf des Projekt-Teams für die **Programm-Vorgabe** festgelegt?
     - 9. Ist der Termin-Plan für die **Projekt-Realisierung**, soweit erforderlich, auf den letzten Stand gebracht?

- ○ 10. Ist der Aufbau der Programmierer-Gruppe soweit gediehen, daß die termingerechte Ausführung der **Programmierung** nach Abschluß der **Programm-Vorgabe** einsetzen kann?
- ○ 11. Ist dem Chef-Programmierer der für die Erstellung der Programme des Projekts erforderliche Kapazitäts-Bedarf bekannt und hat er diesen termingerecht eingeplant?

○ Es wird unterstellt, daß die vorausgegangenen Prüflisten positiv beantwortet worden sind

4.43 Ausführende*

1. Delegierter der Geschäftsleitung
   - ○ Berichterstattung an die Geschäftsleitung über den Fortschritt der **Realisierung**
2. Leiter der DV-Abteilung
   - ○ Aufgaben gemäß Stellen-Beschreibung
   - ○ Periodische Berichterstattung an den Delegierten über den Fortschritt des Projektes
3. Chef-Analytiker
   - ○ Aufgaben gemäß Stellen-Beschreibung
   - ○ Kontrolle gemäß Prüfliste
   - ○ Regelmäßige Berichterstattung an den Leiter der DV-Abteilung über den Stand der **Projekt-Realisierung**
   - ○ Überwachung der **Projekt-Realisierung**
   - ○ Unterstützende Mitwirkung bei schwierigen Fragen
   - ○ Vorsorge für die Beachtung der Verbindungen der Projekte untereinander
4. Leiter des Projekt-Teams
   - ○ Aufgaben gemäß Stellen-Beschreibung
   - ○ Führung des Projekt-Teams
   - ○ Arbeits-Planung
   - ○ Arbeits-Einteilung und -Verteilung
   - ○ Fortschritts-Überwachung
   - ○ Verantwortliche Ausführung der Tätigkeiten der Projekt-Stufe **Programm-Vorgabe**
   - ○ Führung der Besprechungen
   - ○ Erstellen der Protokolle
   - ○ Vornahme der konzeptiven Arbeiten
   - ○ Mitwirkung an den ausführenden Arbeiten

*Aufgaben- bzw. Stellen-Beschreibungen siehe im Anhang B

- Vorsorge für die Anwendung rationeller Methoden gemäß Arbeits-Richtlinien
- Praktische Fortbildung der Verbindungspersonen
- Laufende Berichterstattung an den Chef-Analytiker

5. Analytiker als Mitglied des Projekt-Teams
   - Aufgaben gemäß Stellen-Beschreibung
   - ADV-orientierte Mitwirkung an den konzeptiven Arbeiten
   - Ausführende Arbeiten mit Schwerpunkt auf den Computer-Erfordernissen

6. Verbindungsperson als Mitglied des Projekt-Teams
   - Aufgabenstellung gemäß Stellen-Beschreibung
   - Sachgebiets-orientierte Mitwirkung an den konzeptiven Arbeiten
   - Ausführende Arbeiten mit Schwerpunkt auf den Sachgebiets-Erfordernissen

7. Chef-Programmierer
   - Aufgaben gemäß Stellen-Beschreibung
   - Vorplanung des Kapazitäts-Bedarfes für die Erstellung der Programme des Projektes

8. System-Programmierer
   - Aufgaben gemäß Stellen-Beschreibung
   - Computer-bezogene Unterstützung und Auskunftserteilung

9. System-Berater der Lieferfirma
   - Erteilung von Auskünften über technische Detailfragen
   - Beistellung von Unterlagen
   - Beratung über analoge Applikationen

4.44 Inhalt und Verfahrensweise

4.441 Erstellung der Datensätze

1. Grundlage
   - Aus den vorangehenden Stufen liegen die Datenbestände als formal nicht geordnete Gruppen von Daten vor
   - Für deren Eingabe in den Computer ebenso wie für die Ausgabe nach der Verarbeitung durch ein Programm ist eine formale Präzisierung der Datenbestände erforderlich
   - Jeder Datenbestand setzt sich in der Regel aus einer Mehrzahl von Datensätzen gleicher oder verschiedener Art zusammen
   - Voraussetzung für die definitive Festlegung der Datenbestände ist daher die Bildung von Datensätzen

2. Begriff des Datensatzes
   - Unter Datensatz wird, wie bereits in Punkt 2.412 definiert, die formale Zusammenfassung logisch zusammengehöriger Daten nach verarbeitungstechnischen Erfordernissen verstanden
   - Jeder Datensatz besteht aus mehreren Datenfeldern
3. Charakterisierung der Datenfelder
   - Als Datenfeld wird die formale Darstellung des Datums (im Sinne der Einzahl von „Daten") innerhalb des Datensatzes verstanden
   - Das Datenfeld umfaßt im allgemeinen ein oder mehrere Stellen und ist die kleinste aussagefähige und verarbeitbare Einheit
   - Der Inhalt der Datenfelder sind die nach Bezeichnung, Abkürzung, Stellen-Anzahl und Stellen-Charakter in der Daten-Sammlung definierten Daten
   - Für die Verwendung der Datenfelder in den Datensätzen ist die Art der angewendeten maschinellen Verschlüsselungs-Methode zu berücksichtigen. Danach kann die Anzahl der Stellen, die ein Datenfeld innerhalb des Computers benötigt, gegenüber der maschinen-externen Situation – eine Stelle entspricht einer Zahl, einem Buchstaben etc. – variieren
   - Zum Beispiel verwendet der EBCDIC – der derzeit in Europa gebräuchlichste Computer-Code – für die Darstellung eines Buchstaben, einer Ziffer oder eines Sonderzeichens ein Byte. Dieses entspricht üblicherweise einer Stelle im Datenfeld; bei der Speicherung von Ziffern spricht man von „gezonter" Speicherung. Da das Byte aber aus 8 bit besteht, kann es auch in zwei Hälften geteilt verwendet werden und sodann – mit 2 x 2 hoch 4 möglichen Kombinationen – zwei dezimale Ziffern beinhalten; in diesem Fall handelt es sich um „gepackte" Speicherung; darüber hinaus gibt es auch noch die Möglichkeit der reinen Binär-Darstellung, und zwar innerhalb eines Bytes oder auch durch Zusammenfassung mehrerer Bytes zu Worten
- Die folgende Abbildung zeigt einen Teil eines Datensatzes mit den Datenfeldern
   - Satzart (SA), Datum, Material-Nummer und Mengen-Einheit (ME) in „gezonter" sowie
   - Menge in „gepackter" Speicherungsform

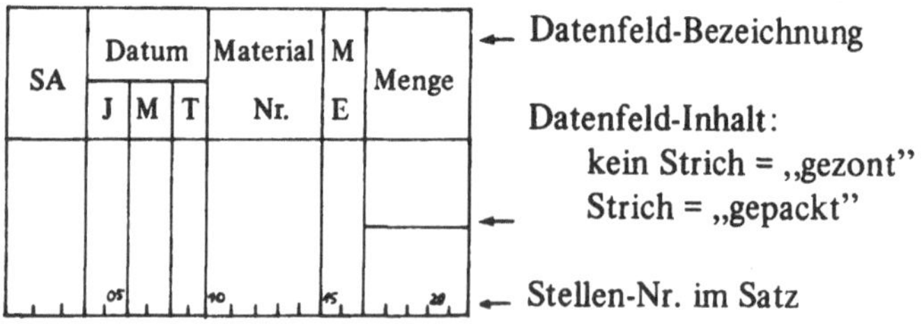

- Das Datenfeld „Menge" weist 9 Dezimal-Stellen plus Vorzeichen auf, wofür jedoch im Speicher nur 5 Bytes Speicherstellen benötigt werden

4. Bilden von Datensätzen
   - Als Hilfsmittel für den Aufbau der Datensätze ist die Daten-Inhalts-Übersicht zu verwenden. Aus dieser ist ersichtlich, welche Daten – inhaltlich – bei den Eingaben und bei den Ausgaben benötigt werden. Durch die definierte Stellen-Anzahl der einzelnen Daten ergibt sich – in Abhängigkeit von der Speicherungsform – die Länge der entsprechenden Datenfelder
   - Bei der – formalen – Bildung der Datensätze, also bei der Zusammenfassung von Datenfeldern zu Datensätzen, sind vor allem folgende Kriterien zu beachten:
     - die Tatsache, daß der Datensatz die kleinste Einheit darstellt, die sortiert werden muß; die ADV erfordert die Sortierbarkeit logisch zusammengehöriger Daten-Gruppen. Die kleinsten derartigen Gruppen bilden in der Regel – in Form der entsprechenden Datenfelder – Datensätze (z. B. Lager-Bewegungs-Satz, Lohn-Stammdaten-Änderungs-Satz). Die Sortier-Erfordernisse bieten daher gleichsam eine zwangsläufige Festlegung des Datensatz-Inhalts
     - die Aufteilung der Daten auf die einzelnen Programme gemäß deren Funktion im Rahmen des DFP
     - die Verwendung derselben Daten-Gruppen in verschiedenen Datenbeständen im Zuge der Verarbeitung und die Überleitung zwischen diesen Datenbeständen
     - die Art der verwendeten Speichermedien, insbesondere hinsichtlich der maximal möglichen Belegung (z. B. Spur einer Platte, Lochkarte) und rationellen Belegung (z. B. optimale Unterteilung einer Spur)
   - Die Bildung der Datensätze ergibt sich somit aus der formalen Abstimmung der inhaltlichen Erfordernisse mit den verarbeitungs-technischen Bedingungen des Computers unter Bedachtnahme auf die gegenseitigen Abhängigkeiten

5. Gliederung der Datensätze
   - Die Datenfelder der Datensätze sind nach den folgenden Gesichtspunkten zu gliedern
   - 1. Jeder Datensatz hat als Kennzeichen eine Satzart zu erhalten, die ihn mit allen Datensätzen gleichen Aufbaus verbindet und gleichzeitig von Datensätzen anderen Aufbaues unterscheidet
   - 2. Die Satzart hat zweckmäßigerweise unter Berücksichtigung des Betriebssystems am Beginn des Datensatzes zu stehen

- 3. Im Anschluß an die Satzart sollen die Ordnungs-Begriffe gereiht werden, nach denen die Datensätze sortiert werden sollen:
  - Bei mehreren Ordnungs-Begriffen ist die Rangigkeit zu beachten, so daß übergeordnete Gruppen-Merkmale (z. B. Konto-Klasse) vor nachgeordneten (z. B. Konto-Nummer) eingeordnet werden
  - Ebenfalls ist die Häufigkeit zu berücksichtigen, in der die einzelnen Begriffe verwendet werden
  - Einem bestimmten Ordnungs-Begriff soll in allen Sätzen, die gemeinsam in einem Sortier-Programm verarbeitet werden, der gleiche Platz zugewiesen werden
- 4. Die Reihenfolge der weiteren Daten ergibt sich aus der problem-gegebenen Rangigkeit und der zweckmäßigen Abstimmung mit anderen Datensätzen. Dabei sollten logische Zusammenhänge auch in der formalen Gruppierung zum Ausdruck kommen (z. B. Lohnart und Lohnsatz, Mengen-Einheit und Menge etc.)
- 5. Für allgemein verwendete Datenfelder sollten einheitliche Plätze in allen Datensätzen vorgesehen werden, z. B.:
  - Satzart
  - Fehler-Kennzeichen (z. B. Datenfeld-Inhalt falsch)
  - Lösch-Kennzeichen (z. B. falscher Satz)
  - Verarbeitungs-Kennzeichen (Satz wurde bereits verarbeitet)
  - Gültigkeits-Datum
- 6. Für spätere Ergänzungen sollten Reserveplätze freigehalten werden

6. Jeder Datensatz ist durch folgende Angaben zu beschreiben:
   - Abkürzung
   - Bezeichnung (Name)
   - Satzart
   - Satzlänge
   - Satzlängenart (variabel, fix, undefiniert)
   - Vorkommen (Datenbestände)
   - Aufbau und Inhalt durch grafische Darstellung in Datensatz-Formularen (Speicher-Belegung)
7. Alle Datensätze sind in ein Datensatz-Verzeichnis mit Satzart, Bezeichnung, Satzlänge und Satzlängenart und eventuellen weiteren Angaben einzutragen

Beispiel

- Bei der Bildung der Datensätze für das Sachgebiet „Lager-Material" geht der Analytiker von der Daten-Inhalts-Übersicht (42–1–5.2/xxx) unter Verwendung der in der Daten-Sammlung bereits enthaltenen Daten-Definitionen aus

- In ständiger vergleichender Gegenüberstellung der Erfordernisse der einzelnen Programme des DFP und deren Auswirkungen auf die Zusammensetzung von Datenfeldern zu Datensätzen legt der Analytiker nach und nach die einzelnen Datensätze definitiv fest. Im einzelnen handelt es sich dabei – für das auszugsweise Beispiel – um die in die Projekt-Dokumentation unter 42–1.5.5/xx1 bis xx9 aufgenommenen Datensätze, zu deren besserem Verständnis die nachfolgenden Erläuterungen dienen mögen
- zu Steuer-Lochkarte (Satzart S01: Muster siehe unter 42–1–5.5/xx1): diese ist in ihrem Grund-Aufbau generell für alle Projekte vorgegeben; sie wird für das jeweilige Programm, für das sie vorgesehen ist, durch die entsprechenden Steuerungs-Angaben, nämlich in diesem Fall durch
  - das Durchführungs-Datum (DATDU) und
  - das Perioden-Datum des Abrechnungs-Monats (PER)

  konkretisiert
- zu Bewegungs-Lochkarte (Satzart als Kartenart KA 2: Muster siehe unter 42–1–5.5/xx2): dieser Datensatz beinhaltet die Datenfelder, die eine Lager-Bewegung kennzeichnen. Um welche Art der Bewegung es sich handelt, geht aus dem Bewegungsarten-Schlüssel (BA) hervor. Die Reihung der Datenfelder ist auf die Daten-Erfassungs-Belege (vergleiche 42–1–4.2/xxx) abgestimmt. Für die Erstellung der Lochkarten von diesen Belegen dient die Loch-Anweisung (vergleiche 42–1–9.3/xxx), die im Zuge der **Einführung** entsteht (siehe Punkt 4.642)
- zu Bestands-Satz (SA 420: Muster siehe unter 42–1–5.5/xx3): der Bestands-Satz umfaßt die
  - Stamm-Daten (z. B. Material-Bezeichnung, Verrechnungspreis, Mindestbestands-Menge); diese Daten unterliegen einem fallweisen Änderungsdienst, der im Beispiel nicht enthalten ist; es wird unterstellt, daß der Änderungsdienst vor dem im Beispiel gezeigten Teil des Arbeitsablaufes vorgenommen wird
  - Bestands-Daten (z. B. Bestands-Menge, Verrechnungswert), bezogen auf den aktuellen Stand, d. h. den Stand der letzten Ajourstellung; diese Daten unterliegen der systematischen Veränderung durch die Bewegungs-Daten im Zuge der periodischen (monatlichen) Verarbeitung derselben

  Die im Muster frei gebliebenen Teile des Datensatzes sind für die Aufnahme von zusätzlichen Daten (z. B. Fortschreibungswerte über größere Perioden, Grunddaten für die Bildung von Kennzahlen etc.) vorgesehen, auf die aber hier nicht weiter eingegangen wird

  Bei der Festlegung der Satzlänge entscheidet sich der Analytiker dafür, einige Datenfelder in „gepackter" Form – der zur Verfügung stehende

Computer hat Bytes-Struktur – zu speichern. Diese sind im Datensatz-Formular entsprechend gekennzeichnet (Dies gilt analog auch für die anderen Datensätze.)

Anmerkung: Die Numerierung der Satzarten (SA 420, SA 421 etc.) legt der Analytiker in Abstimmung mit dem Leiter der DV-Abteilung fest, wobei dieser auf die Abgrenzung zu anderen Projekten achtet

- zu Bewegungs-Satz (SA 421: Muster siehe unter 42–1–5.5/xx4): diese Satzart entspricht inhaltlich genau der Bewegungs-Lochkarte, aus der sie im Programm PRONR 42–22–06 durch Umspeicherung des Inhalts der Karten auf Magnetplatte entsteht. Aus den Bewegungs-Sätzen entstehen dann im Programm PRONR 42–26–10 die Satzarten 422 bis 425
- zu Bestands-Berichtigungs-Satz (SA 422: Muster siehe unter 42–1–5.5/xx5): diese Satzart entsteht nur dann, wenn
  - der Bewegungs-Satz eine Inventur-Aufnahme, d. h. BA=1, darstellt und
  - die aufgenommene Bestandsmenge mit der maschinell fortgeschriebenen nicht übereinstimmt

  In der Folge dient diese Satzart zur Erstellung einer Liste aller Bestands-Berichtigungen
- zu Zugangs-Satz (SA 423: Muster siehe unter 42–1–5.5/xx6): diese Satzart entsteht aus Bewegungs-Sätzen, die Zugangs- und/oder Rückgabe-Bewegungen betreffen; sie dient in der Folge für die Erstellung einer Liste nach Lieferanten
- zu Verbrauchs-Satz (SA 424: Muster siehe unter 42–1–5.5/xx7): diese Satzart entsteht aus Bewegungs-Sätzen, die Ausgangs- und/oder Retour-Bewegungen betreffen; sie dient in der Folge für die Erstellung einer Liste nach Kostenstellen
- zu Fehler-Satz (SA 425: Muster siehe unter 42–1–5.5/xx8): diese Satzart entsteht aus Bewegungs-Sätzen, die in PRONR 42–26–10 nicht verarbeitet werden konnten (z. B. wegen falscher Material-Nummer); sie dient in der Folge für die Erstellung einer Fehler-Liste als Grundlage für manuelle Klärung der fehlerhaften Bewegungen

Anmerkung: Der wesentliche Grund für die Gliederung nach den Satzarten 422 bis 425 liegt darin, daß diese in der Folge nach unterschiedlichen Gesichtspunkten weiterverarbeitet werden und zu diesem Zweck auch sortierbar sein müssen; nach der Überlegung des Analytikers trägt diesem Erfordernis die Bildung der hier beschriebenen Datensätze am besten Rechnung

- zu Lager-Material-Summen-Satz (SA 429: Muster siehe unter 42–1–5.5/xx9): diese Satzart wird aus den Verrechnungswert-Summen je Bewegungsart für jede Lager-Nummer und Material-Gruppe gebildet; diese Werte sind für die Weiterverarbeitung in der Finanz-Buchhaltung bestimmt. Der Analytiker geht von der ursprünglichen Vorstellung, wonach für die Summe jeder Bewegungsart ein eigener Datensatz hätte gebildet werden sollen, ab und faßt alle Bewegungsarten-Summen je Lager und Material-Gruppe zu einem Satz zusammen
- Die definitive Ausfertigung der Datensätze in Form der gezeichneten und ausgefüllten Datensatz-Formulare nimmt der Analytiker erst vor, sobald er die Beschreibung der einzelnen Programme (vergleiche Punkt 4.443) abgeschlossen hat, da sich bis dahin immer wieder Korrekturen und Ergänzungen als notwendig erweisen
- Die fertiggestellten Datensätze faßt er im Datensatz-Verzeichnis zusammen (siehe Muster unter 42–1–5.4/xxx)

4.442 Definitive Festlegung der Datenbestände (Dateien)

1. Mit der Ausfertigung der Datensätze ist die Voraussetzung für die definitive Festlegung der Datenbestände gegeben. Diese erfolgt durch die Zusammenfassung von Datensätzen
2. Jeder Datenbestand – der auch als Datei bezeichnet werden kann – besteht somit aus mehreren Datensätzen
   - diese können Datensätze gleicher Art oder Gruppen von Datensätzen verschiedener Art sein
   - welche Datensätze zu Datenbeständen zusammengefaßt werden, ergibt sich aus den Erfordernissen der einzelnen Programme nach deren Verarbeitungsfolge im DFP
3. Die Unterscheidung der Datenbestände nach dem Inhalt ergibt sich aus der Funktion der darin enthaltenen Daten; in der Regel kann man entsprechend den Daten-Arten (siehe Punkt 1.412) folgende Datenbestands-Arten festlegen:
   - Stamm-Datenbestände (z. B. Personal-Stamm-Datenbestand)
   - Bestands-Datenbestände (z. B. Lagerbestands-Datenbestand)
   - Bewegungs-Datenbestände (z. B. Tages-Buchungs-Datenbestand)
   - Änderungs-Datenbestände (besondere Art von Bewegungs-Datenbeständen)
   - Archiv-Datenbestände (z. B. Lohn-Netto-Datenbestand für die Errechnung des Jahresausgleiches)

- Arbeits-Datenbestände (z. B. durch den Datenfluß bedingte Zwischen-Speicherung von Daten)

4. Die Unterscheidung der Datenbestände nach der Form resultiert aus den jeweiligen technologischen Gegebenheiten des Computers. Derzeit unterscheidet man folgende wichtigste Speicherungsformen:
   - sequentielle Speicherungsform; darunter versteht man die physisch fortlaufende, nicht notwendigerweise nach gewissen Ordnungs-Begriffen geordnete Reihung von Datensätzen innerhalb eines Datenbestandes; die Einzelsätze sind nur starr-fortlaufend ansprechbar
   - index-sequentielle Speicherungsform: darunter versteht man die logisch fortlaufende, daher notwendigerweise nach gewissen Ordnungs-Begriffen geordnete Reihung von Datensätzen unter gleichzeitiger Gruppierung innerhalb eines Datenbestandes; die Gruppierung ist von den technologischen Gegebenheiten des Speichermediums abhängig und wird durch einen ihr entsprechenden Index definiert; der einzelne Datensatz ist entweder
     - direkt über den Index oder
     - logisch fortlaufend über den Index

     ansprechbar
   - Random-Speicherungsform: darunter versteht man die durch bestimmte Verteilungs-Regeln definierte gestreute Speicherung von Datensätzen innerhalb eines Datenbestandes; der einzelne Datensatz ist in Abhängigkeit von den Verteilungs-Reglen direkt ansprechbar (Direkt-Zugriff)

5. Bei der Auswahl der für den einzelnen Datenbestand anzuwendenden Speicherungsform sind vor allem folgende Gesichtspunkte zu beachten:
   - die Erfordernisse der Verarbeitung gemäß dem DFP bzw. der Funktion der einzelnen Programme (z. B. Notwendigkeit von Sofort-Auskünften über Daten-Inhalte)
   - die Konfiguration des Computers und die Speichermedien (z. B. Zwangsläufigkeit starr-fortlaufender Speicherung bei Magnetbändern)
   - der Aufwand an Arbeitszeit (z. B. Unterschied bei index-sequentieller und sequentieller Speicherung) und Speicher-Volumen (z. B. unterschiedlicher Speicher-Bedarf bei Random-Speicherung und index-sequentieller Speicherung)

6. Jeder Datenbestand ist durch folgende Angaben zu beschreiben:
   - Bezeichnung (Name)
   - Abkürzung
   - Datenbestands-Nummer (DABEN)
   - Zusammensetzung aus Datensätzen (Angabe der Datensätze)
   - Umfang (Schätzung der Anzahl von Datensätzen)
   - Vorkommen in den Programmen des DFP

- Speicherungsform (sequentiell, index-sequentiell, Random), sofern sie fixiert ist
- Speichermedium (Platte, Band etc.), sofern es fixiert ist

7. Alle Datenbestände sind in ein Datenbestands-Verzeichnis mit Datenbestands-Nummern und Abkürzung einzutragen

Beispiel

- Die definitive Festlegung der Datenbestände für das Projekt führt zu den in der Projekt-Dokumentation unter 42–1–5.7/xxx enthaltenen Datenbestands-Beschreibungen
- Der Analytiker läßt sich vor allem von den nachstehenden Überlegungen zu den einzelnen Datenbeständen, deren Inhalt bereits in den vorausgehenden Projekt-Stufen festgelegt wurde (vergleiche 42–1–5.1/xx1 und xx2), leiten:
- zu Datenbestand „Lager-Material-Bestände" (LMS): dieser besteht nur aus Bestands-Datensätzen und ist auf Platte index-sequentiell gespeichert. Diese Speicherungsform wäre für das Sachgebiet Lager-Material nicht erforderlich, sie ist aber durch den Leiter der DV-Abteilung vorgeschrieben, um den gleichen grundsätzlichen Aufbau wie bei den anderen Sachgebieten des Sachbereiches Lagerwirtschaft zu gewährleisten. Überdies bietet sie den Vorteil, daß kurzfristig auf die Verarbeitung mit Direktzugriff übergegangen werden könnte
- zu Datenbestand „Lager-Material-Bewegungen-Unbewertet" (LMBU): dieser besteht nur aus Bewegungs-Datensätzen und ist starr-fortlaufend aufgebaut. Ob er auf Platte oder Band gespeichert wird, ist zwar grundsätzlich gleichgültig, der Analytiker zieht aber als Speichermedium die Platte vor, weil dieser Datenbestand anschließend zu sortieren ist, wozu er bei der gegebenen Computer-Konfiguration ohnedies auf Platte übertragen werden muß
- zu Datenbestand „Lager-Material-Bewegungen-Bewertet" (LMBW): dieser Datenbestand enthält alle Arten von Datensätzen, die im Zuge des Programmes PRONR 42–26–10 aus den Bewegungs-Datensätzen entstehen. Gespeichert wird dieser Datenbestand starr-fortlaufend auf Band. Der Grund dafür ist, daß alle drei Platten-Einheiten, über die der Computer verfügt, bereits eingesetzt sind, nämlich
  - eine für den LMS-Datenbestand
  - eine für den LMBU-Datenbestand
  - eine für das Betriebs-System

Es wäre auch denkbar, mehrere Datenbestände auf derselben Platten-Einheit zu speichern, zumal bei den gegebenen Größenordnungen, doch zieht der Analytiker die gewählte Form vor, weil ihm ja die Band-Einheit jedenfalls zur Verfügung steht und diese Verteilung der Eingabe- und Ausgabe-Einheiten die schnellste Verarbeitungszeit ermöglicht

- zu Datenbestand „Lager-Material-Rechnungswesen" (LMR): dieser Datenbestand enthält nur die Summen-Sätze. Er wird auf Platte gespeichert, und zwar bietet sich dafür ein eigens dafür reservierter Teil der Betriebssystem-Platte an. Auf diese Weise stehen bei der Durchführung der Finanzbuchhaltung, die auch unter der Steuerung des Betriebssystems erfolgt, diese Anschluß-Werte unmittelbar, d. h. ohne weitere Umspeicherung zur Verfügung. Diese Form der Ausgabe, die analog auch für andere Anschluß-Werte für das Rechnungswesen vorgesehen wird, wird vom Leiter der DV-Abteilung in Verbindung mit dem System-Programmierer generell festgelegt

4.443 Erstellung der Programmier-Anweisungen

1. Um eine eindeutige und verbindliche Vorgabe für die Programm-Erstellung zu gewährleisten, müssen die Verarbeitungs-Vorgänge jedes Programmes ausführlich und detailliert als Anweisung für die **Programmierung** (Programmier-Anweisung) beschrieben werden

2. Bei dieser Beschreibung sind soweit wie möglich und rationell formale Gesichtspunkte anzuwenden:
   - die Form von Tabellen und Formeln ist der verbalen Darstellung vorzuziehen
   - auf eine übersichtliche und verständliche Gliederung der Aufgaben ist zu achten
   - die Abkürzungen der Daten-Sammlung sind zu benützen
   - auf die einzelnen Bestandteile der Projekt-Dokumentation ist, wann immer es zum Verständnis beitragen kann, zu verweisen

3. Die Beschreibung erfolgt je Programm nach einer einheitlichen Gliederung (vergleiche Punkt 7 der Projekt-Dokumentation in Abb. 25), die folgende Punkte umfaßt:
   - 1. Kurz-Beschreibung
   - 2. Organisatorische Hinweise
   - 3. Programmtechnische Hinweise
   - 4. Ein/Ausgabe-Übersicht
   - 5. Steuerungs-Angaben
   - 6. Eingabe-Daten

- 7. Niveau-Identifikation
- 8. Verarbeitung
- 9. Ausgabe-Daten und Druck-Ausgaben

4. Dazu enthalten die folgenden Ausführungen nähere Hinweise

- 1. Kurz-Beschreibung
  Aus der Stufe **Detail-Ausführung** liegt der erste Punkt der Anweisung, die Kurz-Beschreibung bereits vor. Darin sind in großen Zügen die Aufgaben des einzelnen Programmes festgehalten

- 2. Organisatorische Hinweise
  Organisatorische Bedingungen, die sich nicht unmittelbar auf die Programmierung beziehen, aber für das Verständnis der Programmier-Anweisungen bzw. als Voraussetzung für das Funktionieren des zu erstellenden Programmes erforderlich sind, sind hier anzugeben (z. B. „Es können nur Datensätze einer bestimmten Periode verarbeitet werden"; „Das Programm setzt folgende Abstimmungen voraus: . . .")

- 3. Programmtechnische Hinweise
  - Diese sollen dem Programmierer ein Bild von den Vorstellungen des Organisators in bezug auf das Programm vermitteln. In Schlagworten soll der mutmaßliche Aufbau des Programmes beschrieben werden
  - Außerdem soll der Programmierer auf wichtige Bedingungen oder Ausnahmen aufmerksam gemacht werden (z. B. erforderliche Zwischen-Speicherung in einem Arbeits-Datenbestand; Einhalten einer bestimmten Reihenfolge bei der Verarbeitung)

- 4. Ein/Ausgabe-Übersicht
  Die Ein/Ausgabe-Übersicht stellt grafisch die Eingabe-Datenbestände, die Ausgabe-Datenbestände, die Druck-Ausgaben sowie die Steuerkarten des Programmes dar; sie ist ein Auszug aus dem DFP

- 5. Steuerungs-Angaben
  - Gewisse Angaben können nicht definitiv programmiert, sondern müssen regelmäßig bei der praktischen Durchführung konkretisiert werden (z. B. Angabe des Datums). Solche Angaben erfolgen entweder durch manuelle Eingabe über die Konsole des Computers oder durch Steuerkarten bzw. Steuer-Sätze
  - In den Steuer-Sätzen sind jene Daten enthalten, die das Programm einmal je Durchlauf benötigt, um dadurch bestimmte Alternativen des Programm-Ablaufes zu steuern
  - Steuer-Sätze sind wie alle anderen Datensätze zu beschreiben. Zweckmäßigerweise wird der Rahmen-Aufbau der Steuer-Sätze für alle Projekte vom Chef-Analytiker einheitlich festgelegt

- Steuer-Sätze werden u. a. verwendet für:
  - die Ausgabe-Steuerung (z. B. Unterdrücken bestimmter Ausgaben, wenn diese nur wahlweise erfolgen sollen)
  - die Eingabe-Steuerung
  - die Druck-Ausgabe-Steuerung
  - die Angaben über Blattnummern-Anfangswert, Blattwechsel, Zeilentransport, Summen-Ausgabe
  - das Durchführungs-Datum
  - das Perioden-Datum
  - die laufende Nummer zur Kennzeichnung von Druck-Ausgaben

- 6. Eingabe-Daten
  - Da derselbe Eingabe-Datenbestand in verschiedenen Programmen Unterschiede aufweisen kann, ist jeder einzelne Eingabe-Datenbestand separat bezüglich der folgenden veränderlichen Punkte für das Programm zu beschreiben:
    - Abkürzung und Nummer des Datenbestandes
    - Vorkommen im Programm (immer, fallweise)
    - Speicherungsform
    - Speichermedium
    - Sortier-Ordnung
  - Auf in Tabellenform aufgebaute Schlüssel, die in dem Programm verwendet werden, ist hinzuweisen

- 7. Niveau-Identifikation
  - Für die gemeinsame Verarbeitung von Sätzen oder Satzteilen ist es notwendig, deren Zusammengehörigkeit festzulegen. Dies erfolgt durch den Vergleich eines oder einer Gruppe von Datenfeldern dieser Sätze
  - Das Datenfeld oder die Datenfeld-Gruppe bildet den Vergleichs-Kennbegriff; dieser gibt das Vergleichs-Niveau an, auf dem die gemeinsame Verarbeitung erfolgen soll
  - Als Vergleichs-Niveau kommen vor allem in Betracht:
    - die Paarigkeit von Kennbegriffen bei Verarbeitung mehrerer Datenbestände
    - die Gruppen-Zugehörigkeit nach Kennbegriffen, z. B. zum Zweck der Summenbildung
  - Aus Gründen der Zweckmäßigkeit werden in der Beschreibung der Verarbeitungs-Vorgänge die Kennbegriffe des Vergleichs-Niveaus nicht jedesmal, wenn sie vorkommen, angeschrieben, sondern durch ein Merkmal (Buchstabe oder Ziffer) ersetzt, dessen Festlegung vorweggenommen wird. Dadurch muß jeweils nur dieses Merkmal angeführt werden, um das Niveau zu bezeichnen. Deshalb wird dieses Merkmal Niveau-Identifikation benannt

- ○ Bei Vergleich auf Paarigkeit werden Buchstaben, bei Vergleich auf Gruppen-Zugehörigkeit Ziffern zur Identifikation verwendet; dadurch erfolgt nicht nur optisch eine Unterscheidung, sondern die Ziffern bringen auch die Hierarchie der Gruppen zum Ausdruck, wenn für die unterste Gruppenstufe ‚0' und für die größte Gruppe die höchste Ziffer verwendet wird
- ○ Beispiel einer Niveau-Identifikation für einen Paarigkeits-Vergleich (NIVP):
  - Es sollen aus zwei Datenbeständen jene Sätze ermittelt werden, in denen ‚Artikel-Nummer' und ‚Preis' identisch sind, um bei Paarigkeit eine bestimmte Verarbeitung vorzunehmen
  - Das Vergleichs-Niveau wird durch die Datenfelder ‚Artikel-Nummer' und ‚Preis', die damit den Kennbegriff darstellen, gebildet. Dieser wird als NIVP ‚A' identifiziert. In der – angenommen – mehrfachen Verwendung der Niveau-Identifikation im Zuge der Beschreibung der Verarbeitungsvorgänge im Programm genügt somit jeweils die Angabe von NIVP ‚A'
- ○ Beispiel für eine Niveau-Identifikation für eine Gruppen-Zugehörigkeit (NIVG):
  - Es sollen aus den Datensätzen eines Datenbestandes zwei Gruppen von Summen gebildet werden, wobei die eine von der ‚Artikel-Nummer' und ‚Monat' und die zweite von der ‚Lager-Nummer' und ‚Monat' abhängig ist
  - Das Vergleichs-Niveau wird einerseits durch die Datenfelder ‚Artikel-Nummer' und ‚Monat', andrerseits durch die Datenfelder ‚Lager-Nummer' und ‚Monat' gebildet. Es wird die erste – kleinere – Gruppe durch das Merkmal NIVG ‚1' und die zweite – höhere – Gruppe durch das Merkmal NIVG ‚2' identifiziert. In der – angenommen – mehrfachen Verwendung der Niveau-Identifikation im Zuge der Verarbeitungs-Beschreibung genügt somit die Angabe von NIVG,1' bzw. NIVG,2', um die vom Eintritt dieses Merkmals bedingten Summierungs-Vorgänge auszulösen

○ 8. Verarbeitung

- ○ Die Verarbeitungs-Beschreibung wird für die einzelnen logisch zusammengehörigen Problemkreise innerhalb des Programmes getrennt vorgenommen
- ○ Für die Beschreibung eines solchen Problemkreises ist folgender Aufbau einzuhalten:
  - Allgemeine Beschreibung
  - Angabe der zu verarbeitenden Daten (Datenfelder aus Datensätzen aus Datenbeständen)

- Festlegung der Verarbeitungs-Einheiten nach Paarigkeit und Gruppen-Zugehörigkeit
- Festlegung der Bedingungen für die Verarbeitung
- Beschreibung der Verarbeitungs-Vorgänge (z. B. Berechnungen, Kontrollen, Umspeicherungen, Aufbau von Datensätzen, Drucksätzen usw.)
- Rechenformeln
- Tabellen
- Verarbeitung bei Nicht-Erfüllung der Bedingungen

○ 9. Ausgabe-Daten und Druck-Ausgaben
  ○ Wie die Eingabe-Datenbestände müssen auch die einzelnen Ausgabe-Datenbestände hinsichtlich der variablen Punkte beschrieben werden:
    - Abkürzung und Nummer des Datenbestandes
    - Vorkommen im Programm (immer, fallweise)
    - Speicherungsform
    - Speichermedium
    - Sortier-Ordnung
  ○ Bei Druck-Ausgaben bedarf, da das Listbild bereits vorhanden ist, die Beschreibung meistens nicht mehr als der folgenden Angaben:
    - Bezeichnung der Druck-Ausgabe
    - Vorkommen
    - Anzahl Exemplare
    - Blatt-Wechsel
    - eventuell Drucksatz-Beschreibung
    - Identifikations-Angaben (z. B. laufende Nummer, Programm-Nummer, Datum usw.)

5. Dokumentation der Programmier-Anweisungen
   ○ Sämtliche Arbeits-Ergebnisse je Programm sind in die Projekt-Dokumentation derart einzugliedern, daß innerhalb der Projekt-Nummer je Programm
     ○ sämtliche Detail-Punkte der Programmier-Anweisung beisammen liegen (Punkt 7.1ff) und
     ○ die im Zuge der **Programmierung** des betreffenden Programms durch den Programmierer zu ergänzenden Unterlagen als Programm-Beschreibung (Punkt 8.1ff) hinzugefügt werden können
   ○ Diese exakte Trennung von Programmier-Anweisung und Programm-Beschreibung, die gemeinsam die Einzel-Programm-Dokumentation bilden, führt zwangsläufig zur – unbedingt erforderlichen – Beachtung eines strengen Maßstabes, der an die eindeutige schriftliche Präzisierung der Festlegungen durch den Analytiker einerseits und den Programmierer andrerseits zu legen ist

Beispiel

- Die Programmier-Anweisungen für die drei im Beispiel behandelten Programme sind in der Projekt-Dokumentation ausführlich dargestellt, und zwar gemäß Ablage-Systematik im Abschnitt 7. Entsprechend den drei Programmen
  PRONR 42–22–06
  PRONR 42–24–08
  PRONR 42–26–10
  sind drei Abschnitte 7 in der Dokumentation enthalten
- *Anmerkung:* Die Programm-Beschreibung, die im Zuge der **Programmierung** je Programm zu ergänzen ist und in Abschnitt 8 abgelegt wird, ist nur beim Programm PRONR 42–26–10 in der Dokumentation enthalten (vergleiche dazu die Hinweise zum Beispiel bei Punkt 4.542)
- Zum besseren Verständnis der einzelnen Programmier-Anweisungen mögen die folgenden Erläuterungen dienen:
- 1. Allgemein ist anzumerken:
  - Die einzelnen Unterabschnitte des Abschnittes 7 werden jeweils nur bei Bedarf ausgeführt
  - Zweckmäßigerweise erhält jeder Unterabschnitt ein eigenes Blatt in der Projekt-Dokumentation (darauf wird hier aus Platzgründen teilweise verzichtet)
- 2. zu PRONR 42–22–06:
  - zu 7.6 Eingabe-Daten: die Steuer-Lochkarte (STLK) muß bei diesem Programm immer verwendet werden (Vorkommen: immer), wobei aus ihrem Inhalt die Datenfelder PER (= Datum der Abrechnungs-Periode) und DATDU (= Datum der Durchführung) verwendet werden
  - zu 7.8 Verarbeitung: die Kontrolle der Bewegungs-Lochkarten auf Plausibilitäten soll verhindern, daß falsche, unvollständige oder fremde Lochkarten in die Verarbeitung einbezogen werden. Zu diesem Zweck werden die fehlerhaften Karten in ein zweites Ablagefach der Lese-Einheit des Computers ausgesteuert und auf das Kontroll-Protokoll ausgedruckt. Um den Grund des Fehlers leichter erkennen zu können, ergänzt der Computer die Druck-Ausgabe mit dem entsprechenden Fehler-Kennzeichen (FK), das im Schlüssel-Verzeichnis (42–1–3.8/xx1) enthalten ist. Das „Umspeichern" bedeutet, daß der Inhalt jeder Bewegungs-Lochkarte in einen Datensatz zu übertragen ist, also der Datenträger (Datenspeicher) verändert wird

  - zu 7.9 Ausgabe-Daten: die „Umspeicherung" erfolgt auf einen Plattenspeicher, und zwar entsprechend der ungeordneten Reihenfolge der Bewegungs-Lochkarten ebenso unsortiert. Es entsteht dadurch der Datenbestand „Bewegungen unbewertet" (LMBU) mit der Datenbestands-Nummer DABEN 42–12–00

- 3. zu PRONR 42–24–08:
  - Dieses Programm betrifft das Sortieren des Datenbestandes DABEN 42–12–00, d. h. die ihn bildenden Datensätze SA 421 werden so gereiht, wie sie im folgenden Programm PRONR 42–26–10 benötigt werden
  - Für die Festlegung der Sortier-Ordnung ist bestimmend:
    - LAGNR, MATNR und DAT sind evident
    - Daß auch nach der Bewegungsart (BA) sortiert wird, ergibt sich daraus, daß mehrere Bewegungen derselben Material-Position am selben Tag stattfinden können. Für diesen Fall müssen, da die zeitliche Reihenfolge der Bewegungen innerhalb des Tages nicht bekannt ist, Zugänge und Retouren, also Lagerbestands-Erhöhungen, vor Ausgängen und Rückgaben, also Lagerbestands-Verminderungen, gereiht sein. Dies wird durch die Sortierung nach dem Bewegungsarten-Schlüssel erzielt, dessen Aufbau dadurch entsprechend beeinflußt wird
    - In diesem Zusammenhang wird auch die Zuordnung der BA=1 für Inventur-Aufnahmen und die gleichzeitige Festlegung des Zeitpunktes für Inventur-Aufnahmen vor jeder Bewegung desselben Tages (siehe Unterabschnitt 7.2 zu PRONR 42–26–10) plausibel
  - Durch die Veränderung der Sortier-Ordnung der Datensätze innerhalb des DABEN 42–10–00 tritt dieser in einen anderen Verarbeitungs-Status und erhält daher die Datenbestands-Nummer DABEN 42–12–02.

- 4. zu PRONR 42–26–10:
  zu 7.7 Niveau-Identifikation: die Festlegung der Gruppen-Niveaux in diesem Programm erfolgt nach den Gesichtspunkten der unterschiedlichen Verarbeitungs-Ebenen wie folgt:
    - die unterste, d. h. kleinste Verarbeitungs-Einheit ist der einzelne Datensatz; ihm wird das NIVG ‚0' zugeordnet
    - die nächst-höhere Verarbeitungs-Gruppe ist durch die Gleichheit von Lager-Nummern und Material Nummern gegeben; sie wird als NIVG ‚1' definiert
    - die nächste Gruppe wird durch die gleiche Material-Gruppe innerhalb einer Lager-Nummer gebildet und als NIVG ‚2' bezeichnet

  - darüber liegt dann noch die Zusammenfassung aller Material-Gruppen eines Lagers (NIVG ‚3')
  - die oberste Gruppe ist die Zusammenfassung aller Daten (NIVG ‚E', d. h. Endsumme)

- zu 7.8 Verarbeitung:
  - Zunächst wird festgehalten, welche Daten bzw. Datensätze zur Verarbeitung gelangen und wie die Bedingungen für die Verarbeitung lauten; daraus entsteht eine systematische Gliederung der Verarbeitungs-Anweisung nach folgenden drei Gesichtspunkten:

    1. Bearbeitung der Einzelsätze (NIVG,0') innerhalb einer Material-Position (NIVG,1'), wobei wieder unterschieden werden muß, ob Paarigkeit (NIVP,A') gegeben ist oder nicht und verneinendenfalls, welche Art der Einzelsatz hat; ist es nämlich ein Bestandssatz (SA 420), so handelt es sich um eine unbewegte Material-Position, ein durchaus möglicher und statthafter Fall; handelt es sich aber um einen nicht paarigen Bewegungssatz (SA 421), so muß dieser eine fehlerhafte Material-Nummer beinhalten, die keinen entsprechenden Bestands-Satz angetroffen hat; der Satz muß, mit einem Fehlerkennzeichen (FK = ‚G') versehen, unverarbeitet ausgegeben werden
    2. Bearbeitung bei einem Wechsel von einer Material-Position zur nächsten, also bei Wechsel von NIVG,1'
    3. Bearbeitung beim Wechsel der höher-rangigen Gruppen

  - Diese Art der Gliederung gestattet eine in sich abgeschlossene Beschreibung jedes einzelnen Falles
  - Die folgenden Hinweise zu einigen Punkten dieser Beschreibung mögen zum besseren Verständnis beitragen:
  - in 5.1 bedeutet die Angabe „MEBES(alt) → MEBES(neu)", daß die Vortrags-Bestands-Menge der SA 420 innerhalb der Verarbeitung einer Material-Position (NIVG,1') rechnungsmäßig als neuer Bestand zu verwenden ist
  - in 5.6 steht dadurch dieses Rechenfeld für die Angabe „MEBES (neu) + MEBEW → MEBES(neu)" zur Verfügung, ohne daß dort noch zwischen ‚altem' und ‚neuem' Bestand unterschieden werden müßte
  - in 5.2 verweist die Angabe „INVEK in SA 420 blank setzen" darauf, daß das Inventur-Kennzeichen dann zu löschen (‚blank setzen') ist, wenn eine SA 420 mit BA=1 vorgekommen ist; es spielt dabei keine Rolle, ob ein INVEK tatsächlich vorhanden war oder nicht

- in 5.6 und in 6. sind die Angaben über die Bildung der Verrechnungswert-Summen je Bewegungsart enthalten, und zwar einmal bezogen auf den Einzelsatz und zum anderen bezogen auf die Bestände vor und nach der Verarbeitung
  Anmerkung: in welcher Weise die Bildung dieser Summen je BA erfolgt, bleibt dem Programmierer überlassen
- in Punkt 7. kann die Erstellung des Datenbestandes LMR für die Weiterverarbeitung in der Finanzbuchhaltung zufolge der systematischen Gliederung der Dokumentation durch den einfachen Hinweis auf die SA 429 angewiesen werden

○ zu 7.9 Ausgabe-Daten und Druck-Ausgaben: der Bestands-Datenbestand LMS erhält nach der Verarbeitung einen anderen Verarbeitungs-Status, weshalb er als DABEN 41–01–06 bezeichnet wird

4.444 Fertigstellung von Daten-Sammlung und Schlüssel-Verzeichnis

1. Im Verlauf dieser Projekt-Stufe müssen die Daten-Sammlung und das Schlüssel-Verzeichnis definitiv fertiggestellt werden. Es kommen alle Begriffe hinzu, die sich durch die Programmier-Anweisungen ergeben (z. B. Verarbeitungs-Schlüssel)
2. Alle Ergänzungen sind in die Projekt-Dokumentation aufzunehmen, so daß eine vollständige und übersichtliche, nach den Abkürzungen oder den Begriffs-Definitionen alphabetisch geordnete Zusammenfassung aller im Projekt vorkommenden Begriffe daraus entsteht
3. Bei größeren Projekten, insbesondere aber im Zuge eines Einführungs-Verfahrens für das gesamte Unternehmen ist es wirtschaftlich, die Begriffs-Definitionen auf maschinelle Datenträger zu erfassen. Dies bietet den Vorteil, daß die laufende Ergänzung, das Sortieren und die Erstellung von Daten- und Schlüssel-Verzeichnissen vereinfacht und fehlerfrei vorgenommen werden kann

4.445 Problem-Testbeispiele

1. Unter Problem-Test versteht man die Überprüfung und Verifizierung der sachlichen Richtigkeit der organisatorischen Lösung der Aufgabenstellung an Hand der angefertigten Programme
2. Ein solcher Test wird mit Hilfe von Beispielen vorgenommen, die alle oder eine Sequenz von Programmen durchlaufen und die gewünschten Ergebnisse bringen sollen

3. Die Anfertigung der Test-Beispiele ist um so schwieriger je komplexer die Organisation ist. Es kommt ihnen größte Bedeutung zu, da die Entscheidung über die Verwendbarkeit bzw. Richtigkeit der Programme davon abhängt
4. Die Entwicklung von Test-Beispielen obliegt nach Anleitung durch den Leiter des Projekt-Teams den Verbindungspersonen sowie zu deren Unterstützung nach eingehender Unterweisung anderen Angehörigen der betroffenen Abteilungen. Die betreffenden Mitarbeiter müssen die fachlichen Zusammenhänge der Aufgabenstellung genau kennen und über die Lösung derselben im ADV-System soweit informiert werden, daß sie an der Erstellung der Test-Beispiele mitarbeiten können
5. Die Test-Beispiele sind nach folgenden Gesichtspunkten festzulegen:
   - einige einfache Beispiele mit richtigen Ergebnissen
   - einige komplizierte Beispiele mit richtigen Ergebnissen
   - einige einfache Beispiele mit Fehlern
   - einige komplizierte Beispiele mit Fehlern
   - alle Beispiele sollten nach dem Baukasten-Prinzip entwickelt werden, um eine stufenweise Vervollständigung zu erzielen
6. Die Quell-Daten der festgelegten Beispiele sind in die inzwischen bereits gedruckten Eingabe-Belege zu übertragen, wobei deren praktische Verwendbarkeit gleichzeitig verifiziert wird
7. Soweit die Ist-Ergebnisse, die sich bei Durcharbeitung der Test-Beispiele ergeben, mit den Soll-Ergebnissen nach dem ADV-System inhaltlich vergleichbar sind, sind sie zu ermitteln und in der weiteren Folge zum Vergleich mit den maschinellen Ergebnissen zu verwenden
8. Formale Zusammenstellung der Test-Beispiele und Aufnahme in die Projekt-Dokumentation

Beispiel

Ein Muster für die Zusammenstellung von Problem-Testbeispielen zeigt die Projekt-Dokumentation unter 42–1–9.1/xxx

4.446 Schluß-Kontrolle

1. Nach Fertigstellung aller erwähnten Arbeiten sind alle Ergebnisse nochmals zu kontrollieren, insbesondere
   - die Gesamt-Zusammenhänge der Abwicklung
   - die Vollständigkeit aller Punkte der Projekt-Dokumentation, soweit sie bisher zu erarbeiten waren
   - die Übereinstimmung aller gegenseitigen Verweisungen
   - die innere Logik der Verweisungen

2. Es geht hierbei vornehmlich um die formale Ordnungsmäßigkeit der Projekt-Dokumentation und um die Feststellung, ob die im Detail ausgearbeiteten Zusammenhänge richtig sind und nicht etwa – bei überschauender Überprüfung – Ungereimtheiten auftauchen
3. Bei komplizierten Verarbeitungs-Vorgängen kann es nützlich sein, noch zusätzlich einen Schreibtisch-Test vorzunehmen, d.h. an Hand von Test-Beispielen die Eignung der entsprechenden Programmier-Anweisungen zu überprüfen

4.45 Abschlußergebnis der Programm-Vorgabe

1. Die Projekt-Stufe **Programm-Vorgabe** wird damit abgeschlossen, daß folgende Unterlagen zusätzlich zu den bisherigen ausgearbeitet sind:
   - Datensätze und Datensatz-Verzeichnis
   - Programmier-Anweisungen für alle Programme des Projektes
   - Datenbestands-Beschreibung und Datenbestands-Verzeichnis
   - Definitive Daten-Sammlung und Schlüssel-Verzeichnis
   - Problem-Test-Beispiele
2. Beurteilung des Abschlußergebnisses durch den Chef-Analytiker
   - Kenntnis aus der laufenden Überwachung und fallweisen Mitwirkung
   - Überprüfung in fachlicher und formaler Hinsicht
   - Kontrolle der Arbeitsweise des Projekt-Teams
   - Kontrolle auf Einhaltung des geplanten Termins
   - Kontrolle auf Einhaltung des geplanten Arbeits-Aufwandes
   - Bericht an den Leiter der DV-Abteilung über den Abschluß der **Programm-Vorgabe**
3. Genehmigung des Abschlußergebnisses durch den Chef-Analytiker

Anmerkung:

- Mit der Erstellung dieser Unterlagen ist somit jene Phase der **Projekt-Realisierung** abgeschlossen, die der Organisation des ADV-Systems im Detail gewidmet ist. Ihr folgen nunmehr die Stufen der **Programmierung** und – teilweise parallel zu dieser – die Stufe der **Einführung.** Dementsprechend bildet die bisher erarbeitete Projekt-Dokumentation die verbindliche und verbindende Grundlage für die Erstellung der Programme einerseits und für die Vornahme von Einführungs-Maßnahmen andrerseits. Im Verlauf dieser Aktivitäten wird die Projekt-Dokumentation weiter ergänzt
- Während für die Aufgaben der **Einführung** weiterhin das Projekt-Team (Analytiker und Verbindungspersonen) zuständig ist, tritt bezüglich der **Programmierung** ein Wechsel der Zuständigkeit dadurch ein, daß diese von der Programmierer-Gruppe der DV-Abteilung vorgenommen wird. Die Teile der Projekt-Dokumentation, die an die Programmierer-Gruppe zwecks Erstellung der Programme übergeben werden, werden als Projekt-Spezifikation bezeichnet (vergleiche Punkt 4.52)

4.5 Projekt-Stufe Programmierung

4.51 Überblick

1. Der Zweck der Projekt-Stufe **Programmierung** ist die Übersetzung der Programmier-Anweisungen in funktionstüchtige Maschinen-Programme. Dabei sind anzustreben
   - eine optimale Gesamtwirtschaftlichkeit von **Programmierung** und planbarer **Durchführung** (Abschnitt 4.7), wobei das Hauptgewicht in der Regel den Erfordernissen der laufenden Durchführung zukommt
   - eine wirtschaftliche Gestaltung der **Programmierung** selbst, die durch geeignete Methoden und durch exakte Planung und Arbeits-Vorbereitung ermöglicht wird
2. Die wesentlichen Tätigkeiten, die im Rahmen dieser Projekt-Stufe anfallen, erstrecken sich auf
   - Arbeits-Planung
   - Erstellung der Einzel-Programme
   - Zusammenfassung der Einzel-Programme

   Die Beschreibung der Projekt-Stufe **Programmierung** bezieht sich nicht auf die eigentliche Tätigkeit des Programmierens. Es wird unterstellt, daß dafür die Anweisungen, Richtlinien und Vorschriften der Lieferfirma vorliegen und angewendet werden

4.52 Voraussetzungen

1. Mit der Projekt-Stufe **Programmierung** geht der Schwerpunkt im Zuge der **Projekt-Realisierung** von der Anayltiker-Gruppe auf die Programmierer-Gruppe der DV-Abteilung über. Dieser Übergang erfolgt in der Weise, daß eine Kopie der nach der **Programm-Vorgabe** vorläufig abgeschlossenen Projekt-Dokumentation dem Chef-Programmierer übergeben wird. In der Regel ist es nicht erforderlich, daß alle Details der Dokumentation übergeben werden, jedenfalls aber die folgenden Abschnitte (siehe Schema einer Projekt-Dokumentation in Abb. 25), die als Projekt-Spezifikation bezeichnet werden:
   - 1.9 Allgemeine Beschreibung des ADV-Systems
   - 2 Datenflußpläne
   - 3 Daten und Schlüssel
   - 5 Speicherbelegung
   - 6 Druck-Ausgaben
   - 7 Programmier-Anweisungen für alle Programme
   - 9.1 Problem-Test-Beispiele

2. Der Arbeitsbeginn an der **Programmierung** wird nach Erhalt der Projekt-Spezifikation und nach positiver Beantwortung der folgenden Prüfliste in Übereinstimmung mit dem Terminplan vom Chef-Programmierer veranlaßt

- Prüfliste für den Chef-Programmierer
  - 1. Sind die Form und Periodizität der Überwachung und der Berichterstattung über die Tätigkeit der Programmierer-Gruppe festgelegt?
  - 2. Sind die methodischen Arbeits-Richtlinien ausgearbeitet, soweit sie für die Tätigkeit der Programmierer erforderlich sind?
  - 3. Liegt für die vorzunehmende Programmierung eine eindeutige und formal zufriedenstellende Spezifikation vor?
  - 4. Wurde die Klassifizierung der Programme vorgenommen und liegt daher die Schätzung des Kapazitäts-Bedarfs vor?
  - 5. Ist der Termin für die Fertigstellung der Programme fixiert?
  - 6. Steht die erforderliche Kapazität an Programmierern zur Verfügung?
  - 7. Sind die Programmierer ausreichend geschult?
  - 8. Sind die Programmierer mit den Arbeits-Richtlinien für die Programmierung vertraut?
  - 9. Sind die Programmierer mit der Systematik der Projekt-Spezifikation soweit vertraut, daß sie danach ohne Schwierigkeiten arbeiten können?
  - 10. Stehen alle erforderlichen Unterlagen über die hardware und software des Computers zur Verfügung?
  - 11. Ist die Stelle des System-Programmierers besetzt, sodaß dieser die Programmierer in allen das Betriebssystem, die Dienstprogramme etc. betreffenden Fragen unterstützen kann?
  - 12. Ist die Mitwirkung bzw. fallweise Beiziehung des System-Beraters der Lieferfirma gewährleistet?
  - 13. Ist die Erfassung der Programme in Datenträgern (Ablochen der Programm-Karten) gewährleistet?
  - 14. Ist die Möglichkeit, die Programme zu testen, in ausreichendem Maße vorhanden?
  - 15. Ist der Aufbau des Rechenzentrums soweit gediehen, daß es für die termingerechte **Einführung** und **Durchführung** zur Verfügung stehen wird?
- Es wird unterstellt, daß alle Prüflisten, die den Chef-Analytiker in den vorangehenden Stufen betroffen haben, positiv beantwortet wurden

4.53 Ausführende*

1. Delegierter der Geschäftsleitung
   - Berichterstattung an die Geschäftsleitung über den Fortschritt der **Realisierung**
2. Leiter der DV-Abteilung
   - Aufgaben gemäß Stellen-Beschreibung
   - Periodische Berichterstattung an den Delegierten über den Fortschritt des Projektes
3. Chef-Analytiker
   - Aufgaben gemäß Stellen-Beschreibung
   - Regelmäßige Berichterstattung an den Leiter der DV-Abteilung über den Stand der **Projekt-Realisierung** in Abstimmung mit dem Chef-Programmierer
   - Überwachung der **Projekt-Realisierung**
   - Koordination von Projekt-Team, Programmierer-Team und Abteilungen in Abstimmung mit dem Chef-Programmierer
4. Leiter des Projekt-Teams
   - Aufgaben gemäß Stellen-Beschreibung
   - Auskunfts-Erteilung an das Programmierer-Team
   - Abnahme des Problem-Tests
5. Chef-Programmierer
   - Aufgaben gemäß Stellen-Beschreibung
   - Kontrolle gemäß Prüfliste
   - Regelmäßige Berichterstattung an den Leiter der DV-Abteilung über den Stand der **Programmierung** in Abstimmung mit dem Chef-Analytiker
   - Überwachung der **Projekt-Realisierung** in bezug auf die Programmierung
   - Unterstützung des Chef-Analytikers bei der Koordination
   - Mitwirkung bei schwierigen Fragen
   - Vorsorge für die Beachtung der Verbindungen der Projekte untereinander in bezug auf die **Programmierung**
6. System-Programmierer
   - Aufgaben gemäß Stellen-Beschreibung
   - Fallweise Unterstützung der Programmierer
   - Mithilfe beim Testen und bei der Zusammenfassung der Programme
   - Aufnahme von Programmen in die Programm-Bibliothek

*Aufgaben- bzw. Stellen-Beschreibungen siehe im Anhang B

7. Programmierer-Team
   Für die Durchführung der Programmierungs-Arbeiten des Projektes bildet der Chef-Programmierer ein Team von Programmierern. Die Leitung wird einem erfahrenen Programmierer übertragen. Das Team setzt sich zusammen aus:
   - Leiter des Programmierer-Teams
     - Aufgaben gemäß Stellen-Beschreibung
     - Führung des Programmierer-Teams
     - Arbeits-Planung
     - Arbeits-Einteilung und -Verteilung
     - Fortschritts-Überwachung
     - Führung der Besprechungen mit dem Projekt-Team
     - Ausführung schwieriger Programme
   - Programmierer als Mitglied des Programmierer-Teams
     - Aufgaben gemäß Stellen-Beschreibung
     - Ausführung der Programmierungs-Arbeiten
8. Abteilungs-Leiter
   - Prüfung und Genehmigung der Problem-Test-Ergebnisse
9. Leiter des Rechenzentrums
   - Aufgaben gemäß Stellen-Beschreibung
   - Bereitstellung von Kapazität für die Erfassung der Programme in Datenträgern
   - Bereitstellung von Kapazität für die Erfassung der Problem-Testbeispiele in Datenträgern
   - Bereitstellung von Kapazität für das Testen der Programme
   - Mitwirkung an der Aufnahme der fertiggestellten Programme in die Programm-Bibliothek
   - Übernahme der fertiggestellten Programme in die Verwaltung des Rechenzentrums
10. System-Berater der Lieferfirma
   - Erteilung von Auskünften über technische Detailfragen
   - Beistellung der jeweils neuesten Unterlagen
   - Unterstützung bei der Programmierung
   - Unterstützung beim Aufbau des Betriebssystems

4.54 Inhalt und Verfahrensweise

4.541 Arbeits-Planung

1. Übernahme der Projekt-Spezifikation durch den Chef-Programmierer
2. Nominierung eines Programmierers zum Leiter des Programmierer-Teams für das betreffende Projekt

3. Vorbereitendes Gespräch zwischen dem Chef-Programmierer, dem Leiter des Programmierer-Teams, dem Chef-Analytiker und dem Leiter des Projekt-Teams
   - Festlegung eines groben Termin-Planes unter Berücksichtigung der Termine für die **Projekt-Realisierung**, der Programmierer-Kapazität und des vorläufig geschätzten Programmierer-Aufwandes
   - Bildung des Programmierer-Teams unter Berücksichtigung der individuellen Fähigkeiten der Programmierer und der zu erwartenden Anforderungen
   - Übergabe der Projekt-Spezifikation an den Leiter des Programmierer-Teams

4. Studium der Projekt-Spezifikation durch den Leiter des Programmierer-Teams
   - Überprüfung der Unterlagen auf Vollständigkeit, Realisierbarkeit und Verständlichkeit
   - Überprüfung der in der **Detail-Ausführung** vorgenommenen Klassifizierung der Programme und Vornahme der definitiven Einstufung nach dem Schwierigkeitsgrad
   - Bestimmung der Programmier-Sprache für jedes Programm
   - Erstellung eines detaillierten Termin-Planes in dem durch die Grobplanung vorgegebenen Rahmen mit
     - Arbeits-Aufteilung
     - Arbeits-Einteilung
   - fallweise Beiziehung des Chef-Programmierers, des System-Programmierers, des System-Beraters der Lieferfirma und des Leiters des Projekt-Teams zur Auskunfts-Erteilung

Beispiel

- Die Überprüfung ergibt, daß die in der **Detail-Ausführung** getroffene Einstufung der Programme des Beispiels gültig bleibt
- Als Programmier-Sprachen werden festgelegt:
  - für PRONR 42–22–06: Programm-Generator-Sprache (z. B. RPG)
  - für PRONR 42–26–10: Assembler-Sprache
- Für das Sortier-Programm PRONR 42–24–08 wird ein Standard-Programm durch Angabe der Verarbeitungs-Parameter adaptiert

5. Gespräch zwischen dem Chef-Programmierer, dem Leiter des Programmierer-Teams, dem Chef-Analytiker, dem Leiter des Projekt-Teams und eventuell dem System-Berater

   - Kritische Besprechung, Fixierung und Zur-Kenntnisnahme der vom Leiter des Programmierer-Teams vorgelegten Arbeits-Planung an Hand des Termin-Plans
   - Auftrags-Erteilung an das Programmierer-Team durch den Chef-Programmierer zur Arbeits-Aufnahme
6. Einführung der Programmierer im Rahmen einer Zusammenkunft des Leiters und der Mitglieder des Programmierer-Teams mit dem Leiter des Projekt-Teams
   - Vortrag des Leiters des Projekt-Teams über das Projekt
     - Inhalt und Durchführung besprechen
     - einzelne, umfassendere und kompliziertere Teil-Probleme erläutern
   - Erläuterung der Arbeits-Planung durch den Leiter des Programmierer-Teams
   - Aufteilung und Zuweisung der Arbeit an die Programmierer des Teams
   - Verteilung der Unterlagen der Projekt-Spezifikation an die Programmierer
     - einzelne Programmier-Anweisungen
     - erforderliche Kopien der sonstigen Teile der Projekt-Spezifikation

4.542 Erstellen der Einzel-Programme

1. Die Erstellung der einzelnen Programme durch die Programmierer umfaßt im wesentlichen die nachstehenden Tätigkeiten, die im folgenden kurz beschrieben werden:
   - Vorbereitung
   - Grob-Blockdiagramm
   - Fein-Programmierung
   - Formal-Testen
   - Problem-Testen
   - Dokumentation
2. Vorbereitung der Einzel-Programmierung
   - Studium der Programmier-Anweisung und aller für die Programmierung notwendigen Angaben der Projekt-Spezifikation
   - Gespräch mit dem zuständigen Analytiker des Projekt-Teams zur Klärung etwaiger Fragen und zur Gewährleistung einer übereinstimmenden Auffassung
   - Klärung Maschinen-bezogener Fragen mit dem Leiter des Programmierer-Teams, dem Chef-Programmierer, dem System-Programmierer sowie dem System-Berater
   - Verwendung von Modulen, Standard-Routinen und Unter-Programmen einplanen
   - Bei sehr großen Programmen ist die Möglichkeit der Unterteilung in getrennt zu codierende und auszutestende Programmteile zu beachten

3. Erstellung des Grob-Blockdiagramms
   - Festlegen eines Grob-Blockdiagramms für den Programm-Ablauf
   - gleichzeitig Kontrolle der formalen Richtigkeit und Geschlossenheit der Programmier-Anweisung
   - Klärung von Fragen im Einvernehmen mit dem Analytiker
   - Durchbesprechen des Grob-Blockdiagramms mit dem Leiter des Programmierer-Teams
   - Abstimmung mit dem Analytiker bei schwierigen Programmen
   - die Erstellung ist nicht zwingend, bei einfachen Programmen und bei Verwendung von Programm-Generatoren entfällt es

Beispiel

Das Muster eines Grob-Blockdiagramms ist auszugsweise in der Projekt-Dokumentation unter 42–1–8.1 für das Programm PRONR 42–26–10 wiedergegeben

4. Vornahme der Fein-Programmierung
   - Ausgehend vom Grob-Blockdiagramm ist das Programm zu codieren
   - ein Fein-Blockdiagramm ist in der Regel entbehrlich
   - ausführliches Kommentieren und übersichtliches Untergliedern der Programm-Teile im Rahmen der Programm-Codierung
   - Verwendung von Unter-Routinen, Modulen usw. soweit wie möglich
   - Festlegung der Blockung, d. h. der Zusammenfassung mehrerer Datensätze bei der Eingabe und Ausgabe, im Einvernehmen mit dem Leiter des Programmierer-Teams und – bei Programmen, die über das Projekt hinauswirken – auch mit dem Chef-Programmierer, um
     - die Übertragungszeiten in und aus dem Zentralspeicher zu reduzieren
     - die Speicher-Kapazität besser auszunützen
5. Formal-Testen
   - Übergabe des Programmes nach Abschluß der Codierung an das Rechenzentrum zum Ablochen des Programmes
   - Wiederholte Programm-Umwandlung bis zur formalen Richtigkeit (Formales Testen) in der vom Rechenzentrum vorgesehenen Methode:
     - im Open-Shop-Betrieb: jeder Programmierer testet seine Programme selbst, d. h. er bedient den Computer
     - im Closed-Shop-Betrieb: die Programme werden dem Rechenzentrum übergeben, das die Programm-Listen nach ausgeführter Programm-Umwandlung liefert; die Computer-Bedienung erfolgt hier ausschließlich durch die Operator

6. Problem-Testen
   - Nach Abschluß des Formal-Tests wird je Programm und/oder Programm-Sequenz an Hand der vorbereiteten Problem-Testbeispiele der Problem-Test vorgenommen:
     - Zunächst hat der Programmierer die Tests allein vorzunehmen und mit den Soll-Ergebnissen abzustimmen
     - Wiederholung der Test-Durchläufe bis zur inhaltlichen Richtigkeit
     - Anschließend hat der Leiter des Projekt-Teams, gemeinsam mit dem zuständigen Analytiker und der Verbindungsperson die Richtigkeit zu kontrollieren
     - Feststellung allfälliger Fehler oder Unvollständigkeiten der Programmier-Anweisungen
     - Vornahme von Korrekturen oder Ergänzungen, die sich durch das Testen ergeben, durch den Analytiker, um die Ajourstellung der Dokumentation zu gewährleisten
   - Änderungen der Projekt-Spezifikation dürfen nur mit Zustimmung des Leiters des Projekt-Teams vorgenommen werden
   - Nach dem Austesten der Einzel-Programme ist in Anwesenheit der Leiter der betroffenen Abteilungen, des Chef-Programmierers, des Programmierer-Teams, des Chef-Analytikers und des Projekt-Teams die Richtigkeit der Programme an Hand des Tests nachzuweisen
   - Erteilung der Genehmigung durch den Leiter des Projekt-Teams im Einvernehmen mit den Leitern der betroffenen Abteilungen
7. Dokumentation
   - Anfertigung einer exakten Dokumentation über alle Einzel-Programme, deren Erstellung und Testen in Form von Programm-Beschreibungen:
     - über die Entstehung der Programme sind laufend Programm-Erstellungs-Protokolle mit Angaben über Art, Dauer, Termine und Häufigkeit der einzelnen Arbeiten anzufertigen
     - die Programm-Beschreibungen müssen immer die tatsächlich vorhandenen Programm-Zustände wiedergeben; auf einen exakten Änderungsdienst ist daher besonders Wert zu legen
     - sämtliche aus Gegebenheiten außerhalb des Programmes resultierende Bedingungen sind genau niederzulegen; ebenso alle im Programm verwendeten Modulen, Unter-Programme usw.
     - alle im Programm entstehenden, nach außen wirkenden Bedingungen und Voraussetzungen sind in die Programm-Beschreibung aufzunehmen
     - das Grob-Blockdiagramm ist in der jeweils zuletzt gültigen Form zu dokumentieren
     - reichen die Kommentare im Rahmen der Programm-Codierung nicht aus, so sind für gewisse komplizierte Programm-Partien zusätzlich verbale Erklärungen schriftlich festzuhalten

- o für die formalen Tests ist über die Angaben im Protokoll hinaus keine Dokumentation notwendig
- o Aufnahme der Programm-Beschreibungen in die Dokumentations-Systematik (Punkt 8 gemäß Schema in Abb. 25) durch den Leiter des Programmierer-Teams

Beispiel

Im Anschluß an den Abschnitt 7 jedes Programmes, also in Ergänzung zur Programmier-Anweisung, reiht der Programmierer als Abschnitt 8 die jeweilige Programm-Beschreibung mit folgender Untergliederung:

8.1 Grob-Blockdiagramm
8.2 Programm-Liste
8.3 Programm-Logik
8.4 Programm-Test
8.5 Operator-Richtlinien

Von der Wiedergabe entsprechender Muster wird abgesehen, weil die Punkte 8.2 bis 8.5 nicht ohne Festlegung auf einen bestimmten Computer sinnvoll sind

Für den Punkt 8.1, der nur bei PRONR 42–26–10 erstellt wird, zeigt die Projekt-Dokumentation unter PRONR 42–26–10/42–1–8.1 ein auszugsweises Muster

8. Testdatei
Über den jeweils letzten, umfassenden inhaltlich richtigen Test ist eine genaue Dokumentation auszuarbeiten; die für die Test-Durchführung verwendeten Daten sind als Test-Datei aufzuheben, um bei Programm-Änderungen den Testaufwand zu verringern

4.543 Zusammenfassung der Einzel-Programme

1. Die Einzel-Programme werden durch den Leiter des Programmierer-Teams und den System-Programmierer gemeinsam zu einem Ablauf-System zusammengefaßt
   - o Erstellen aller zusammenfassenden und überleitenden Programm-Teile, Aufbau von integrierten Programm-Abläufen (Job-Stream)
   - o Berücksichtigung aller von Einzel-Programmen nach außen wirkenden Voraussetzungen
   - o Erstellen der Arbeits-Anweisungen für die Computer-Bedienung
   - o Umfassende Dokumentation über alle Arbeiten (Art, Inhalt, Form, Dauer, Termine)

2. Ergänzung der Projekt-Spezifikation durch die Aufnahme sämtlicher Unterlagen, die der Programm-Beschreibung dienen, wodurch die Programm-Dokumentation für das Projekt entsteht. Diese bleibt in der Verwaltung der Programmierer-Gruppe
3. Vorsorge für die Programm-Pflege, d. h. die Vornahme von nachträglichen Änderungen auf Grund von Nachträgen seitens des Projekt-Teams
4. Einführung des Leiters des Rechenzentrums in die Arbeits-Anweisungen für die Computer-Bedienung bei Durchführung der Programme. Dadurch gehen auch Führung und Ajourhalten der Anweisungen auf das Rechenzentrum zur laufenden **Durchführung** über
5. Durchführung eines umfassenden Test-Laufes aller Programme des Projektes gemäß integrierten Programm-Abläufen unter Verwendung der Test-Datei
6. Aufnahme der ausgetesteten und zusammengefaßten Programme in die Programm-Bibliothek durch den System-Programmierer in Zusammenarbeit mit dem Leiter des Rechenzentrums. Dadurch gehen die Programme in die Verwaltung des Rechenzentrums über und stehen für die praktische Arbeit zur Verfügung
7. Übergabe von Kopien der Programm-Beschreibungen an den Leiter des Projekt-Teams zwecks Vervollständigung seines Exemplares der Projekt-Dokumentation im Rahmen einer formalen Abschluß-Besprechung zwischen Chef-Programmierer, Leiter des Programmierer-Teams, Chef-Analytiker und Leiter des Projekt-Teams

4.55 Abschlußergebnis der Programmierung

1. Die Projekt-Stufe der **Programmierung** wird damit abgeschlossen, daß folgende Ergebnisse vorliegen:
   - alle Programme sind ausgetestet und genehmigt
   - die Arbeits-Anweisungen für die Computer-Bedienung zur Durchführung der Programme sind erstellt
   - die Test-Datei ist erstellt
   - die Programm-Beschreibungen sind ausgearbeitet
   - die Programm-Dokumentation, bestehend aus der Projekt-Spezifikation und den Programm-Beschreibungen ist erstellt und durch das Programmierer-Team in Evidenz für die Programm-Pflege genommen
   - die Programm-Beschreibungen sind in die Projekt-Dokumentation eingeordnet
   - die Programme sind dem Rechenzentrum übergeben und in die Programm-Bibliothek aufgenommen
   - die Arbeits-Anweisungen sind dem Rechenzentrum übergeben

2. Beurteilung des Abschlußergebnisses durch den Chef-Programmierer
   - Kenntnis aus laufender Überwachung und fallweiser Mitwirkung
   - Überprüfung in fachlicher und formaler Hinsicht
   - Prüfung, ob Genehmigung für alle Programme erteilt wurde
   - Prüfung, ob die Programm-Pflege gewährleistet ist
   - Kontrolle der Arbeitsweise des Programmierer-Teams
   - Kontrolle auf Einhaltung des geplanten Termins
   - Kontrolle auf Einhaltung des geplanten Arbeits-Aufwandes
   - Bericht an den Leiter der DV-Abteilung über den Abschluß der **Programmierung**
3. Genehmigung des Abschlußergebnisses durch den Chef-Programmierer

4.6 Projekt-Stufe Einführung

4.61 Überblick

1. Der Zweck der Projekt-Stufe **Einführung** ist die Vornahme aller Maßnahmen, die zum praktischen Inbetriebsetzen des ADV-Systems notwendig sind
2. Leitgedanke
   - Die bisher beschriebenen Tätigkeiten der **Projekt-Realisierung** betreffen vornehmlich die Fachleute der ADV. Der mit den laufenden Arbeiten des Sachgebietes, das Gegenstand des Projektes ist, befaßte Personenkreis war bisher relativ wenig beteiligt
   - es ist auch durchaus zweckmäßig, diesen Personenkreis nicht zu früh mit Problemen, die sich noch in Entwicklung befinden, zu befassen
   - sobald allerdings die neue Organisation im Detail ausgearbeitet ist und die Programmierung bereits begonnen hat, ist es notwendig, die Personen, die in Zukunft praktisch mit dem ADV-System zu arbeiten haben, in die neue Organisationsform einzuführen
   - zum Wesen des ADV-Systems gehört laut Definition das Zusammenwirken von Mensch und Computer; es sind daher alle Maßnahmen zu treffen, die geeignet und erforderlich sind, um die im einzuführenden ADV-System mitwirkenden Personen in ihre neuen Aufgaben einzuweisen und sie mit der Funktionsweise des Systems vertraut zu machen
   - darüber hinaus muß gewährleistet sein, daß der Übergang vom bisherigen auf das neue System kontinuierlich erfolgt; zu diesem Zweck ist es notwendig, die in Karteien, Evidenzen etc. vorhandenen Stamm- und Bestands-Daten in die dem ADV-System entsprechende Form zu übernehmen
   - gleichzeitig sind die Konsequenzen, die sich aus der Einführung des ADV-Systems, vor allem in personeller Hinsicht ergeben, zu ziehen

3. Dementsprechend umfaßt die Projekt-Stufe **Einführung** im wesentlichen folgende Tätigkeiten:
   - Einrichtung von Stellen und Festlegung neuer Tätigkeiten
   - Erstellung von Arbeits-Anweisungen
   - Bereitstellung der Belege und Schlüssel
   - Einschulung des Personals
   - Übernahme der Stamm- und Bestands-Daten
   - Anpassung des Personal-Einsatzes

4.62 Voraussetzungen

1. Veranlassung der **Einführung**
   - Da die Einführung eine Vielzahl von Maßnahmen umfaßt, können die Zeitpunkte, zu denen einzelne Einführungs-Maßnahmen gesetzt werden, stark variieren (z. B. bereits parallel zur **Programm-Vorgabe**)
   - Voraussetzung für die Inangriffnahme einer Einführungs-Maßnahme ist jeweils die definitive Fertigstellung des betreffenden Teil-Ergebnisses des ADV-Systems (z. B. neue Belege, Schlüssel etc.)
   - Unmittelbar ausgelöst wird die **Einführung** durch den Leiter des Projekt-Teams nach Genehmigung durch den Chef-Analytiker und im Einvernehmen mit den Leitern der betroffenen Abteilungen, soweit diese von der jeweiligen Maßnahme direkt berührt sind
   - Der Leiter des Projekt-Teams hat Vorsorge dafür zu treffen, daß die Einführungs-Maßnahmen aufeinander abgestimmt werden, um deren Häufung zu vermeiden
2. Als Voraussetzung für die Genehmigung zum Beginn der **Einführung** – bzw. von Teil-Einführungs-Maßnahmen – sind vom Chef-Analytiker die Fragen der folgenden Prüfliste positiv zu beantworten
   - Prüfliste für den Chef-Analytiker
     - 1. Sind die Abschlußergebnisse der Projekt-Stufe **Programm-Vorgabe** genehmigt?
     - 2. Können für einzelne Teil-Ergebnisse des ADV-Systems, wie Belege, Schlüsseln etc. die folgenden Fragen positiv beantwortet werden, wenn Frage 1 verneint wird?
       - 2.1 Ist das vorzeitig einzuführende Teil-Ergebnis so definitiv abgeklärt, daß eine allfällige nachträgliche Änderung im Zuge der weiteren Entwicklung des Projektes keine zusätzlichen Schwierigkeiten bedeuten würde?
       - 2.2 Ist eine vorzeitige Einführung ohne Störung der bestehenden Arbeits-Abwicklung möglich?
       - 2.3 Ist die vorzeitige Einführung vorteilhaft?

- ○ 3. Sind alle für die Einführung relevanten Modifikationen des ADV-Systems, die im Zuge der **Programmierung** vorgenommen wurden, dem Projekt-Team bekannt und von ihm in der Projekt-Dokumentation berücksichtigt?
- ○ 4. Ist die Projekt-Dokumentation durch die Programm-Beschreibungen vervollständigt?
- ○ 5. Sind alle für die Einführung relevanten Programme ausgetestet?
- ○ 6. Hat das Rechenzentrum seinen Betrieb aufgenommen und die Programme und die Bedienungs-Anweisungen für die Programm-Durchführung übernommen bzw. sind die Termine dafür verbindlich fixiert?
- ○ 7. Ist die Möglichkeit der maschinellen Erfassung von Daten, insbesondere der einmaligen Erfassung der Stamm- und Bestands-Daten termingerecht gewährleistet?
- ○ 8. Liegt die Genehmigung der Leiter der betroffenen Abteilungen zur **Einführung** vor?

○ Es wird unterstellt, daß die vorangehenden Prüflisten jeweils positiv beantwortet wurden

4.63 Ausführende*

1. Delegierter der Geschäftsleitung
   - ○ Berichterstattung an die Geschäftsleitung über den Fortschritt der **Realisierung**
2. Leiter der DV-Abteilung
   - ○ Aufgaben gemäß Stellen-Beschreibung
   - ○ Periodische Berichterstattung an den Delegierten über den Fortschritt des Projektes
3. Chef-Analytiker
   - ○ Aufgaben gemäß Stellen-Beschreibung
   - ○ Kontrolle gemäß Prüfliste
   - ○ Regelmäßige Berichterstattung an den Leiter der DV-Abteilung über den Stand der **Projekt-Realisierung**
   - ○ Überwachung der **Projekt-Realisierung**
   - ○ Koordination von Projekt-Team, betroffenen Abteilungen und Rechenzentrum
4. Leiter des Projekt-Teams
   - ○ Aufgaben gemäß Stellen-Beschreibung
   - ○ Führung des Projekt-Teams
   - ○ Arbeits-Planung

*Aufgaben- bzw. Stellen-Beschreibungen siehe im Anhang B

- Arbeits-Einteilung und -Verteilung
- Fortschritts-Überwachung
- Verantwortliche Ausführung der Tätigkeiten der Projekt-Stufe **Einführung**
- Führung der Besprechungen
- Erstellen der Protokolle
- Vorsorge für die Anwendung rationeller Methoden gemäß Arbeits-Richtlinien
- Laufende Berichterstattung an den Chef-Analytiker

5. Analytiker als Mitglied des Projekt-Teams
   - Aufgaben gemäß Stellen-Beschreibung
   - Unterstützung des Leiters des Projekt-Teams

6. Verbindungsperson als Mitglied des Projekt-Teams
   - Aufgaben gemäß Stellen-Beschreibung
   - Unterstützung des Leiters des Projekt-Teams
   - Einschulung des Personals der betroffenen Abteilungen

7. Abteilungs-Leiter und dessen Mitarbeiter
   - Mitwirkung an der Einführungs-Planung
   - Schulung in der Handhabung des neuen Systems
   - Mitwirkung an der Ausarbeitung von Arbeits-Anweisungen
   - Mitwirkung an den Ausführungs-Arbeiten zum Zweck der Inbetriebnahme des ADV-Systems
   - Beschaffung der Drucksorten (ausgenommen Computer-Formulare)

8. Leiter des Rechenzentrums
   - Aufgaben gemäß Stellen-Beschreibung
   - Beschaffung der Computer-Formulare
   - Erfassung der Stamm- und Bestands-Daten
   - Aufbau der maschinellen Stamm-/Bestands-Datenbestände

4.64 Inhalt und Verfahrensweise

4.641 Einrichtung von Stellen und Festlegung von manuellen Tätigkeiten

1. Grundlage bilden die im DFP vorgesehenen Verbindungspunkte zwischen den manuellen Tätigkeiten und dem Computer-Einsatz. In der Projekt-Dokumentation sind die Eingabe-Belege und deren Entstehung ebenso wie die Druck-Ausgaben und deren Verwendungsbestimmung definitiv festgelegt

2. An Hand des DFP und dieser Unterlagen ist zu bestimmen, welche speziellen Verbindungsstellen (z. B. eigene Manipulationsstelle) geschaffen und/oder

welche speziellen Tätigkeiten bei vorhandenen Stellen (z. B. Ausfüllen von Eingabe-Belegen auf eine bestimmte neu einzuführende Weise) eingeführt werden müssen

3. Die Bildung neuer Stellen im Unternehmen – außerhalb der DV-Abteilung – durch das ADV-System kann sich darauf erstrecken, daß z. B. geschaffen werden:
   - Zentrale Übernahmestelle, allenfalls nur für ein bestimmtes Sachgebiet, bei der alle Eingabe-Belege zusammengefaßt, geprüft und dann erst an das Rechenzentrum weitergegeben werden
   - Datenerfassungsstelle: diese nimmt die Erstellung maschinell lesbarer Datenträger vor und ist in der Regel ein Teil des Rechenzentrums, kann aber auch einer anderen Abteilung zugeordnet sein
   - Korrekturstelle mit der Aufgabe, die vom Computer gelieferten Kontroll-Druck-Ausgaben, in denen die festgestellten Fehler angezeigt sind, zu korrigieren
   - Zentrale Auskunftsstelle mit der Aufgabe, über Direkt-Abfragegeräte Informationen vom Computer bereitzustellen (Funktion eines Zentral-Katasters)
4. Die Schaffung neuer Stellen erfordert folgende Maßnahmen:
   - Klärung und Definition der Aufgaben
   - Einbau in die Unternehmens-Struktur durch Regelung der Über- und Unterstellung
   - Anfertigung von Stellen-Beschreibungen
   - Festlegung des Bedarfs an Personal und dessen Qualifikation
   - Bereitstellung des Personals
5. Spezielle Tätigkeiten, d. h. andere oder modifizierte gegenüber dem Istzustand müssen in der Regel von einem größeren Kreis von Personen im Zuge der Einführung eines ADV-Systems verlangt werden, wie z. B.
   - Ausfüllen von Belegen in einer der Datenerfassung für den Computer angepaßten Form (strengere Anforderungen an klare Schrift, Einordnung in bestimmte Formularfelder, zwingende Angabe bestimmter Daten etc)
   - Handhabung von Computer-gedruckten Listen und Formularen, deren Druckbild von der bisherigen Form wesentlich abweicht
   - Benützung neuer – vielfach numerischer – Schlüssel, Abkürzungen etc
   - Einhalten strenger Form-Vorschriften
   - Einhalten vorgegebener Termine
   - Bedenken von Auswirkungen bestimmter Maßnahmen auf nachfolgende maschinelle Arbeitsvorgänge
   - Bedienung von Maschinen (Datenerfassungs-Geräte, Computer, Hilfsmaschinen) hinsichtlich der Beachtung besonderer Bedienungs-Anweisungen (Arbeits-Anweisungen, z. B. Loch-Anweisungen)

Beispiel

- Die Einführung des ADV-Systems für das „Lager-Material" führt nicht zur Bildung einer neuen Stelle, wohl aber hat sie neue Tätigkeiten zur Folge, wie, bezogen auf die im Beispiel gezeigten Teile der Abwicklung,
  - die Korrektur gemäß Kontroll-Protokoll
  - die dispositive Arbeit mit dem neuen Lagerbestands-Fortschreibungs-Formular
- Beide Aufgaben werden dem verantwortlichen Leiter der Lager übertragen, der damit gleichzeitig die alleinige Disposition übertragen erhält. Die Überprüfung, ob er diese richtig ausführt, ergibt sich durch die automatisch im Zuge der Erstellung der Bestands-Liste ausgelöste permanente Inventur im Verein mit der maschinellen Weiterverarbeitung der Summen, wobei gleichzeitig auch die Ermittlung diverser Kennzahlen vorgesehen ist

6. Die Änderung von Tätigkeiten und die Einführung neuer Tätigkeiten, sei es in neuen oder in bereits vorhandenen Stellen, setzt voraus:
   - die Anfertigung von Arbeits-Anweisungen (4.642)
   - die Bereitstellung der Belege, Formulare, Schlüssel etc., mit deren Hilfe die Tätigkeiten ausgeübt werden (4.643)
   - die Einschulung der Personen, denen diese Tätigkeiten übertragen sind (4.644)

4.642 Arbeits-Anweisungen

1. Für die Vornahme der manuellen Tätigkeiten, die durch die Einführung des ADV-Systems neu entstehen oder geändert werden, sind Anweisungen auszuarbeiten
2. Diese Tätigkeiten erstrecken sich auf
   - manuelle Vorgänge inklusive solcher dispositiver Natur
   - Bedienung der Datenerfassungs-Geräte
   - Bedienung des Computers
   - Bedienung der Hilfsmaschinen
3. Manuelle Arbeits-Anweisungen
   - Für die manuellen Tätigkeiten sind je nach den Aufgaben der Stelle Arbeits-Anweisungen zu erstellen
   - Jede Arbeits-Anweisung hat zu enthalten:
     - Bezeichnung (z. B. Korrektur-Anweisung)
     - Inhalt (Beschreibung des Gegenstandes und der Tätigkeiten, insbesondere solcher dispositiver Natur; z. B. Kontrolle einer Korrektur-

  Liste und Vornahme von Korrekturen nach bestimmten Richtlinien; Abstimmen von Ergebnissen; Entscheidung über maschinelle Bestellvorschläge; Änderungs-Dienst etc.)
  - Form (Angabe der Art, wie die Tätigkeit auszuführen ist; Verwendung bestimmter Belege, Schlüssel)
  - Fehler-Toleranzen (wieweit können oder sollen Fehler außer Acht bleiben?)
  - Termin
  - Periodizität
  - Anschlußpunkte (von wo kommen und wohin gehen die Belege, auf die sich die Tätigkeiten beziehen)
- Die Arbeits-Anweisungen sollen nach Tunlichkeit gemeinsam mit qualifizierten Angehörigen der betroffenen Abteilung erarbeitet werden
- Durch Arbeits-Anweisungen muß nicht nur die neu einzuführende Arbeitsweise geregelt werden, sondern es sind auch Bestimmungen für die Überleitungs-Phase – alt und neu nebeneinander – festzulegen

4. Datenerfassungs-Anweisungen
   - Für die Bedienung der Datenerfassungs-Geräte sind Anweisungen für jede Beleg-Art zu erstellen, die beinhalten:
     - Bezeichnung des Beleges
     - Bezeichnung des Datenträgers
     - Erfassungsmethode (Lochkarte, Magnetband)
     - zu erfassende Daten (Datenfeld-Einteilung)
     - besondere Hinweise
   - Die Einführung dieser Anweisungen obliegt dem Leiter des Rechenzentrums im Rahmen der praktischen Inbetriebnahme der Datenerfassung

5. Bedienung des Computers und der Hilfsmaschinen
   - Für die Bedienung des Computers und der Hilfsmaschinen sind Bedienungs-Anweisungen für solche Punkte zu erstellen, die für das betreffende Programm, die Programm-Sequenz oder den ganzen Programm-Komplex des Projektes besonders zu berücksichtigen sind
   - Diese Anweisungen werden in Abhängigkeit vom konkreten Fall teils vom Projekt-Team vorgegeben, teils vom Programmierer-Team ergänzt. Dazu zählen insbesondere:
     - Job-Ablauf
     - Start-Angaben
     - Eingabe-Hinweise
     - Spezielle Verarbeitungs-Hinweise
     - Ausgabe-Hinweise
     - Angaben über die Vornahme der Datensicherung

- Die Einführung dieser Anweisungen obliegt dem Leiter des Rechenzentrums im Rahmen der Inbetriebnahme der einzelnen Programme

6. Alle Anweisungen sind in die Projekt-Dokumentation einzuordnen

Beispiel

- Das Muster einer manuellen Arbeits-Anweisung, betreffend die Vornahme der Korrekturen der fehlerhaften Bewegungs-Lochkarten auf Grund des Kontroll-Protokolls ist in der Projekt-Dokumentation unter 42–1–9.2/xxx enthalten
- Das Muster einer Loch-Anweisung für die Erstellung der Bewegungs-Lochkarten des Beispiels ist in der Projekt-Dokumentation unter 42–1–9.3/xxx enthalten

4.643 Bereitstellung der Belege, Schlüssel etc.

1. Grundlage bilden die entsprechenden Unterlagen der Projekt-Dokumentation
2. Die Belege und Formulare müssen, sobald sie im Detail-Entwurf genehmigt und zum Druck freigegeben sind, in der benötigten Auflage hergestellt werden
   - Soweit es sich um Formulare handelt, die auf dem Computer-Druckwerk zu beschriften sind, fällt die Vorsorge für die Bestellung und Lieferung in die Kompetenz des Leiters des Rechenzentrums
   - Andere Formulare werden von den Leitern der betreffenden Abteilungen in Auftrag gegeben
   - Alle Bürstenabzüge sind vom Leiter des Projekt-Teams, von den Leitern der Abteilungen und – bei Computer-Formularen – vom Leiter des Rechenzentrums zu genehmigen
   - Vor Erteilung des Druckauftrages sind u. a. genau zu prüfen:
     - Übereinstimmung von Formular-Einteilung mit Computer-Druckwerk (bei Druck-Ausgaben)
     - Papierart, -format
     - Kopien und Art der Kopien-Erstellung
     - Auflage (periodischer Bedarf?)
     - Termin der Anlieferung
   - Die Verwaltung der Formulare, die für Computer-Ausdrucke bestimmt sind, übernimmt das Rechenzentrum, die anderen sind zugriffsgünstig und gemäß eventuellen besonderen technologischen Anforderungen durch die Abteilung zu verwalten
   - Sofern besondere Unterbringungs-Erfordernisse (z. B. für Karteien, Bearbeitungs-Ablagen, Evidenzen etc.) gegeben sind, sind die erforderlichen Einrichtungen (Schränke, Karteitröge, Mappen etc.) im Zusammenwirken von Projekt-Team und Leiter der Abteilung auszuwählen und anzuschaffen

3. Die Bereitstellung der Schlüssel für die betroffene Abteilung erfolgt im Zusammenhang mit der Einschulung an Hand der Arbeits-Anweisungen
   - Für manche Schlüssel (z. B. Lohnarten, Kunden-Nummer, Artikel-Nummer) sind eigene Verzeichnisse anzulegen, während dem Umfang nach kleinere Schlüssel in den Anweisungen direkt enthalten sein sollen
   - Die Einführung jedes Schlüssels erfordert zumindest die Genehmigung der Leiter der Abteilungen und des Leiters des Projekt-Teams, bei Schlüsseln, deren Auswirkungen über einzelne Abteilungen hinaus reichen, ist zusätzlich die Genehmigung der vorgesetzten Stellen einzuholen

4. Der Zeitpunkt, zu dem die einzelnen Belege, Schlüssel, etc. einzuführen sind, ist je nach den Gegebenheiten so zu wählen, daß sich die mit jeder Umstellung zwangsläufig verbundenen Schwierigkeiten nicht kumulieren. Dies bedeutet in der Regel eine Verteilung der einzelnen Maßnahmen auf einen größeren Zeitraum und eine fließende Überleitung vom Istzustand zum ADV-System

Beispiel

- Die Einführung des ADV-Systems „Lager-Material" bedingt, daß dem Lager-Leiter und seinen Mitarbeitern sowie den übrigen von den Schlüsseln dieses Sachgebietes betroffenen Stellen (Einkaufs-Abteilung, Buchhaltung) das Schlüssel-Verzeichnis zur Verfügung gestellt wird
- *Anmerkung:* Besondere Beachtung ist solchen Schlüsseln zu schenken, die häufigen Änderungen unterworfen sind, wie z. B. die Material-Nummer. Jedes neue Material muß eine Nummer erhalten und in den Stamm-Bestands-Datenbestand aufgenommen werden, damit anfallende Bewegungen verarbeitet werden können. Dies erfordert die Regelung eines exakten Änderungsdienstes

4.644 Einschulung des Personals

1. Die Einschulung aller Personen, deren Tätigkeiten durch das ADV-System modifiziert werden oder erst entstehen, ist rechtzeitig vorzunehmen

2. Sobald die Arbeits-Anweisungen vorliegen, erfolgt eine systematische Information dieser Personen

3. Es ist zweckmäßig, einige besonders qualifizierte Angehörige der Abteilung vorweg zu schulen und diese mit der weiteren Schulung ihrer Kollegen zu betrauen

4. Diese sollen auch für die Planung und Ausführung der unmittelbaren Überleitungsphase von der alten auf die neue Arbeitsmethode herangezogen werden. Dies gilt insbesondere bei der vorzeitigen Einführung neuer Belege,

Schlüssel etc., wobei ja gewährleistet sein muß, daß auch mit den neuen Unterlagen die bisherigen Verarbeitungs-Ergebnisse erzielt werden. Die Angehörigen der Abteilung können in der Regel selbst am besten beurteilen, welche Einzelmaßnahmen erforderlich und möglich sind

5. Grundsätzlich ist für die Einschulung soweit wie möglich eigenes Personal der Abteilung heranzuziehen, um sowohl die fachliche Eignung als auch die psychologische Bereitschaft zur Umstellung auf das neue System zu fördern
6. In Ergänzung zur Schulung der direkt betroffenen Mitarbeiter ist es zweckmäßig, auch nicht unmittelbar berührte Personen zu informieren (z. B. Betriebsrat)

4.645 Übernahme der Stamm-Daten

1. Unter Stamm-Daten sind hier alle jene Daten zu verstehen, die im ADV-System als Stamm und/oder Bestands-Datenbestände geführt werden. Es sind dies im wesentlichen:
   - Stamm-Daten
   - mengen- und wertmäßige Bestands-Daten
   - Evidenz-Daten
2. Formal entsprechen sie den auf Karteien, Konten, in Evidenzen und sonstigen Aufzeichnungen der bestehenden Organisationsform vorliegenden Angaben (z. B. Kundenkartei, Personalkartei, Lagerkartei, Bestellungs-Evidenz, Buchhaltungs-Konten)
3. Alle diese Daten müssen von der bisherigen Methode ihrer Führung in die gespeicherte Form des ADV-Systems übergeführt werden. Man spricht von der Übernahme der Stamm-Daten. Dieser Vorgang erfolgt einmalig und wird im Zuge der **Einführung** vorgenommen
4. Grundlage sind die Angaben der Projekt-Dokumentation bezüglich der Datenbestände und jener Programme des DFP, die den Aufbau derselben betreffen. An Hand dieser Angaben muß die manuelle Vorbereitung und die Datenerfassung dieser Daten erfolgen
5. Die Übernahme der Stamm-Daten wird wesentlich beeinflußt durch folgende Faktoren:
   - Umfang dieses Daten-Volumens
   - Häufigkeit der Änderungen, denen das Daten-Volumen unterworfen ist
   - Art der bisherigen Führung
   - generall kann gelten, daß ein großer Umfang für eine – am Zeitpunkt des effektiven Durchführungs-Beginns gemessen – frühzeitige, eine starke Änderungs-Intensität für eine späte Übernahme spricht

6. Aufbereitung der Stamm-Daten
   - Die Stamm-Daten sind so aufzubereiten, daß sie inhaltlich richtig und vollständig sowie formal für die Erfassung in maschinelle Datenträger geeignet sind (z. B. Ergänzen der vorhandenen Anlagen-Kartei mit den neu einzuführenden Anlagen-Nummern sowie Markieren der für die Datenerfassung relevanten Angaben)
   - Nach Möglichkeit sollen die vorhandenen Karteien direkt als Erfassungs-Grundlage dienen, um mehrmaliges Übertragen der Daten zu vermeiden; in diesem Fall muß die Kartei zur Erfassungs-Vorlage umgestaltet werden
   - Die Vorbereitung erfordert unter Umständen mehr Zeit als die nachfolgende Erfassung in maschinelle Datenträger, so daß rechtzeitig zu beginnen ist

7. Erfassung der Stamm-Daten in maschinelle Datenträger
   - Sämtliche Stamm-Daten sind zu einem Stichtag zu erfassen, womit die manuelle Führung endet und die maschinelle beginnt
   - Die Erfassungsmethode muß nicht notwendig mit jener für die laufende Verarbeitung übereinstimmen
   - Sobald wie möglich sollen die Datenträger vom Rechenzentrum zu Abstimm- bzw. Kontrollisten verarbeitet werden, um die Richtigkeit und Vollständigkeit der Übernahme verifizieren und die alten Aufzeichnungen außer Dienst stellen zu können

8. Erstellen der Stamm-Datenbestände
   - Mit den Datenträgern sind durch das Rechenzentrum mit Hilfe der entsprechenden Programme die Stamm-Datenbestände aufzubauen
   - Erstellen von Ausdrucken für die Abteilung nach Abschluß des Datenbestands-Aufbaues
   - Mit dem Abschluß der Übernahme muß die maschinelle Führung der Stamm-Daten den – eventuell nur provisorischen – Weiterbetrieb des bisherigen Systems, wenngleich in anderer Form, sicherstellen, solange die neue Verarbeitungs-Methode nicht voll eingesetzt hat

9. Für die Wahrnehmung des laufenden Änderungs-Dienstes der Stamm-Daten (z. B. Aufnahme neuer Artikel, Änderung von Lohnsätzen etc.) ist in der betreffenden Abteilung durch entsprechende Arbeits-Anweisungen ebenso Vorsorge zu treffen wie für alle anderen manuellen Tätigkeiten

10. Bei Ausdehnung der Stamm-Daten-Übernahme über einen längeren Zeitraum muß für jene Teile der Stamm-Daten, die bereits in das ADV-System übernommen sind, der automatische Änderungs-Dienst einsetzen, während für den noch nicht übernommenen Teil weiterhin der bisherige Änderungs-Dienst aufrecht bleibt

4.646 Anpassung des Personal-Einsatzes

1. Im Zuge der **Einführung** sind, sobald die konkreten Auswirkungen des ADV-Systems auf die personelle Situation deutlich erkennbar werden, jene Mitarbeiter zu bestimmen, deren bisherige Tätigkeiten durch das neue System ersetzt werden
2. Gleichzeitig ist ihr weiterer Einsatz festzulegen, um sie bei Wirksamwerden des neuen Systems dafür unverzüglich zu verwenden
3. Erfolgen diese Vorsorge-Maßnahmen nicht rechtzeitig, so besteht das Risiko, daß der angestrebte Einsparungs-Effekt verloren oder verwischt wird

Beispiel

Die Verwendung der im ADV-System nicht mehr beschäftigten Material-Buchhalter und der frei werdenden Lager-Buchhalter wird über Veranlassung des Leiters der DV-Abteilung durch den Lager-Leiter und den Leiter der Beschaffungs-Abteilung im Einvernehmen mit dem Leiter der Personal-Abteilung geregelt

4.65 Abschlußergebnis der Einführung

1. Die Projekt-Stufe **Einführung** wird damit abgeschlossen, daß folgende Ergebnisse zusätzlich zu den bisherigen erzielt sind:
   - neue Stellen und Tätigkeiten an den Verbindungspunkten zwischen manuellen und maschinellen Arbeits-Vorgängen sind gebildet und festgelegt
   - die Arbeits-Anweisungen für die manuellen und maschinellen Tätigkeiten sind ausgearbeitet und eingeführt
   - die Belege und Formulare sind gedruckt und ebenso wie die Schlüssel eingeführt
   - die Einschulung des Personals der betroffenen Abteilungen ist abgeschlossen
   - die Stamm-Datenbestände sind gebildet und deren Änderungs-Dienst eingeführt
   - sämtliche in schriftlicher Form vorliegende Ergebnisse der **Einführung** sind in die Projekt-Dokumentation eingegliedert
2. Beurteilung des Abschlußergebnisses durch den Chef-Analytiker
   - Kenntnis aus der laufenden Überwachung und fallweisen Mitwirkung
   - Überprüfung in fachlicher und formaler Hinsicht
   - Kontrolle der Arbeitsweise des Projekt-Teams
   - Kontrolle auf Einhaltung der geplanten Termine
   - Kontrolle auf Einhaltung des geplanten Arbeits-Aufwandes

- Informationsgespräch mit den Leitern der betroffenen Abteilungen
- Bericht an den Leiter der DV-Abteilung über den Abschluß der **Einführung,** verbunden mit der Empfehlung, die **Durchführung** zu genehmigen

3. Genehmigung des Abschlußergebnisses durch den Chef-Analytiker

4.7 Projekt-Stufe Durchführung

4.71 Überblick

1. Der Zweck der Projekt-Stufe **Durchführung** ist die Vornahme aller jener Maßnahmen, die zur definitiven Überleitung des Projektes in den praktischen Betrieb notwendig sind. Mit dieser Stufe findet die **Projekt-Realisierung** ihren Abschluß
2. Im Zuge der vorangehenden **Einführung** wurden alle durch das ADV-System betroffenen Stellen, vor allem also die Abteilungen und das Rechenzentrum informiert, geschult und bereit gemacht, um den praktischen Betrieb aufzunehmen. Nun geht es darum, den letzten Schritt, also die Aufnahme des Betriebes, auszuführen
3. Diese Projekt-Stufe umfaßt im wesentlichen folgende Tätigkeiten
   - Aufstellung eines Durchführungs-Planes
   - Abwicklung eines Parallellaufes
   - Aufnahme des definitiven Betriebes
   - Vornahme einer Abschluß-Kontrolle

4.72 Voraussetzungen

1. Veranlaßt wird die Projekt-Stufe **Durchführung** durch die Genehmigung des Leiters der DV-Abteilung, die er im Einvernehmen mit den Leitern der betroffenen Abteilungen erteilt
2. Als Voraussetzung für die Genehmigung zum Beginn der **Durchführung** sind vom Leiter der DV-Abteilung die Fragen der nachstehenden Prüfliste positiv zu beantworten
   - Prüfliste für den Leiter der DV-Abteilung
     - 1. Liegen die in der Projekt-Stufe **Einführung** vorgesehenen Abschlußergebnisse vor und wurden sie vom Chef-Analytiker genehmigt?

- 2. Liegt das Einverständnis der Leiter der betroffenen Abteilungen zur **Durchführung** vor und haben diese insbesondere die folgenden Fragen positiv beantwortet?
  - Sind die Testergebnisse richtig?
  - Ist das Personal der Abteilungen eingeschult?
  - Sind die Belege, Schlüssel, Arbeits-Anweisungen etc. eingeführt?
- 3. Liegt die Empfehlung des Chef-Analytikers zur **Durchführung** vor?
- 4. Ist die Meinung aller durch die Verwirklichung des ADV-Systems betroffenen Stellen eingeholt worden?
- 5. Konnten eventuelle Bedenken gegen die Verwirklichung des ADV-Systems zerstreut werden?
- 6. Hat sich der Leiter der DV-Abteilung persönlich von den wesentlichen Aspekten durch Stichproben und gezielte Einzelfragen überzeugt? Solche Fragen könnten z. B. betreffen:
  - Vollständigkeit der Projekt-Dokumentation
  - Zeitschätzung für den Maschinenlauf
  - Dokumentierte Problem-Test-Beispiele
  - Wesentliche Druck-Ergebnisse
  - Ausdruck der übernommenen Stamm-Dateien
  - Datenerfassungs-Anweisungen
  - Manuelle Arbeits-Anweisungen

- Es wird unterstellt, daß die vorangehenden Prüflisten jeweils positiv beantwortet wurden

4.73 Ausführende*

1. Delegierter der Geschäftsleitung
   - Berichterstattung an die Geschäftsleitung über den Fortschritt der **Realisierung**
   - Genehmigung der Aufnahme des definitiven Betriebes
2. Leiter der DV-Abteilung
   - Aufgaben gemäß Stellen-Beschreibung
   - Genehmigung des Durchführungs-Planes
   - Genehmigung der Ergebnisse des Parallellaufes
   - Empfehlung zur Aufnahme des definitiven Betriebes an den Delegierten
   - Abschluß-Bericht über das Projekt
3. Chef-Analytiker
   - Aufgaben gemäß Stellen-Beschreibung
   - Mitwirkung an der Durchführungs-Planung
   - Genehmigung der Abschluß-Kontrolle des Leiters des Projekt-Teams

*Aufgaben- bzw. Stellen-Beschreibungen siehe im Anhang B

4. Leiter des Projekt-Teams
   - Aufgaben gemäß Stellen-Beschreibung
   - Durchführungs-Planung
   - Unterstützung der Abteilungen bei der Betriebs-Aufnahme
   - Abschluß-Kontrolle
5. Leiter des Rechenzentrums
   - Aufgaben gemäß Stellen-Beschreibung
   - Mitwirkung an der Durchführungs-Planung
   - Aufnahme des Projektes in die Arbeits-Einteilung
   - Betriebs-Aufnahme
   - Abschluß-Kontrolle
6. Chef-Programmierer
   - Aufgaben gemäß Stellen-Beschreibung
   - Genehmigung der Abschluß-Kontrolle des Leiters des Programmierer-Teams
7. Leiter des Programmierer-Teams
   - Aufgaben gemäß Stellen-Beschreibung
   - Abschluß-Kontrolle
8. Abteilungs-Leiter
   - Zustimmung zum Durchführungs-Plan
   - Genehmigung der Ergebnisse des Parallellaufes
   - Veranlassung der Betriebs-Aufnahme durch die Mitarbeiter

4.74 Inhalt und Verfahrensweise

4.741 Durchführungs-Plan

1. Entwurf eines Durchführungs-Planes durch den Leiter des Projekt-Teams, in den folgende Aufgaben aufgenommen werden:
   - die manuellen und maschinellen Arbeiten des ADV-Systems nach deren Periodizität
   - die Termine, zu denen die jeweiligen Arbeiten erstmals im Parallellauf und sodann im Definitivlauf ausgeführt werden sollen
   - die Maßnahmen, die zur Verwirklichung des Planes je Termin gesetzt werden müssen
   - die Verantwortlichen für die einzelnen Maßnahmen
2. Einholen der grundsätzlichen Zustimmung des Leiters des Rechenzentrums zum Durchführungs-Plan
   - Abstimmung der Periodizitäten der Arbeiten mit der Arbeits-Einteilung des Rechenzentrums

- ○ Prüfung der Übereinstimmung der manuellen mit den maschinellen Terminen
- ○ Bestimmung einer provisorischen Arbeits-Einteilung für die Abwicklung der Arbeiten durch das Rechenzentrum

3. Besprechung des Durchführungs-Planes zwischen den Leitern und Mitarbeitern der betroffenen Abteilungen, dem Leiter der DV-Abteilung, dem Chef-Analytiker, dem Leiter des Rechenzentrums und dem Leiter des Projekt-Teams
   - ○ Erklärung des Planes durch den Leiter des Projekt-Teams
   - ○ Kritische Erläuterung
   - ○ Definitive Festlegung des Durchführungs-Planes
   - ○ Zustimmung der Abteilungs-Leiter
   - ○ Genehmigung durch den Leiter der DV-Abteilung zur Ausführung des Planes

4. Ausfertigung des Planes
   - ○ Bekanntgabe an alle Beteiligten
   - ○ Erstellen von entsprechenden Durchführungs-Anweisungen

4.742 Parallellauf

1. Je nach dem Gegenstand des Projektes ist es notwendig oder zweckmäßig, eine gewisse Zeit hindurch die bisherige und die neue Arbeits-Methode nebeneinander abzuwickeln

2. Die Art des Parallellaufes ist den konkreten Erfordernissen des Projektes anzupassen
   - ○ Handelt es sich bei der Parallel-Abwicklung um Arbeiten, die Anschluß-Werte aus der bisherigen Arbeitsweise übernehmen und verändern, muß entschieden werden, ob die Ergebnisse der bisherigen oder der neuen Verarbeitung gelten sollen; die Entscheidung kann von der Richtigkeit der maschinellen Ergebnisse abhängig gemacht werden
   - ○ Handelt es sich um eine Arbeit, die ohne Rücksicht auf die Anschluß-Werte parallel erfolgen kann, liegt kein echter Parallellauf sondern vielmehr ein Probelauf vor. Meistens kann auch eine Arbeit mit Anschluß-Werten in die Form eines Probelaufes gebracht werden (z.B. Ausführung der Lohnabrechnung für vergangene Perioden), jedoch müssen dabei gewisse Aspekte simuliert werden
   - ○ Wesentlich ist, daß der Parallel- oder Probelauf alle Phasen der Abwicklung (z. B. auch den Übergang von einer Abrechnungsperiode in die nächste) einschließt

3. Der Zweck des Parallellaufes besteht darin, festzustellen, ob die echte Arbeit
   - ○ nach Umfang, Abwicklung und Terminen den geplanten Verlauf nimmt

- o die richtigen, d. h. mit der bisherigen Arbeitsweise übereinstimmende Ergebnisse aufweist
- o bisher nicht berücksichtigte Konstellationen zum Vorschein bringt
- o zu unerwarteten Engpässen oder sonstigen Schwierigkeiten führt

4. Grundsätzlich ist zu beachten, daß jede Umstellung Reibungen erzeugt. Daher ist es wichtig, echte Mängel von „üblichen" Einlauf-Schwierigkeiten zu unterscheiden
5. Der Parallellauf setzt in der Regel dadurch ein, daß von den Abteilungen die vom neuen System vorgesehenen, in der **Einführung** eingeschulten Vorgänge zusätzlich zu den bisherigen Arbeiten ausgeführt werden. Am günstigsten ist es, wenn im Zuge der **Einführung** bereits die manuelle Bearbeitung so umgestaltet wurde, daß nunmehr eine Änderung nicht mehr notwendig ist. Damit kann die Belastung der Abteilungen durch die Parallel-Arbeit auf ein Minimum reduziert werden
6. Während die bisherige Arbeitsweise von den Abteilungen weitergeführt wird, setzt bezüglich der Eingabe-Belege das neue Verfahren ein; sie gehen an das Rechenzentrum und lösen dort die Erfassung und maschinelle Verarbeitung aus
7. Die vom Computer gelieferten Ergebnisse sind von den Abteilungen zu überprüfen und – soweit im einzelnen möglich – mit den manuellen Ergebnissen zu vergleichen
8. Bei allen Arbeiten, die von den Abteilungen auszuführen sind, leisten die Mitglieder des Projekt-Teams und die bereits mit der neuen Arbeitsweise besser vertrauten Angehörigen der Abteilungen Hilfestellung
9. Sobald die Ergebnisse des Parallellaufes für richtig befunden sind, berichtet der Leiter des Projekt-Teams sowohl den Leitern der Abteilungen als auch dem Chef-Analytiker
10. In einer gemeinsamen Besprechung der Leiter und Mitarbeiter der Abteilungen, des Leiters der DV-Abteilung, des Chef-Analytikers und des Leiters des Projekt-Teams werden die Ergebnisse diskutiert und definitiv genehmigt
11. Die Leiter der Abteilungen und der Leiter der DV-Abteilung berichten gemeinsam dem Delegierten, der über Empfehlung die Freigabe zum definitiven Betrieb erteilt

4.743 Definitiver Betrieb

1. Mit der Beendigung des Parallellaufes tritt das ADV-System definitiv an die Stelle der bisherigen Arbeitsweise, womit das Ziel des Projektes erreicht ist
2. Praktisch ergeben sich aber auch noch in der ersten Zeit nach der definitiven

Betriebs-Aufnahme Schwierigkeiten. Von der Qualität der **Projekt-Realisierung** hängt es ab, welcher Art und wie zahlreich solche Störungen sind

3. Die konkrete Zusammenarbeit zwischen den Abteilungen und dem Rechenzentrum spielt sich um so besser und rascher ein, je gründlicher die Arbeiten in den Projekt-Stufen geleistet wurden

4.744 Abschluß-Kontrolle

1. Nach der Genehmigung durch den Delegierten sind noch die nachfolgenden Abschluß-Arbeiten zu verrichten
2. Durch den Leiter des Projekt-Teams:
   - Abschluß der Projekt-Dokumentation
     - Überprüfen der Projekt-Dokumentation auf Vollständigkeit
     - Ergänzen durch die im Zuge der **Durchführung** erstellten Anweisungen
     - Abstimmung der Projekt-Dokumentation mit der bei der Programmierer-Gruppe befindlichen Programm-Dokumentation
     - Prüfen, ob die Projekt-Dokumentation in eine gemeinsame Dokumentation über das Sachgebiet, welches das Projekt betrifft, aufzunehmen ist und gegebenenfalls vornehmen (die Nummern-Systematik ermöglicht dies)
     - Prüfen, ob und welche Dokumentations-Teile (z. B. Daten-Sammlung) für andere Projekte relevant sind (Verbindungspunkte)
     - Gegebenenfalls Verweisungen vormerken
     - Unterlagen der Dokumentation, die nicht relevant sind (z. B. nur der Entwicklung gedient haben), ausscheiden
     - Dokumentation zur laufenden Projekt-Pflege (bei Änderungen) aufbewahren
   - Soll-Ist-Vergleich von geplantem und tatsächlichem Verlauf der **Projekt-Realisierung**
     - Vergleichen der ursprünglichen Termin- und Arbeits-Aufwands-Pläne mit den Ist-Terminen und dem Ist-Aufwand
     - Zusammenstellung des Vergleichs und Kommentar dazu anfertigen
   - Soll-Ist-Vergleich von geplantem und tatsächlichem Effekt
     - Vergleichen der ursprünglichen Zielsetzung und Wirtschaftlichkeits-Berechnung mit den Ist-Ergebnissen
     - Prüfen, ob die Arbeiten in den Abteilungen planmäßig abgewickelt werden
     - Prüfen, ob und welche Personal- und sonstigen Einsparungen eingetreten sind
     - Berücksichtigen der Ist-Kosten laut Berechnung durch den Leiter des Rechenzentrums

- Soll-Ist-Vergleich von geplanter und tatsächlicher Maschinen-Laufzeit
  - Vergleichen der ursprünglichen Zeitschätzung mit der Ist-Laufzeit laut Aufzeichnungen des Leiters des Rechenzentrums
  - Gegenüberstellung und Kommentar dazu verfertigen
- Abschluß-Bericht
  - Ausfertigen eines abschließenden Berichtes über das Projekt
  - Abgabe des Berichtes nach Genehmigung durch den Chef-Analytiker an den Leiter der DV-Abteilung

3. Durch den Leiter des Programmierer-Teams:
   - Abschluß der Programm-Dokumentation (diese besteht aus Projekt-Spezifikation und Programm-Beschreibungen)
     - Überprüfen auf Vollständigkeit
     - Abstimmen mit Leiter des Projekt-Teams
     - Ausscheiden irrelevanter Teile
     - Dokumentation zur laufenden Programm-Pflege (bei Änderungen) aufbewahren
   - Soll-Ist-Vergleich von geplantem und tatsächlichem Verlauf der **Programmierung**
     - Vergleichen der ursprünglichen Termin- und Arbeits-Aufwands-Pläne mit den Ist-Terminen und dem Ist-Aufwand
     - Zusammenstellen des Vergleichs und Kommentar dazu anfertigen
   - Abschluß-Bericht
     - Ausfertigen eines abschließenden Berichtes über das Projekt
     - Abgabe des Berichtes nach Genehmigung durch den Chef-Programmierer an den Leiter der DV-Abteilung

4. Durch den Leiter des Rechenzentrums:
   - Einbau der Projekt-Arbeiten in den Arbeitsplan des Rechenzentrums in bezug auf:
     - Arbeits-Vorbereitung
     - Belegfluß- und Termin-Kontrolle
     - Datenerfassung
     - Computer-Abwicklung
   - Laufzeit-Kontrolle
     - Ermitteln der Belegungs-Zeiten der Datenerfassungs-Geräte, der Hilfsmaschinen und des Computers nach Ablauf einer Einarbeitungs-Periode
     - Zusammenstellen der Zeiten und Ermitteln des Kosten-Anteils für die neu übernommenen Arbeiten
     - Bekanntgabe der Zeiten und Kosten an den Leiter des Projekt-Teams
   - Bericht an den Leiter der DV-Abteilung über die erfolgte Übernahme der Projekt-Arbeiten und deren Eingliederung in das Rechenzentrum

5. Bericht des Leiters der DV-Abteilung an den Delegierten
   - Zusammenfassung der Berichte des
     - Leiters des Projekt-Teams
     - Leiters des Programmierer-Teams
     - Leiters des Rechenzentrums
   - Schriftliche Vollzugs-Meldung an den Delegierten
6. Bericht des Delegierten an die Geschäftsleitung über den Abschluß des Projektes

4.745 System-Modifikationen

1. Ein einmal eingeführtes ADV-System unterliegt, ebenso wie jede andere Organisationsform, Veränderungen. Diese Veränderungen können grundsätzlich zweierlei Art sein:
   - solche, deren Auftreten bereits systematisch eingeplant worden sein sollte, z. B. Änderungen von Lohnsätzen, Sozialversicherungs-Beiträgen, Artikeln, Preisen, Kostenstellen etc.; derartige Änderungen sollten daher nicht zu System-Modifikationen führen, weil sie durch die Auswechslung einiger Tabellen- oder Parameter-Angaben berücksichtigt werden können
   - solche Änderungen, deren Auftreten nicht vorausgesehen wurde oder werden konnte und daher eine Änderung gegenüber der ursprünglichen Aufgabenstellung bedeuten; diese führen zur Modifikation des Systems; sie werden verursacht durch Gesetzesänderungen, Änderungen der Abrechnungsprinzipien, zusätzliche Auswertungen u. a. m.
2. Jede Modifikation des ADV-Systems führt zu einer Anpassung, Erweiterung oder Neuerstellung von Teilen der bisherigen Organisationsform und damit der entsprechenden Programme; anders ausgedrückt: jede Änderung der Organisationsform, die zu einer Änderung der Programme führt, ist als Modifikation des Systems zu betrachten
3. Wesentlich ist, daß Programme keinesfalls ohne vorangehende Adaptierung der Projekt-Dokumentation verändert werden dürfen, da sonst Diskrepanzen zwischen der tatsächlichen Programm-Gestaltung und der dokumentierten organisatorischen Grundlage eintreten; dadurch würden der Sinn der Dokumentation und die Verantwortung der Analytiker-Gruppe der DV-Abteilung in Frage gestellt
4. Somit bedarf jede Modifikation des ADV-Systems der Abwicklung eines Verfahrens, welches im wesentlichen dem Ablauf der Projekt-Stufen entspricht, sich aber inhaltlich eben auf ein bereits vorhandenes ADV-System bezieht; es ist zweckmäßig, eine Modifikation als eigenes Projekt in Auftrag zu geben

5. Da nicht unterstellt werden kann, daß stets dieselben Analytiker und Programmierer, die an der Erstellung des ADV-Systems mitgewirkt haben, für spätere Modifikationen zur Verfügung stehen, muß als Brücke zum Verständnis des ADV-Systems die Projekt-Dokumentation dienen. Je besser diese aufgebaut und laufend ajourgehalten wird, desto geringere Schwierigkeiten bereiten zukünftige Änderungen

4.75 Abschlußergebnis der Durchführung

1. Abgeschlossene Umstellung der Arbeitsweise vom bisherigen auf das neue System
2. Laufender Betrieb des ADV-Systems
3. Bericht über den Nutzeffekt des ADV-Systems
4. Abschluß der **Projekt-Realisierung**

5. Schlußbemerkung

Dieses Handbuch unternimmt, wie eingangs erwähnt, den Versuch, als systematischer Leitfaden sowohl für den Fachmann wie auch für den Laien bei der Einführung der automatisierten Datenverarbeitung zu dienen. Den Fachmann möge es zum Überdenken, vielleicht auch zur Abrundung seiner eigenen Verfahrensweise anregen, dem Laien einen ersten Eindruck von der Vielzahl der Fragen vermitteln, die es in dieser Materie zu beachten gibt.

Aus welcher Sicht aber auch immer dieses Handbuch betrachtet wird, einen Ersatz für die eigene Anstrengung, im konkreten Fall den richtigen Weg zu suchen, kann und soll es nicht darstellen. Manche Fragen und Teilprobleme konnten nur angedeutet werden, viele bedürfen zusätzlicher detaillierter Überlegungen und die meisten müssen erst für den Anwendungsfall konkretisiert werden. Dafür den globalen Rahmen zu liefern und die systematischen Ansatzpunkte aufzuzeigen, hat sich dieses Organisations-Handbuch als wesentlichste Aufgabe gestellt.

Für Anregungen, Vorschläge und Kritik bietet es ohne Zweifel genügend Möglichkeiten. Es bleibt zu hoffen, daß diese Möglichkeiten im Interesse weiterer Fortschritte auf diesem noch recht unausgeschöpften Wissensgebiet wahrgenommen werden.

Anhang A

Projekt-Dokumentation
(Auszug)

NIAG 42-1-0.0

DR. EBERHARD PARISINI Berater für Datenverarbeitung

Sachgebiet:	Aussteller:	Ausstellungsdatum:	Blatt	folgt Blatt
Lager-Material	N	4.5.70		

PROJEKT-DOKUMENTATION

(Auszug)

INHALTS-ÜBERSICHT

	Dokument-Nr.
0.0 Inhalts-Übersicht	42-1-0.0
0.1 Projekt-Auftrag	42-1-0.1/xxx
1.1 Aufgabenstellung	42-1-1.1/xxx
1.9 Allgemeine Beschreibung des ADV-Systems	42-1-1.9/xxx
2.3 Arbeitsschritt-DFP	42-1-2.3/xxx
2.4 Programm-DFP	42-1-2.4/xxx
3.1 Allgemeine Definitionen	42-1-3.1/xxx
3.5 Daten-Sammlung	42-1-3.5/xxx
3.8 Schlüssel-Verzeichnis	42-1-3.8/xxlff
4.2 Datenerfassungs-Beleg	42-1-4.2/xxx
5.1 Datenbestand (formlos)	42-1-5.1/xxlf
5.2 Daten-Inhalts-Übersicht	42-1-5.2/xxx
5.4 Datensatz-Verzeichnis	42-1-5.4/xxx
5.5 Datensätze	42-1-5.5/xxlff
5.7 Datenbestands-Beschreibung	42-1-5.7/xxx
6.1 Listbild Kontroll-Protokoll	42-1-6.1/xxx
6.3 Formular-Entwurf Bestands-Fortschreibung	42-1-6.3/xxx
6.8 Druck-Ausgabe-Beschreibung	42-1-6.8/xxx
7.1ff Programmier-Anweisung für PRONR 42-22-06	42-1-7.1ff
7.1ff Programmier-Anweisung für PRONR 42-24-08	42-1-7.x
7.1ff Programmier-Anweisung für PRONR 42-26-10	42-1-7.1ff
8.1 Grob-Blockdiagramm für PRONR 42-26-10	42-1-8.1/xxx
9.1 Problem-Testbeispiele	42-1-9.1/xxx
9.2 Anweisung für manuelle Bearbeitung	42-1-1.2/xxx
9.3 Loch-Anweisung	42-1-9.3/xxx

NIAG 42-1-0.1/xxx

DR. EBERHARD PARISINI Berater für Datenverarbeitung

Sachgebiet:		Aussteller:	Ausstellungsdatum:	Blatt:	folgt Blatt:
Lager-Material	PROJEKT-AUFTRAGS-BLATT	L	12.8.69	x	y

1. Sachgebiets-Nummer	42, Projekt-Nr. 42-1-
2. Projekt-Bezeichnung	Lager-Material, Hilfs- u. Betriebs-Materialien
3. Auftrags-Grundlage	Realisierungs-Plan vom 15.7. 1969
4. Auftrags-Datum	16.2.70

5. Projekt-Stufen	Soll-Beginn	Soll-Abschluß	Mann-Wochen AN	VP	PR	Bemerkungen
5.1 Projekt-Planung	2.3.	6.3.	0,5			
5.2 Detail-Konzept	9.3.	20.3.	2	2		
5.3 Detail-Ausführung	23.3.	10.4.	2	2	0,5	
5.4 Programm-Vorgabe	13.4.	6.5.	3	3		
5.5 Programmierung	11.5.	12.6.	}1		4	
5.6 Einführung	13.4.	26.6.		6		
5.7 Durchführung	22.6. x) 6.7. xx)	ab 7/70	0,5	1	0,5	x) Probe xx) Parallel f.6/70

6. Gesprächspartner	Lager-Leiter, Leiter Beschaffungs-Abt.
7. Verteiler	Leiter DV-Abt., Leiter Beschaffungs-Abt. für 5.5. auch Chef-Progr.
8. Projekt-Leiter	Analytiker A.N.
9. Projekt-Team	Analytiker A.N., Verb.Pers. L.M.
10. Programmierer-Team	Programmierer P.R.

Bemerkungen:

42-1-1.1/xxx

DR. EBERHARD PARISINI Berater für Datenverarbeitung

1.1 Aufgabenstellung (Auszug)

...

Die monatlich gesammelten Bewegungen sind nach Plausibilität zu überprüfen und für die Lagerbestands-Fortschreibung aufzubereiten.

Der Schwerpunkt der Bearbeitung des "Lager-Material" liegt auf der mengen- und wertmäßigen Bestands-Fortschreibung. Diese ist monatlich im nachhinein - etwa bis zum 10. des Folgemonats - vorzunehmen.

Je Position ist der mengen- und wertmäßige Bestand der Vorperiode unter Berücksichtigung der Bewegungen des Monats auf den neuesten Stand zu bringen.

Inventierte Positionen sind mit dem entsprechenden Bestand zu vergleichen und Differenzen als Bestandsberichtigungen auszuweisen.

Alle Bewegungen des Monats der einzelnen Material-Positionen sind mit den betreffenden Verrechnungs-Preisen zu bewerten. Alle unterschiedlichen Bewegungen (Bewegungsarten) sind wertmäßig nach Konten (Artikel-Gruppen) zu summieren und diese Summen für das Rechnungswesen in Form eines Speichers zur Verfügung zu stellen.

Alle Bestände und Bewegungen sind auf einer Bestands-Fortschreibungs-Liste übersichtlich festzuhalten. Daraus sollen auch die letzte Bewegung und eine eventuelle Mindestbestands-Unterschreitung hervorgehen.

Sämtliche Bewegungen sind in gespeicherter Form zwecks Erstellung von Journalen nach Bewegungsarten und, soweit sie Kostenstellen betreffen, für die Weiterverarbeitung in der Betriebsabrechnung bereitzustellen.

...

42-1-1.9/xxx

DR. EBERHARD PARISINI Berater für Datenverarbeitung

1.9 Allgemeine Beschreibung des ADV-Systems (Auszug)

...

Zum monatlichen Termin der Durchführung werden die laufend erstellten und gesammelten Bewegungs-Lochkarten auf einen Magnetspeicher (Platte oder Band) übernommen, wobei Bewegungs-Datensätze aufgebaut werden. Bei diesem Vorgang erfolgt eine Zählung und Kontrolle der Bewegungen nach verschiedenen Plausibilitäts-Gesichtspunkten (z.B. dürfen nur solche Bewegungen bearbeitet werden, die den Monat der Abrechnungs-Periode betreffen; bestimmte Angaben müssen bei bestimmten Bewegungsarten immer erfolgen etc.). Gleichzeitig werden auf einem Protokoll alle fehlerhaften Fälle ausgegeben.

Die Bewegungs-Datensätze werden nach Lager-Nummer, Material-Nummer, Datum und Bewegungsart sortiert. In dieser Reihenfolge werden sie mit den Stamm-Daten zur Bestandsfortschreibung verarbeitet. Diese besteht in der Weiterverrechnung der Mengen und Werte jeder Material-Position, ausgehend vom Endstand des Vormonats bis zum neuen Stand nach Verarbeitung aller Bewegungen des Abrechnungs-Monats.

Dabei werden alle Bewegungs-Datensätze mit dem im Stamm-Datenbestand gespeicherten Verrechnungpreis bewertet und ein Summen-Speicher nach Lager, Artikelgruppen und Bewegungsarten für die Finanzbuchhaltung erstellt, der in der Verarbeitung dieses Sachgebietes als Eingabe dient. Die Summen dieses Speichers bilden die Grundlage für die Ermittlung der Verrechnungspreis-Differenzen je Material-Gruppe in der Finanzbuchhaltung.

Besonders hinzuweisen ist auf die Behandlung der Inventur-Aufnahmen. Diese werden im Sinne einer permanenten Inventur mit dem jeweiligen dem Datum der Aufnahme entsprechenden Lagerbestand verglichen. Eventuelle Differenzen werden automatisch als Bestands-Differenzen ausgewiesen (Anmerkung: die Inventur-Aufnahme darf nur vor irgendwelchen Bewegungen des Aufnahme-Tages erfolgen).

...

42-1-2.3/xxx

DR. EBERHARD PARISINI Berater für Datenverarbeitung

Sachgebiet:	Aussteller:	Ausstellungsdatum:	Blattzahl:	folgt Blatt:
2.3 Arbeitsschritt-DFP (Auszug)	N	17.3.70		

Arbeitsablauf	AG	Beschreibung
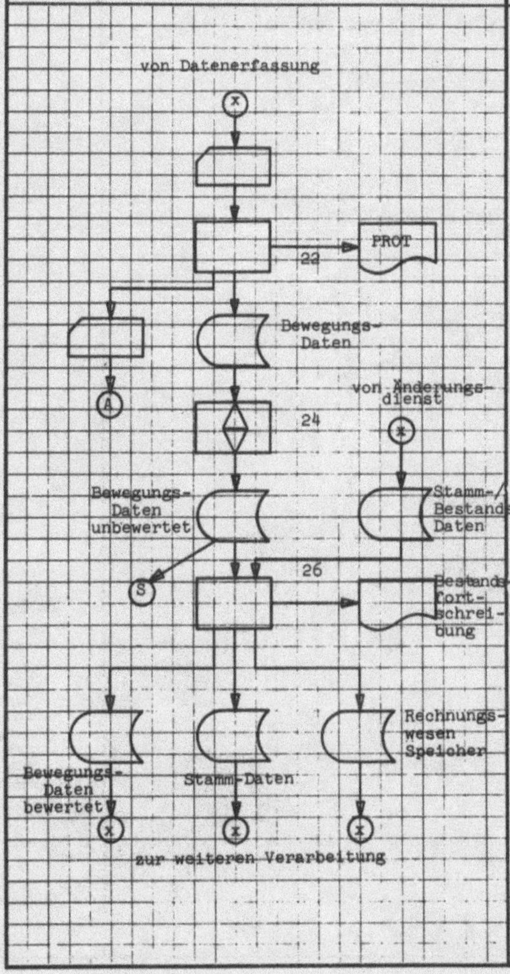		gesammelte Bewegungskarten der Periode
	22	Umspeichern - Karte/Speicher - Satzbildung - Zählen - Fehlerkontrolle (Ausgabe auf Protokoll)
	24	Sortieren - LagerNr. - MaterialNr. - Datum - Bewegungsart
	26	Bestandsfortschreibung - Mengen/Wert-Fortschreibung des Lagerbestandes - Bestandsber. - Bewegungen bewerten - Speicher für Rechnungswesen erstellen

F 2

42-1-2.4/xxx

DR. EBERHARD PARISINI Berater für Datenverarbeitung

Sachgebiet:	Aussteller:	Ausstellungsdatum:	Blattzahl:	folgt Blatt:
2.4 Programm-DFP(Auszug)	N	1.4.70		

Arbeitsablauf	AG	Beschreibung

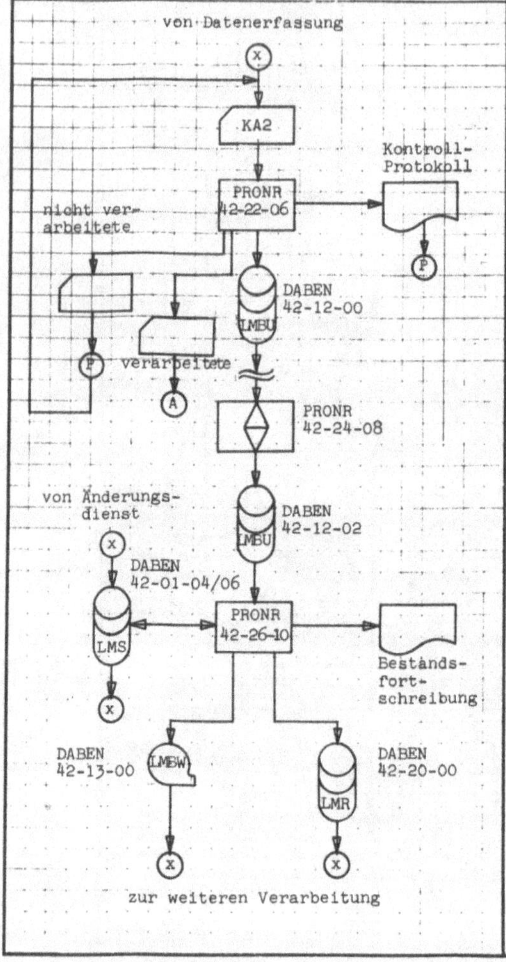

gesammelte Bewegungskarten der Periode

PRONR 42-22-06
- Karten/LMBU (Platte)
- Fehlerkontrolle (Ausgabe auf Kontroll-Protokoll)
- Aussteuern nicht verarbeiteter Karten
- Satzbildung je Karte
- Sätze zählen

PRONR 42-24-08
LAGNR
MATNR
DAT
BA

PRONR 42-26-10
- Mengen/wertmäßige Fortschreibung desLMS
- Bestandsberichtigungen
- Bewegungen bewerten und LMBW erstellen
- LMR erstellen

F 2

42-1-3.1/xxx

DR. EBERHARD PARISINI Berater für Datenverarbeitung

3.1 Allgemeine Definitionen (Auszug)

Abkürzung	Bezeichnung	Stellenanzahl (vor/nach Komma)	A= alpha. N= numer.	S= Schlüssel
A	Ablage (im DFP)			
DAT	Datum	6/0	N	S
DATDU	Datum der Durchführung	6/0	N	S
DABEN	Datenbestands-Nummer	6/0	N	S
DFP	Datenflußplan			
E	Evidenz (im DFP)			
KA	Kartenart (bei Lochkarten)			
P	manuelle Überprüfung (im DFP)			
PER	Perioden-Datum	4/0	N	S
PRONR	Programm-Nummer	6/0	N	S
S	Sicherung (im DFP)			
SA	Satzart			
STLK	Steuerlochkarte			
Z	Grenzstelle zu Vorperiode (im DFP)			

42-1-3.5/xxx

DR. EBERHARD PARISINI Berater für Datenverarbeitung

3.5 Daten-Sammlung (Auszug)

Abkürzung:	Bezeichnung:	Stellenanzahl (vor/nach Komma)	A= alpha. N= numer.	S= Schlüssel
BA	Bewegungsart	1/0	N	S
BELNR	Beleg-Nummer	4/0	N	S
FK	Fehler-Kennzeichen	1/0	A	S
INVEK	Inventur-Kennzeichen	1/0	N	S
KSTNR	Kostenstellen-Nummer	4/0	N	S
LAGNR	Lager-Nummer	1/0	N	S
LEBEW	letzte Bewegung	3/0	N	S
LIFNR	Lieferanten-Nummer	4/0	N	S
LISNR	Lieferschein-Nummer	5/0	A	S
MATBZ	Material-Bezeichnung	20/0	A	
MATGR	Material-Gruppe	1/0	N	S
MATNR	Material-Nummer	4/0	N	S
ME	Mengen-Einheit	1/0	N	S
MEBES	Mengen-Bestand	6/2	N	
MEBEW	Mengen-Bewegung	5/2	N	
MENIV	Mengen-Inventur-Aufnahme	6/2	N	
MINME	Mindest-Menge	5/2	N	
MINMU	Mindest-Mengen-Unterschreitung	1/0	[illegible]	S
VWBES	Verrechnungswert-Bestand, (alt)=vor, (neu)=nach Verarbeitung	7/2	N	
VWBEW	Verrechnungswert-Bewegung	6/2	N	
VEPRE	Verrechnungspreis pro Einheit	5/2	N	

42-1-3.8/xx1

DR. EBERHARD PARISINI Berater für Datenverarbeitung

3.8 Schlüssel-Verzeichnis (Auszug)

Bewegungsart (BA)

einstellig, numerisch

0: Bestand
1: Inventur-Aufnahmebestand
4: Zugang
5: Retoure (ins Lager)
6: Bestands-Berichtigung plus
7: Ausgang
8: Bestands-Berichtigung minus
9: Rückgabe (aus dem Lager)

Beleg-Nummer (BELNR)

vierstellige, numerische laufende Nummer

Datum (DAT)

sechsstellig, numerisch mit folgendem Aufbau:

	maschinenintern	maschinenextern
x x	Jahr	Tag
x x	Monat	Monat
x x	Tag	Jahr

Fehler-Kennzeichen (FK)

einstellig, alphabetisch

A: nicht Kartenart 2

B: Bewegungsart ungleich 1,4,5,7 oder 9

C: Lager-Nummer ungleich 1,2 oder 3

D: Datum falsch

E: Material-Nummer fehlt

F: Lieferanten-Nummer bzw. Kostenstellen-Nr. fehlt

G: Material-Nummer falsch

Inventur-Kennzeichen (INVEK)

einstellig, numerisch;
wird durch die letzte Stelle der Jahreszahl angegeben

Kostenstellen-Nummer (KSTNR)

vierstellig, numerisch;
Detail siehe Kostenstellen-Verzeichnis

Lager-Nummer (LAGNR)

einstellig, numerisch

1: Lager A (allgemeines Material-Lager)
2: Lager B (Kfz-Material-Lager)
3: Lager C (Elektro-Material-Lager)

Letzte Bewegung (LEBEW)

dreistellig, numerisch mit folgendem Aufbau:

x x x — maschinen-intern
- Einer-Stelle des Jahres
- Monat

x x x — maschinen-extern
- Monat
- Einer-Stelle des Jahres

Lieferanten-Nummer (LIFNR)

vierstellig, numerisch mit folgendem Aufbau:

x x x x
- numerische Gruppierung der Lieferanten-Namen (z.B.: Gruppe 65 enthält alle Lieferanten-Namen von R bis Re)
- laufende Nummer je Gruppe

Lieferschein-Nummer (LISNR)

fünfstellig, alpha-numerisch;
sie enthält die letzten fünf Stellen der **Nummer des Lieferanten-Lieferscheines**

42-1-3.8/xx3

DR. EBERHARD PARISINI Berater für Datenverarbeitung

Material-Gruppe (MATGR)
einstellig, numerisch, entspricht der ersten Stelle der Material-Nummer

Material-Nummer (MATNR)
vierstellig, numerisch mit folgendem Aufbau:

```
x  x x x
└──┬─────────── Material-Gruppe
   └─────────── fortlaufende Nummer
```

Details siehe im Material-Nummern-Verzeichnis

Mengen-Einheit (ME)
einstellig, numerisch mit folgender Bedeutung

Bezeichnung	Abkürzung
1: Kilogramm	KG
2: Stück	STK
3: Meter	MT
. . .	

Mindestbestand-Unterschreitungs-Kennzeichen (MINMU)
einstellig, Sternchen

Perioden-Datum (PER)
vierstellig, numerisch mit folgendem Aufbau:

```
x x  x x          maschinen-intern    maschinen-extern
 └────┬────────── Jahr                Monat
      └────────── Monat               Jahr
```

42-1-4.2/xxx

DR. EBERHARD PARISINI Berater für Datenverarbeitung

Sachgebiet:	Aussteller	Ausstellungsdatum:	Blatt	folgt Blatt
Lager-Material	M	4.5.70		

Lager-Ausgangs/Retour-Beleg
(Datenerfassungs-Beleg)

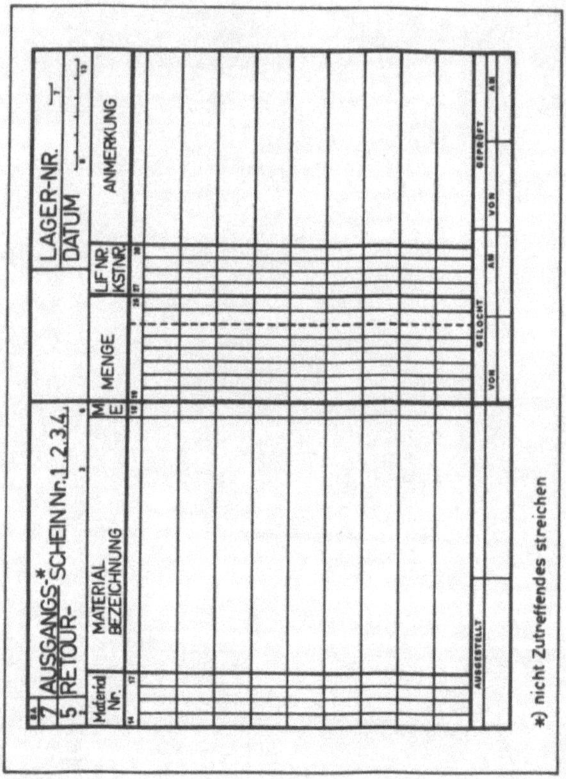
7 AUSGANGS-* 5 RETOUR- SCHEIN Nr. 1 2 3 4
LAGER-NR.
DATUM
Material Nr.
MATERIAL BEZEICHNUNG
ME
MENGE
LIF NR. KST NR.
ANMERKUNG
AUSGESTELLT
GELOCHT VON AM
GEPRÜFT VON AM

*) nicht Zutreffendes streichen

42-1-5.1/xx1

DR. EBERHARD PARISINI Berater für Datenverarbeitung

5.1 Datenbestände (formlos)

	Stellenanzahl (vor/nach Komma)	A=alphanumerisch N=numerisch
1. Stamm-Datenbestand		
Lager-Nummer	1/0	N
Material-Nummer	4/0	N
Material-Bezeichnung	20/0	A
Mengen-Einheit	1/0	N
Menge	6/2	N
Verrechnungspreis/Einheit	5/2	N
Verrechnungswert	7/2	N
Mindest-Bestand	5/2	N
Mindest-Bestand-Unterschreitungs-Kennzeichen	1/0	*
Letzte Bewegung	3/0	N
Inventur-Kennzeichen	1/0	N
2. Bewegungs-Datenbestand		
vor Verarbeitung = Eingabe-Daten		
Bewegungsart	1/0	N
Beleg-Nummer	4/0	N
Lager-Nummer	1/0	N
Datum	6/0	N
Material-Nummer	4/0	N
Mengen-Einheit	1/0	N
Menge	6/2	N
Lieferanten-Nr./Kostenstellen-Nr.	4/0	N
Lieferschein-Nr.	5/0	A

42-1-5.1/xx2

DR. EBERHARD PARISINI Berater für Datenverarbeitung

	Stellenanzahl (vor/nach Komma)	A=alphanumerisch N=numerisch
nach Verarbeitung = Ausgabe-Daten (zusätzlich)		
Artikel-Bezeichnung	20/0	A
Verrechnungspreis/Einheit	5/2	N
Verrechnungswert	7/2	N
3. Rechnungswesen-Datenbestand		
Lager-Nummer	1/0	N
Material-Gruppe	1/0	N
Datum	6/0	N
je Bewegungsart		
Bewegungsart	1/0	N
Verrechnungswert-Summe der Bewegungsart	7/2	N

5.2 Daten-Inhalts-Übersicht (Auszug)

Daten-Inhalts-Übersicht	LAGNR	DAT	BA	BELNR	MATGR } MATNR	LFD } MATNR	MATBZ	ME	MEBES/ MENIV/MEBEW	VEPRE	VWBES/VWBEW	MINME	MINMU	LEBEW	INVEK	LIFNR KSTNR	LISNR	Sonstige Daten
STELLEN-ANZAHL	1	6	1	4	1	3	20	1	8	7	9	7	1	3	1	4	5	?
Stamm-Bestands-Daten	x	x	x		x	x	x	x	x	x	x	x	x	x	x			
Eingabe-Daten																		
Inventur-Aufn.	x	x	x	x	x	x		x	x									
Zugänge	x	x	x	x	x	x		x	x							x(L)	x	
Retouren	x	x	x	x	x	x		x	x							x(K)		
Ausgänge	x	x	x	x	x	x		x	x							x(K)		
Rückgaben	x	x	x	x	x	x		x	x							x(L)	x	
Ausgabe-Daten																		
Zugänge	x	x	x	x	x	x	x	x	x	x	x					x(L)	x	
Retouren	x	x	x	x	x	x	x	x	x	x	x					x(K)		
Bestands-Ber.+	x	x	x		x	x	x	x	x	x	x							
Ausgänge	x	x	x	x	x	x	x	x	x	x	x					x(K)		
Rückgaben	x	x	x	x	x	x	x	x	x	x	x					x(L)	x	
Bestands-Ber.-	x	x	x		x	x	x	x	x	x	x							
L.M.Summen	x	x	x		x						x							

42-1-5.4/xxx

DR. EBERHARD PARISINI Berater für Datenverarbeitung

5.4 Datensatz-Verzeichnis

Datensatz-Nummer	Bezeichnung	Satz-Länge	Satz-längenart
S01	Steuer-Lochkarte	80	fix
KA2	Bewegungs-Lochkarte	35	fix
420	Bestands-Satz	100	fix
421	Bewegungs-Satz	35	fix
422	Bestands-Berichtigungs-Satz	65	fix
423	Zugangs-Satz	65	fix
424	Verbrauchs-Satz	65	fix
425	Fehler-Satz	65	fix
429	Lager-Material-Summen-Satz	60	fix

42-1-5.5/xx1

DR. EBERHARD PARISINI Berater für Datenverarbeitung

Sachgebiet:	Aussteller:	Ausstellungsdatum:	Blatt:	folgt Blatt:
LAGER MATERIAL	N	28.4.70	xx1	xx2

DATENSATZ

Merkmal: STLK

Satzart: SA = S01

Satzlänge: 80 Stellen, fix

Bezeichnung: STEUER-LOCHKARTE

Vorkommen im Datenbestand

Merkmal	Bezeichnung
-	-

0 1

SA	PRONR		L F N	DATDU			PER	
				JR	MT	TG		
S01								
01 02 03	04 05 06 07 08 09	10 11 12 13	14	15 16	17 18	19 20	21 22 23 24	25 … 50

Im Satz ab Stelle

01 02 03 04 05 06 07 08 09 10 11 12 13 14 15 16 17 18 19 20 21 22 23 24 25 26 27 28 29 30 31 32 33 34 35 36 37 38 39 40 41 42 43 44 45 46 47 48 49 50

51 52 53 54 55 56 57 58 59 60 61 62 63 64 65 66 67 68 69 70 71 72 73 74 75 76 77 78 79 80 81 82 83 84 85 86 87 88 89 90 91 92 93 94 95 96 97 98 99 00

0 1

Im Satz ab Stelle

01 02 03 04 05 06 07 08 09 10 11 12 13 14 15 16 17 18 19 20 21 22 23 24 25 26 27 28 29 30 31 32 33 34 35 36 37 38 39 40 41 42 43 44 45 46 47 48 49 50

51 52 53 54 55 56 57 58 59 60 61 62 63 64 65 66 67 68 69 70 71 72 73 74 75 76 77 78 79 80 81 82 83 84 85 86 87 88 89 90 91 92 93 94 95 96 97 98 99 00

0 1

Im Satz ab Stelle

01 02 03 04 05 06 07 08 09 10 11 12 13 14 15 16 17 18 19 20 21 22 23 24 25 26 27 28 29 30 31 32 33 34 35 36 37 38 39 40 41 42 43 44 45 46 47 48 49 50

51 52 53 54 55 56 57 58 59 60 61 62 63 64 65 66 67 68 69 70 71 72 73 74 75 76 77 78 79 80 81 82 83 84 85 86 87 88 89 90 91 92 93 94 95 96 97 98 99 00

F 9

42-1-5.5/xx2

DR. EBERHARD PARISINI Berater für Datenverarbeitung

Sachgebiet	Aussteller	Ausstellungsdatum	Blatt	folgt Blatt
LAGER MATERIAL	N	28.4.70	xx2	xx3

DATENSATZ

Merkmal:

Satzart: SA = (KA)2

Satzlänge: 35 Stellen, fix

Bezeichnung: BEWEGUNGS-LOCHKARTE

Vorkommen im Datenbestand

Merkmal	Bezeichnung
	gesammelte Bewegungen der Periode

Im Satz ab Stelle

0 1	KA	BA	BEL NR	LAG.NR.	DAT TG	DAT MT	DAT JR	MAT NR	ME	MEBEW MENIV	LIFNR KSTNR	LISNR	
	01	02	03 04 06	07	08 09	10 11	12 13	14 15 16 17	18	19 20 21 22 23 24 25 26	27 28 29 30	31 32 33 34 35	36 37 38 39 40 41 42 43 44 45 46 47 48 49 50

51 52 53 54 55 56 57 58 59 60 61 62 63 64 65 66 67 68 69 70 71 72 73 74 75 76 77 78 79 80 81 82 83 84 85 86 87 88 89 90 91 92 93 94 95 96 97 98 99 00

Im Satz ab Stelle 0 1

01 02 03 04 05 06 07 08 09 10 11 12 13 14 15 16 17 18 19 20 21 22 23 24 25 26 27 28 29 30 31 32 33 34 35 36 37 38 39 40 41 42 43 44 45 46 47 48 49 50

51 52 53 54 55 56 57 58 59 60 61 62 63 64 65 66 67 68 69 70 71 72 73 74 75 76 77 78 79 80 81 82 83 84 85 86 87 88 89 90 91 92 93 94 95 96 97 98 99 00

Im Satz ab Stelle 0 1

01 02 03 04 05 06 07 08 09 10 11 12 13 14 15 16 17 18 19 20 21 22 23 24 25 26 27 28 29 30 31 32 33 34 35 36 37 38 39 40 41 42 43 44 45 46 47 48 49 50

51 52 53 54 55 56 57 58 59 60 61 62 63 64 65 66 67 68 69 70 71 72 73 74 75 76 77 78 79 80 81 82 83 84 85 86 87 88 89 90 91 92 93 94 95 96 97 98 99 00

F 9

42-1-5.5/xx3

DR. EBERHARD PARISINI Berater für Datenverarbeitung

Sachgebiet:	Aussteller:	Ausstellungsdatum:	Blatt:	folgt Blatt:
LAGER MATERIAL	N	28.4.70	xx3	xx4

DATENSATZ

Merkmal:

Satzart: SA = 420

Satzlänge: 100 Bytes, fix

Bezeichnung: BESTANDS-SATZ

Vorkommen im Datenbestand	
Merkmal	**Bezeichnung**
DABEN 42-01-xx LMS	Lager Material-Bestands-Datenbestand

Im Satz ab Stelle

Stelle	01–03	04–08	09	10–29	30	31–35	36–39	40–44	45–48	49	50
Feld	SA	MAT NR	BA	MATBZ	ME	MEBES	VEPRE	VWBES	MINME	MINMU	LBJ
Inhalt	420										

Stelle	51–52	53	54–00
Feld	E EW MT	UNVEX	weitere Daten

Im Satz ab Stelle

01 02 03 04 05 06 07 08 09 10 11 12 13 14 15 16 17 18 19 20 21 22 23 24 25 26 27 28 29 30 31 32 33 34 35 36 37 38 39 40 41 42 43 44 45 46 47 48 49 50

51 52 53 54 55 56 57 58 59 60 61 62 63 64 65 66 67 68 69 70 71 72 73 74 75 76 77 78 79 80 81 82 83 84 85 86 87 88 89 90 91 92 93 94 95 96 97 98 99 00

Im Satz ab Stelle

01 02 03 04 05 06 07 08 09 10 11 12 13 14 15 16 17 18 19 20 21 22 23 24 25 26 27 28 29 30 31 32 33 34 35 36 37 38 39 40 41 42 43 44 45 46 47 48 49 50

51 52 53 54 55 56 57 58 59 60 61 62 63 64 65 66 67 68 69 70 71 72 73 74 75 76 77 78 79 80 81 82 83 84 85 86 87 88 89 90 91 92 93 94 95 96 97 98 99 00

42-1-5.5/xx4

DR. EBERHARD PARISINI Berater für Datenverarbeitung

Sachgebiet:	Aussteller:	Ausstellungsdatum:	Blatt:	folgt Blatt:
LAGER MATERIAL	N	28.4.70	xx4	xx5

DATENSATZ

Merkmal:

Satzart: SA = 421

Satzlänge: 35 Bytes, fix

Bezeichnung: BEWEGUNGS-SATZ

Vorkommen im Datenbestand

Merkmal	Bezeichnung
DABEN 42-12-xx LMBU	Lager-Material-Bewegungen-Unbewertet-Datensatz

Im Satz ab Stelle

SA	LAGNR	MAT NR	DAT JR	DAT MT	DAT TG	BA	ME	MEBEW MENIV	BEL NR	LIFNR KSTNR	LISNR
421											

42-1-5.5/xx5

DR. EBERHARD PARISINI Berater für Datenverarbeitung

Sachgebiet	Aussteller:	Ausstellungsdatum:	Blatt:	folgt Blatt:
LAGER MATERIAL	N	28.4.70	xx5	xx6

DATENSATZ

Merkmal:

Satzart:	Satzlänge:
SA = 422	65 Bytes, fix

Bezeichnung:
BESTANDS-BERICHTIGUNGS-SATZ

Vorkommen im Datenbestand

Merkmal	Bezeichnung
DABEN 42-13-xx LMBW	Lager-Material-Bewegungen-Bewertet-Datenbestand

Im Satz ab Stelle

01–03	04	05–08	09–10	11–12	13–14	15	16–35	36	37–41	42–45	46–50
SA	LAGNR	MAT NR	DAT JR	DAT MT	DAT TG	BA	MATBZ	ME	MEBEW	VEPRE	VWBEW
422											

51–54	55–64	65	66–00
BEL NR			

42-1-5.5/xx6

DR. EBERHARD PARISINI Berater für Datenverarbeitung

Sachgebiet:	Aussteller:	Ausstellungsdatum:	Blatt:	folgt Blatt:
LAGER MATERIAL	N	28.4.70	xx6	xx7

DATENSATZ

Merkmal:

Satzart:	Satzlänge:
SA = 423	65 Bytes, fix

Bezeichnung:
ZUGANGS-SATZ

Vorkommen im Datenbestand

Merkmal	Bezeichnung
DABEN 42-13-xx LMBW	Lager-Material-Bewegungen-Bewertet-Datenbestand

Im Satz ab Stelle

0 1	SA	LAGNR	MAT NR	DAT JR	DAT MT	DAT TG	BA	MATBZ	ME	MEBEV	VEPRE	VWBEW
	423											
Stelle	01 02 03	04	05 06 07 08	09 10	11 12	13 14	15	16 17 18 19 20 21 22 23 24 25 26 27 28 29 30 31 32 33 34 35	36	37 38 39 40 41	42 43 44 45	46 47 48 49 50

BEL NR	LIF NR	LISNR		
51 52 53 54	55 56 57 58	59 60 61 62 63	64 65	66 67 68 69 70 71 72 73 74 75 76 77 78 79 80 81 82 83 84 85 86 87 88 89 90 91 92 93 94 95 96 97 98 99 00

0 1

Im Satz ab Stelle

01 02 03 04 05 06 07 08 09 10 11 12 13 14 15 16 17 18 19 20 21 22 23 24 25 26 27 28 29 30 31 32 33 34 35 36 37 38 39 40 41 42 43 44 45 46 47 48 49 50

51 52 53 54 55 56 57 58 59 60 61 62 63 64 65 66 67 68 69 70 71 72 73 74 75 76 77 78 79 80 81 82 83 84 85 86 87 88 89 90 91 92 93 94 95 96 97 98 99 00

0 1

Im Satz ab Stelle

01 02 03 04 05 06 07 08 09 10 11 12 13 14 15 16 17 18 19 20 21 22 23 24 25 26 27 28 29 30 31 32 33 34 35 36 37 38 39 40 41 42 43 44 45 46 47 48 49 50

51 52 53 54 55 56 57 58 59 60 61 62 63 64 65 66 67 68 69 70 71 72 73 74 75 76 77 78 79 80 81 82 83 84 85 86 87 88 89 90 91 92 93 94 95 96 97 98 99 00

F 9

42-1-5.5/xx7

DR. EBERHARD PARISINI Berater für Datenverarbeitung

Sachgebiet:	Aussteller:	Ausstellungsdatum:	Blatt:	folgt Blatt:
LAGER MATERIAL	N	28.4.70	xx7	xx8

DATENSATZ

Merkmal:

Satzart:	Satzlänge:
SA = 424	65 Bytes, fix

Bezeichnung:
VERBRAUCHS-SATZ

Vorkommen im Datenbestand

Merkmal	Bezeichnung
DABEN 42-13-xx LMBW	Lager-Material-Bewegungen-Bewertet-Datenbestand

Im Satz ab Stelle

SA	LAGNR	MAT NR	DAT JR	DAT MT	DAT TG	BA	MATBZ	ME	MEBEW	VEPRE	VWBEW
424											
01–03	04	05–08	09–10	11–12	13–14	15	16–35	36	37–41	42–45	46–50

BEL NR	KST NR	
51–54	55–58	59–65

42-1-5.5/xx8

DR. EBERHARD PARISINI Berater für Datenverarbeitung

Sachgebiet:	Aussteller:	Ausstellungsdatum:	Blatt:	folgt Blatt:
LAGER MATERIAL	N	28.4.70	xx8	xx9

DATENSATZ

Merkmal:

Satzart:	Satzlänge:
SA = 425	65 Bytes, fix

Bezeichnung:
FEHLER-SATZ

Vorkommen im Datenbestand

Merkmal	Bezeichnung
DABEN 42-13-xx LMBW	Lager-Material-Bewegungen-Bewertet-Datenbestand

Im Satz ab Stelle

Stelle	Feld
01–03	SA (425)
04	LAGNR
05–08	MAT NR
09–10	DAT JR
11–12	DAT MT
13–14	DAT TG
15	BA
16–35	
36	ME
37–41	MEBEW MENIV
42–45	
46–50	
51–54	BEL NR.
55–58	KSTNR LIFNR
59–64	
65	FK

42-1-5.5/xx9

DR. EBERHARD PARISINI Berater für Datenverarbeitung

Sachgebiet:	Aussteller:	Ausstellungsdatum:	Blatt:	folgt Blatt:
LAGER MATERIAL	N	28.4.70	xx9	-

DATENSATZ

Vorkommen im Datenbestand	
Merkmal	**Bezeichnung**
DABEN 42-20-xx LMR	Lager-Material-Rechnungswesen-Datenbestand

Merkmal:

Satzart:	Satzlänge:
SA = 429	60 Bytes, fix

Bezeichnung:
LAGERMATERIAL-SUMMENSATZ

Im Satz ab Stelle

Feld	SA	LAGRR	MATGR	DAT JR	DAT MT	DAT TG	BA	VWBES ALT	BA	VWBEW	BA	VWBEW	BA	VWBEW	BA	VWBEW	BA	VWBEW	BA	VW
Inhalt	429																			
Stelle	01–03	04	05	06–07	08–09	10–11	12	13–17	18	19–23	24	25–29	30	31–35	36	37–41	42	43–47	48	49–50

Feld	BEW	BA	VWBES NEU
Stelle	51–53	54	55–59

F 9

5.7 Datenbestands-Beschreibungen

1. Lager-Material-Bestands-Datenbestand

- Abkürzung: LMS
- Datenbestands-Nummer: DABEN 42-01-xx
- Zusammensetzung: nur SA 420
- Umfang: ca. 3.000
- Vorkommen: PRONR 42-26-10,...
- Speicherungsform: logisch fortlaufend mit Index
- Speichermedium: Platte

2. Lager-Material-Bewegungen-Unbewertet-Datenbestand

- Abkürzung: LMBU
- Datenbestands-Nummer: DABEN 42-12-xx
- Zusammensetzung: nur SA 421
- Umfang: ca. 4.300 pro Monat
- Vorkommen: PRONR 42-22-06
  42-24-08
  42-26-10,...
- Speicherungsform: starr fortlaufend

3. Lager-Material-Bewegungen-Bewertet-Datenbestand

- Abkürzung: LMBW
- Datenbestands-Nummer: DABEN 42-13-xx
- Zusammensetzung:

SA	Umfang
422	300
423	400
424	3.600
425	?

- Vorkommen: PRONR 42-26-10,...
- Speicherungsform: starr fortlaufend

4. Lager-Material-Rechnungswesen-Datenbestand

- Abkürzung: LMR
- Datenbestands-Nummer: DABEN 42-20-xx
- Zusammensetzung: nur Satzart 429
- Anzahl: 10
- Vorkommen: PRONR 42-26-10,...
- Speicherungsform: starr fortlaufend

4.6

42-1-6.1/xxx

DR. EBERHARD PARISINI Berater für Datenverarbeitung

6.1 Listbild Kontroll-Protokoll

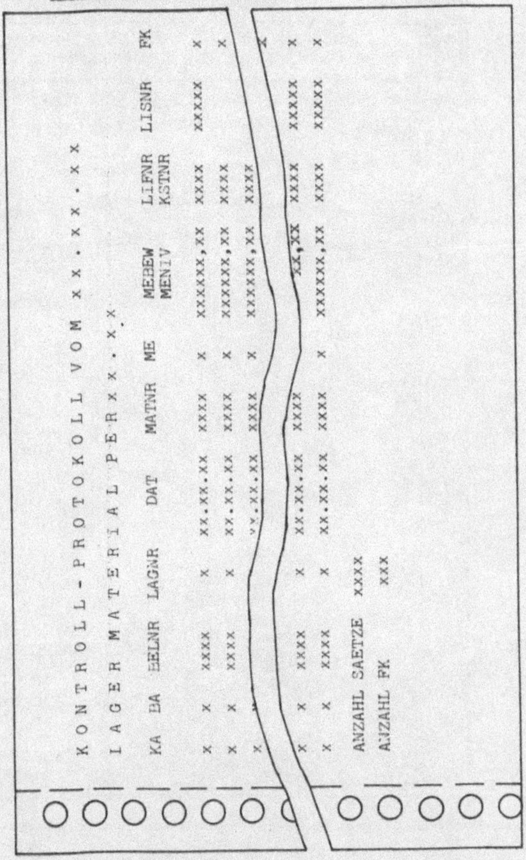

6.3 Formular-Entwurf Bestands-Fortschreibung

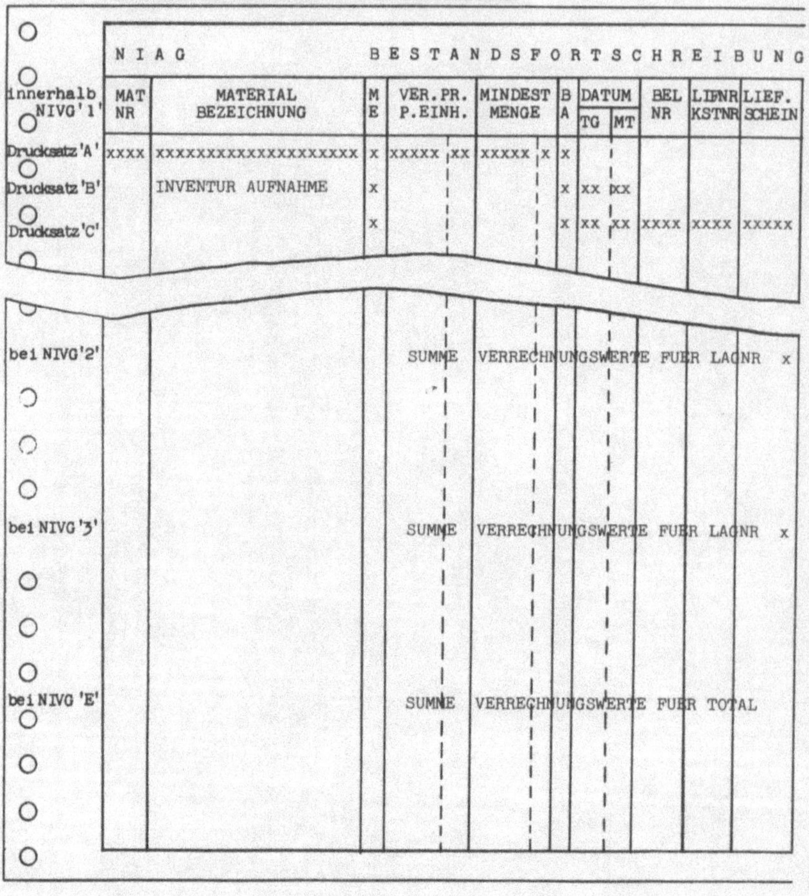

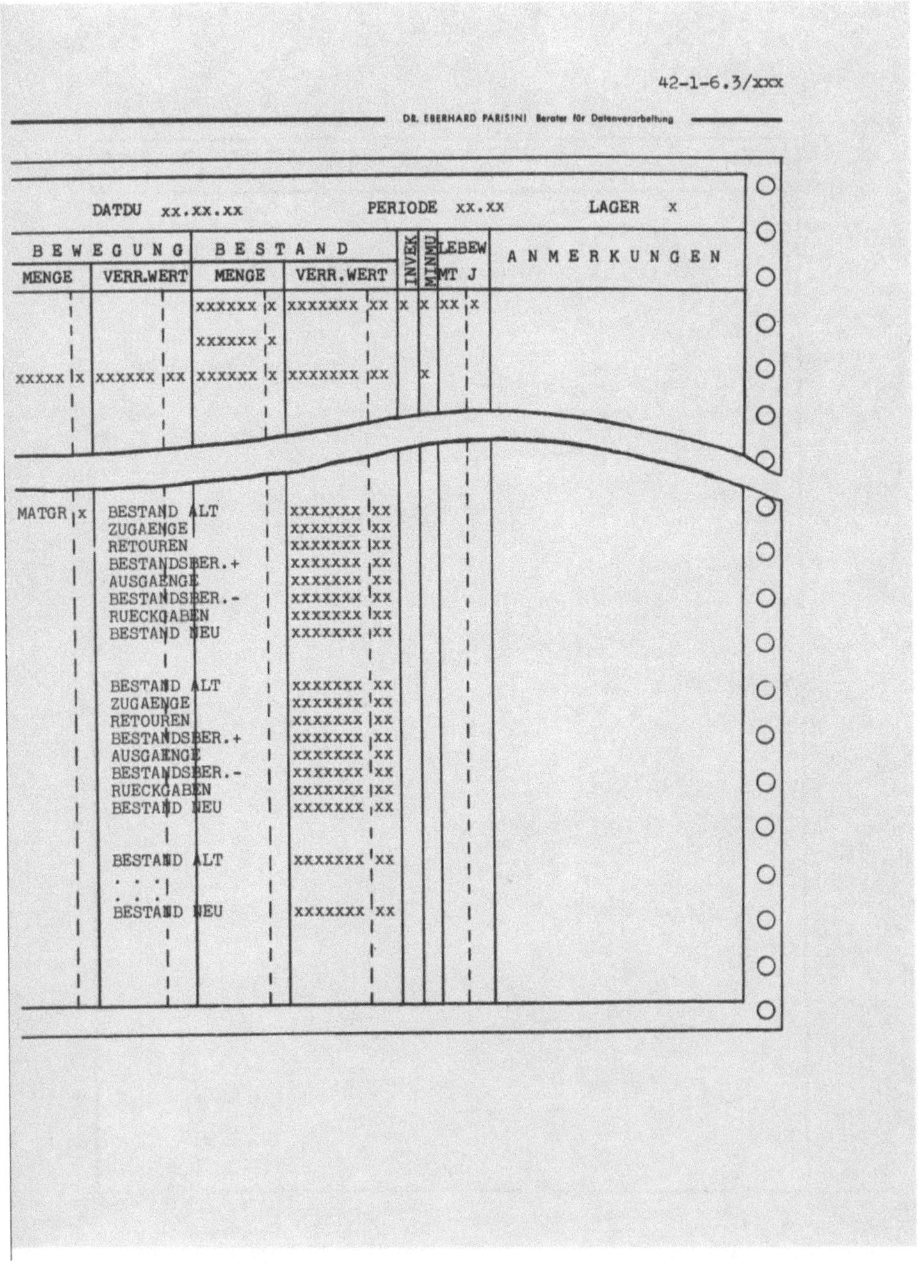

42-1-6.3/xxx

DR. EBERHARD PARISINI Berater für Datenverarbeitung

DATDU xx.xx.xx PERIODE xx.xx LAGER x

B E W E G U N G | B E S T A N D | INVEK | MINMU | LEBEW | A N M E R K U N G E N

MENGE | VERR.WERT | MENGE | VERR.WERT | | | MT J |

xxxxxx x xxxxxxx xx x x xx x

xxxxxx x

xxxxx x xxxxxx xx xxxxxx x xxxxxxx xx x

MATGR x BESTAND ALT xxxxxxx xx
ZUGAENGE xxxxxxx xx
RETOUREN xxxxxxx xx
BESTANDSBER.+ xxxxxxx xx
AUSGAENGE xxxxxxx xx
BESTANDSBER.- xxxxxxx xx
RUECKGABEN xxxxxxx xx
BESTAND NEU xxxxxxx xx

BESTAND ALT xxxxxxx xx
ZUGAENGE xxxxxxx xx
RETOUREN xxxxxxx xx
BESTANDSBER.+ xxxxxxx xx
AUSGAENGE xxxxxxx xx
BESTANDSBER.- xxxxxxx xx
RUECKGABEN xxxxxxx xx
BESTAND NEU xxxxxxx xx

BESTAND ALT xxxxxxx xx
. . .
. . .
BESTAND NEU xxxxxxx xx

42-1-6.8/xxx

DR. EBERHARD PARISINI Berater für Datenverarbeitung

Sachgebiet		Aussteller	Ausstellungsdatum	Blatt	folgt Blatt
Lager-Material	DRUCK-AUSGABE-BE-SCHREIBUNG	K	19.3.70		

1. Verwendungszweck:

   Lagerbestands-Fortschreibung für "Lager-Material"

2. Empfangende Stellen:

   - Lager-Leitung
   - Beschaffungs-Abteilung

3. Periodizität:

   monatlich

4. Inhalt:

   - alle Bewegungen nach Lager-Nummer, Material-Nummer, Datum, Bewegungsart
   - Summen je Bewegungsart bei Wechsel von
     - o Material-Gruppe
     - o Lager-Nummer
     - o Total

5. Formal-Aufbau:

   - Formular laut Entwurf in 42-1-6.3/xxx
   - 3-fach

6. Korrektur-Hinweise:

   Ø

7. Programmier-Anweisung PRONR 42-22-06

7.1 Kurz-Beschreibung

- Einlesen aller Bewegungs-Karten
- Erstellen eines Daten-Satzes je Bewegung
- Vornahme von Plausibilitäts-Kontrollen
- Zählen der Bewegungen
- Zählen der Fehler
- Drucken eines Kontroll-Protokolls

7.4 Eingabe-Ausgabe-Übersicht

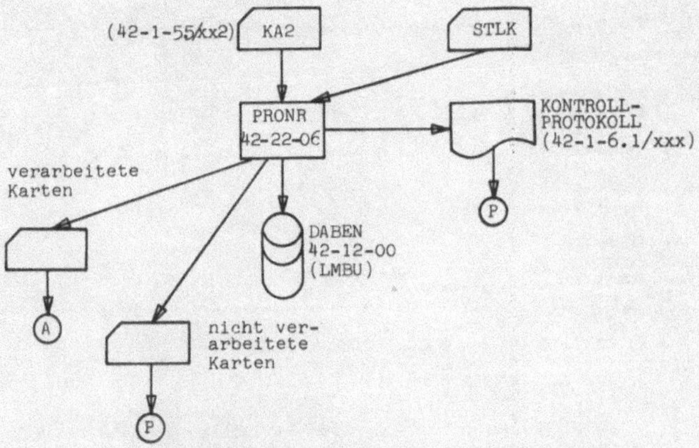

7.6 Eingabe-Daten

- Bewegungs-Lochkarten
  - o KA2 (siehe 42-1-5.5/xx2) einer Periode
  - o Sortierordnung: unsortiert

- STLK
  - o SA S01
  - o Vorkommen: immer
  - o Verwendung von: - PER
    - DATDU

7.8 Verarbeitung

- 1. Plausibilitäts-Kontrolle
Jede eingelesene Bewegungs-Lochkarte ist gemäß folgender Tabelle zu kontrollieren.

Kontroll-Tabelle

Wenn:	KA≠2	BA≠DIV x)	LAGNR≠DIV xx)	DAT≠ PER	MATNR nicht gelocht	bei BA 4,5,7,9 LIFNR/KSTNR nicht gelocht
dann:						
Karte aus-steuern	x	x	x	x	x	x
Karteninhalt auf Kontroll-Protokoll ausgeben	x	x	x	x	x	x
FK auf Protokoll ausgeben	A	B	C	D	E	F

x) DIV = 1 ODER 4 ODER 5 ODER 7 ODER 9

xx) DIV = 1 ODER 2 ODER 3

- 2. Umspeichern: aus jedem kontrollierten und richtig befundenen Karten-Inhalt ist ein Datensatz SA 421 (42-1-5.5/xx4) zu erstellen.

- 3. Zählen aller Sätze und Ausgeben der Gesamt-Anzahl auf das Kontroll-Protokoll (42-1-6.1/xxx).

- 4. Zählen aller nicht verarbeiteten Lochkarten und Ausgeben der Gesamt-Anzahl auf das Kontroll-Protokoll.

PRONR 42-22-06
42-1-7.9

DR. EBERHARD PARISINI Berater für Datenverarbeitung

7.9 Ausgabe-Daten

- 1. Nicht verarbeitete Karten: zur Überprüfung (Anmerkung: Hier wird nicht auf die nach Klärung der Fehler erforderliche Einspeicherung der Korrekturen auf den DABEN 42-12-xx (LMBU) eingegangen.)

- 2. Verarbeitete Karten: zur Ablage

- 3. DABEN 42-12-OC (LMBU)
  - o Beschreibung siehe 42-1-5.7/xxx
  - o Vorkommen: immer
  - o Speichermedium: Platte
  - o Sortier-Ordnung: unsortiert

- 4. Druck-Ausgabe:
  - o Kontroll-Protokoll: siehe 42-1-6.1/xxx zur Überprüfung der nicht verarbeiteten Karten
  - o in duplo

7. Programmier-Anweisung PRONR 42-24-08

7.1 Kurz-Beschreibung

Sortieren der Bewegungs-Sätze nach
o Lager-Nummer
o Material-Nummer
o Datum
o Bewegungsart

7.4 Eingabe-Ausgabe-Übersicht

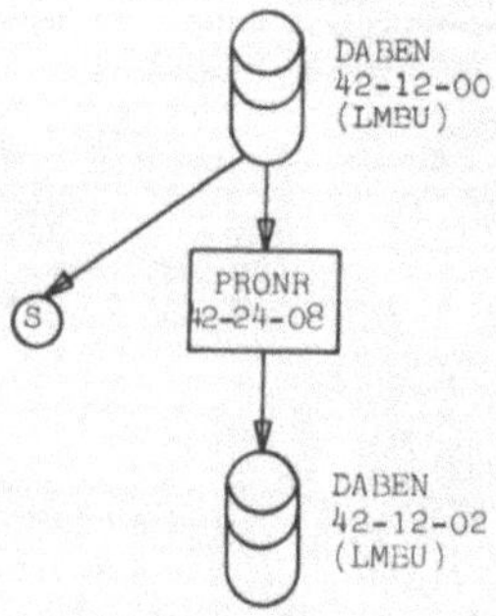

7.8 Verarbeitung

- Die Datensätze der Eingabe-DABEN 42-12-00 sind ohne Veränderung ihres Inhalts zu sortieren und in der neuen Reihenfolge in der Ausgabe-DABEN 42-12-02 auszugeben.
- Die Eingabe-Datei ist bis zum Abschluß der Perioden-Arbeit zu sichern.
- Sortier-Ordnung:
  o Eingabe-DABEN 42-12-00: unsortiert
  o Ausgabe-DABEN 42-12-02: LAGNR
  MATNR
  DAT
  BA

PRONR 42-26-10
42-1-7.1 u.7.2

DR. EBERHARD PARISINI Berater für Datenverarbeitung

7. Programmier-Anweisung PRONR 42-26-10

7.1 Kurz-Beschreibung

Die sortierten Bewegungs-Sätze werden mit dem Bestands-Datenbestand so zusammengeführt, daß
- der alte Bestand in den neuen übergeführt wird,
- die Bewegungen auf Plausibilität geprüft werden,
- die Bewegungen mit dem Verrechnungspreis bewertet und Bewegungs-Sätze "Zugänge" und "Verbrauch" erstellt werden,
- eine Inventur-Kontrolle erfolgt,
- bei Inventur-Differenzen Bestands-Berichtigungs-Sätze erstellt werden,
- eventuelle Unterschreitungen der Mindest-Bestands-Menge angezeigt werden,
- die letzte Bewegung festgehalten wird,
- ein Speicher für die Verbuchung der Lager-Material-Konten-Gruppen nach Bewegungsarten für die Finanzbuchhaltung erstellt wird,
- sämtliche Stamm- und Bewegungs-Daten auf ein Bestands-Fortschreibungs-Formular ausgegeben werden.

7.2 Organisatorische Hinweise

- Es wird vorausgesetzt, daß der Änderungsdienst des LMS-Datenbestandes bereits vorgenommen wurde, so daß jede vorkommende richtige Bewegungs-MATNR eine entsprechende Bestands-MATNR antrifft.

- Ebenso wird vorausgesetzt, daß Änderungen der Verrechnungspreise außerhalb dieses Beispiels durchgeführt werden.

- Die bei der Inventur aufgenommene Menge muß den Stand des Aufnahme-Tages vor jeglicher Bewegung angeben.

PRONR 42-26-10
42-1-7.4

DR. EBERHARD PARISINI Berater für Datenverarbeitung

7.4 Eingabe-Ausgabe-Übersicht

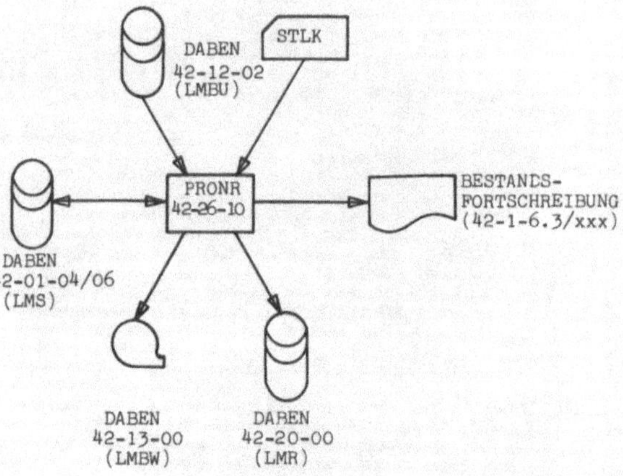

PRONR 42-26-10
42-1-7.6 u.7.7

DR. EBERHARD PARISINI Berater für Datenverarbeitung

7.6 Eingabe-Daten

- 1. DABEN 42-01-04 (LMS)
  - o Beschreibung siehe 42-1-5.7/xxx
  - o Vorkommen: immer
  - o Sortier-Ordnung: LAGNR
    MATNR

- 2. DABEN 42-12-02 (LMBU)
  - o Beschreibung siehe 42-1-5.7/xxx
  - o Vorkommen: immer
  - o Speichermedium: Platte
  - o Sortierordnung: LAGNR
    ARTNR
    DAT
    SA

- 3. STLK
  - o SA: S01
  - o Vorkommen: immer
  - o Verwendung von:
    PER
    DATDU

7.7 Niveau-Identifikation

- 1. Paarigkeits-Niveau (NIVP)

NIVP:	LMS	LMBU
'A'	LAGNR MATNR	LAGNR MATNR

Paarigkeit ist gegeben bei Gleichheit der entsprechenden Felder

- 2. Gruppen-Niveau (NIVG)

NIVG:	Identifikation:
'Ø'	Einzelsatz
'1'	LAGNR, MATNR
'2'	LAGNR, MATGR
'3'	LAGNR
'E'	Gesamt-Daten

PRONR 42-26-10
42-1-7.8/xx1

DR. EBERHARD PARISINI Berater für Datenverarbeitung

7.8 Verarbeitung

- 1. Daten-Aufnahme: diese erfolgt durch das gemischte Einlesen der Datenbestände LMS und LMBU in der Ordnung:
  - LAGNR
  - MATNR
  - weiters:
    - o SA 42Ø: -
    - o SA 421 in der Ordnung
      DAT
      BA

- 2. Zu verarbeitende Datensätze:
  - o SA 42Ø aus LMS
  - o SA 421 aus LMBU

- 3. Bearbeitungs-Bedingungen:
  - o Bearbeitung von NIVG 'Ø' innerhalb eines NIVG '1':
    - wenn NIVP 'A' gegeben: Anweisung gemäß - 5.
    - wenn NIVP 'A' nicht gegeben:
      - o und nur SA 421 vorhanden: fehlerhafte NIVG '1': mit FK 'G' versehen und als SA 425 nach LM3W ausgeben
      - o und nur SA 42Ø vorhanden: Anweisung gemäß -4.
  - o Bearbeitung bei Wechsel des NIVG '1': Anweisung gemäß -6.
  - o Bearbeitung bei Wechsel NIVG '2', '3', 'E': Anweisung gemäß-7.

- 4. Bearbeitung SA 42Ø ohne SA 421:
  - o SA 42Ø bleibt unverändert
  - o VWBES = VWBES(alt) = VWBES (neu)
  - o Ausgabe-Drucksatz 'A' bilden (alter Zustand = neuer Zustand)

- 5. Bearbeitung von SA 42Ø mit SA 421:
  - o 5.0 Übersicht:
    - Die Bearbeitung eines NIVG '1' besteht aus der Bearbeitung einer SA 42Ø (5.1) und eines oder mehrerer Einzelsätze SA 421 (5.2); durch diese werden Werte der SA 42Ø laufend verändert;
    - in Abhängigkeit von der BA wird MEBES der SA 42Ø durch MEBEW der SA 421 verändert,
    - bei BA = 1 wird MEBEW erst aus der Differenz von MEBES und MENIV ermittelt,
    - alle Sätze werden ausgedruckt,
    - die nach jeder BA (außer 1) neu gebildeten MEBES und VWBES werden ausgedruckt,
    - im einzelnen werden die Vorgänge unter 5.1 bis 5.6 beschrieben.

PRONR 42-26-10
42-1-7.8/xx2

DR. EBERHARD PARISINI Berater für Datenverarbeitung

```
o 5.1 SA 42Ø:
      - Ausgabe-Drucksatz 'A' bilden (alter Zustand)
      - Satz-Inhalt für weitere Bearbeitung zwischen-
        speichern
      - MEBES (alt) --> MEBES (neu)
o 5.2 SA 421 mit BA = 1
      - aus SA 421 Drucksatz 'B' bilden,
      - in Datenfeld ARTBZ des Ausgabe-Drucksatzes
        das Wort INVENTURAUFNAHME aufnehmen,
      - MEBEW = MENIV - MEBES
        o wenn MEBEW > Ø: SA 422 mit BA = 6 und MEBEW bilden
        o wenn MEBEW < Ø: SA 422 mit BA = 8 und MEBEW bilden
        o wenn MEBEW = Ø: SA 422 nicht bilden
      - INVEK in SA 42Ø blank setzen
      - aus SA 421 in SA 422 übernehmen:
        o LAGNR
        o ARTNR
        o DAT
        o ME
        o BELNR
o 5.3 SA 421 mit BA = 4 und BA = 9
      - SA 423 bilden mit Satzinhalt von SA 421
      - nach LEBEW in SA 420 2.-4. Stelle (Einer-Stelle
        des Jahres und Monat) von DAT der SA 421 übertragen,
      - BA aus SA 421 nach SA 423 übertragen.
o 5.4 SA 421 mit BA = 5 und BA = 7
      - SA 424 bilden mit Satzinhalt von SA 421,
      - nach LEBEW in SA 42Ø 2.-4. Stelle (Einer-Stelle
        des Jahres und Monat) von DAT der SA 421 über-
        tragen,
      - BA aus SA 421 nach SA 424 übertragen.
o 5.5 Aus SA 42Ø in SA 422, SA 423, SA 424 übernehmen:
      ARTBZ
      VEPRE
o 5.6 Je NIVG 'Ø' für SA 422, SA 423 und SA 424
      - Vorzeichen von MEBEW ist zu setzen:
        o bei SA 422 mit BA = 6:  positiv
        o     SA 423 mit BA = 4:  positiv
              SA 424 mit BA = 5:  positiv

        o bei SA 422 mit BA = 8:  negativ
              SA 423 mit BA = 9:  negativ
              SA 424 mit BA = 7:  negativ
```

PRONR 42-26-10
42-1-7.8/xx3

DR. EBERHARD PARISINI Berater für Datenverarbeitung

- MEBES(neu) + MEBEW → MEBES(neu)
- VWBES(neu) = MEBES(neu) x VEPRE
- 3. Komma-Stelle runden: 0 - 4 wird Ø
  5 - 9 wird 1Ø
- VWBEW = VWBES(neu) - VWBES(alt)
- VWBEW je BA über NIVG '2', '3', 'E' aufsummieren
- wenn MEBES < MINME in SA 420: Sternchen in MINMU der SA 42Ø setzen
- wenn MEBES ≥ MINME: MINMU der SA 42Ø blank setzen
- Sätze SA 422, SA 423, SA 424 auf LMBW-Datenbestand ausgeben
- Drucksatz "C" bilden

- 6. Bearbeitung bei Wechsel NIVG '1'
  - o SA 42Ø mit MEBES(neu) auf LMS zurückgeben,
  - o VWBES(alt), VWBES(neu) über NIVG '2', '3', 'E' aufsummieren

- 7. Bearbeitung bei Wechsel NIVG '2', '3', 'E':
  - o Entsprechende Druck-Ausgabe gemäß 7.9 bilden
  - o bei NIVG '2' zusätzlich SA 429 bilden

7.9 Ausgabe-Daten und Druck-Ausgaben

- 1. DABEN 42-01-06 (LMS)
  - o Beschreibung siehe 42-1-5.7/xxx
  - o Vorkommen: immer
  - o Sortier-Ordnung: 'LAGNR
    MATNR

- 2. DABEN 42-13-00 (LMBW)
  - o Aufbau siehe 42-1-5.7/xxx
  - o Vorkommen: immer
  - o Satzarten-Vorkommen: jede SA kann entfallen
  - o Speichermedium: Band
  - o Sortier-Ordnung: LAGNR
    MATNR

- 3. DABEN 42-20-00 (LMR)
  - o Aufbau siehe 42-1-5.7/xxx
  - o Vorkommen: immer
  - o Speichermedium: Platte
  - o Sortier-Ordnung: LAGNR
    MATGR

- 4. Bestands-Fortschreibungs-Formular
  - o Formular-Muster siehe 42-1-6.3/xxx
  - o Vorkommen: immer
  - o Anzahl Exemplare: dreifach
  - o Blatt-Wechsel: je MATGR
  - o Drucksatz-Beschreibung: siehe Punkt - 5.
  - o Leerzeilen: bei Wechsel von NIVG '1': 1 Leerzeile
    bei Wechsel von NIVG '2', '3', 'E': je
    2 Leerzeilen

- 5. Ausgabe-Drucksätze
  - o 5.1 NIVG '1':
    - Der Inhalt der im Listbild (42-1-6.3/xxx) angekreuzten Datenfelder ist je Drucksatz innerhalb eines NIVG '1' einzeilig auszudrucken.
    - Im Drucksatz 'B' ist im Feld 'MATBZ' das Wort 'INVENTURAUFNAHME' auszudrucken.
    - Im Formular-Kopf sind auszudrucken:
      DATDU
      PER
      LAGNR (aus dem ersten Bestands-Satz der betreffenden Gruppe)
  - o 5.2 NIVG '2', '3', 'E':
    Drucktext und Verrechnungswert-Summen gemäß Listbild ausdrucken

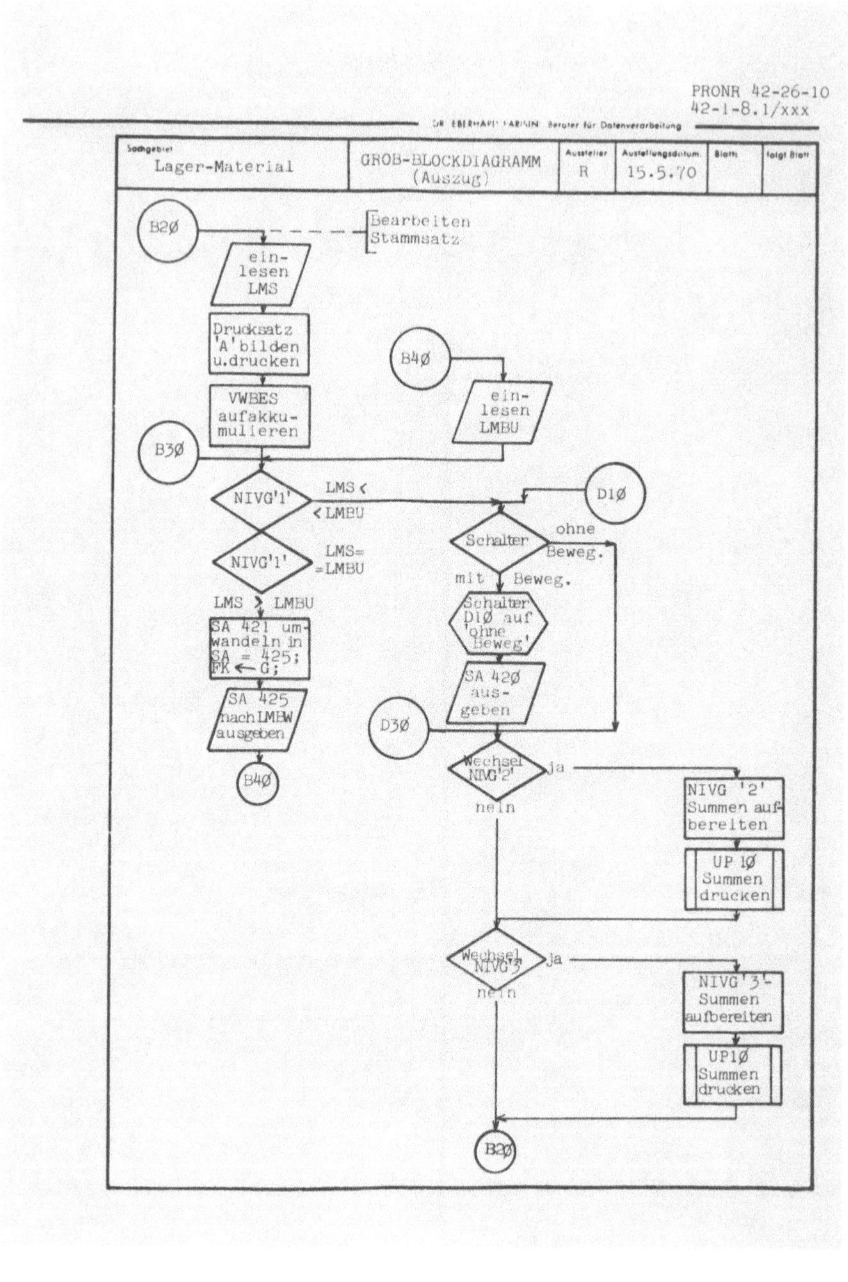
PRONR 42-26-10
42-1-8.1/xxx
Sachgebiet
Lager-Material
GROB-BLOCKDIAGRAMM
(Auszug)
Aussteller
R
Ausstellungsdatum
15.5.70
Blatt
folgt Blatt
B2Ø
Bearbeiten Stammsatz
ein-lesen LMS
Drucksatz 'A' bilden u.drucken
VWBES aufakku-mulieren
B3Ø
B4Ø
ein-lesen LMBU
NIVG'1'
LMS < < LMBU
NIVG'1'
LMS= =LMBU
LMS > LMBU
SA 421 um-wandeln in SA = 425; FK ← G;
SA 425 nach LMBW ausgeben
B4Ø
D1Ø
Schalter
ohne Beweg.
mit Beweg.
Schalter D1Ø auf 'ohne Beweg'
SA 42Ø aus-geben
D3Ø
Wechsel NIVG'2'
ja
nein
NIVG '2' Summen auf-bereiten
UP 1Ø Summen drucken
Wechsel NIVG'3'
ja
nein
NIVG '3'-Summen aufbereiten
UP1Ø Summen drucken
B2Ø

9.1 Problem-Testbeispiele (Auszug)

SA	LAG NR	MAT NR	BA	MATBZ	ME	MEBES	VEPRE	VWBES	MINME	MINMU	LE BEW	IN VEK
420	1	2345	0	ARTIKEL A1	2	550,0	15,70	8.635,00	500,0	-	270	0
420	1	2582	0	ARTIKEL A2	3	605,0	120,50	72,902,50	200,0	-	170	-
420	1	3012	0	ARTIKEL B1	1	10.000,0	2,87	28.700,00	12.000,0	*	270	-
420	1	3775	0	ARTIKEL B2	2	3.420,5	10,00	34.205,00	3.000,0	=	270	9
420	2	4518	0	ARTIKEL C1	2	60,0	280,00	16.800,00	50,0	-	170	-
...												

KA	BA	BEL	LAG	DAT	MATNR	ME	MEBEW MENIV	LIFNR KSTNR	LISNR
2	7	5123	1	05.03.70	2345	2	22,0	1020	
2	7	5130	1	06.03.70	2345	2	51,5	1020	
2	1		1	09.03.70	2345	2	505,0		
2	4	1234	1	13.03.70	2345	2	30,0	3345	87654
2	7	5212	1	16.03.70	2345	3 x)	130,0	1020	
2	5	5213	1	17.03.70	2345	2	20,0	1020	
2	4	1412	1	20.03.70	2345	2	80,0	3345	88100
2	4	1320	1	12.03.70	3012	1	5.000,0	2170	82400
2	7	4212	1 x)	17.03.70	3012	1	2.400,0	3270	
2	9	1412	1	20.03.70	3012	1	6.000,0	6089	
2	4	1410	1	18.03.70	3021 x)	1	6.000,0	6089	00515
2	4	2400	2	16.03.70	3775	2	260,0	4120	11264
2	1		2	18.03.70	3775	2	3.685,0		
2	7	4285	2	20.03.70	3775	2	317,5	4027	
2	7	4213	2	17.03.70	4518	2	5,0	3270	
2	5	4215	2	18.03.70	4518	2	2,5	3270	
...									

x) Fehler

9.2 Arbeits-Anweisung für manuelle Bearbeitung

------------ (Aussteller) ------------ (Empfänger)

Arbeits-Anweisung 42-1-9.2/xxx

Betrifft: Überprüfung des Kontroll-Protokolls 42-1-6.1/xxx

1. Auf der obigen Unterlage, die monatlich zwischen ... und ... eintrifft, sind fehlerhafte Bewegungs-Fälle ausgedruckt. Die Ursache ist aus dem angegebenen Fehler-Kennzeichen (FK) ersichtlich. Dessen Bedeutung ist dem FK-Schlüssel (42-1-3.8/xx1) zu entnehmen.

2. Es ist vorzunehmen:
   - Generell:
     - o Prüfung der Angaben an Hand der Original-Belege
     - o Klärung von Abweichungen
     - o Allenfalls Richtigstellung des Original-Beleges mit Genehmigung des Ausstellers
     - o Erstellen eines Korrektur-Beleges mit Angabe der richtiggestellten Daten
     - o Weitergabe des Korrektur-Beleges an Datenerfassungsstelle
   - Im besonderen:
     - o bei FK = A ...

3. Termin: Erledigung innerhalb eines Arbeitstages

4. Das Kontroll-Protokoll und eine Kopie des Korrektur-Beleges sind abzulegen.

............., am ....

Unterschrift des Ausstellers

Bestätigung des Empfängers

42-1-9.3/xxx

DR. EBERHARD PARISINI Berater für Datenverarbeitung

Sachgebiet:	Aussteller:	Ausstellungsdatum:	Blattzahl:	folgt Blatt:
LAGER-MATERIAL	M	4.5.70		

Lochanweisung Nr.: 42-1-9.3/xxx — für AG:

Locher: x — Prüfer: y

Lochbeleg: 42-1-4.3/xxx — von AG.: — an AG.:

Lochkarte: 42-1-5.5/xx2 — von AG.: — an AG.:

KA	BA	BEL NR.	LAGNR	DAT TG	DAT MT	DAT JR	MAT NR.	ME	MEBEW MENIV	LIFNR KSTNR	LISNR
01	02	03 04 05 06	07	08 09	10 11	12 13	14 15 16 17	18	19 20 21 22 23 24 25 26	27 28 29 30	31 32 33 34 35

36 37 38 39 40 41 42 43 44 45 46 47 48 49 50

51 52 53 54 55 56 57 58 59 60 61 62 63 64 65 66 67 68 69 70 71 72 73 74 75 76 77 78 79 80 81 82 83 84 85 86 87 88 89 90 91 92 93 94 95 96 97 98 99 00

Feld. Nr.	Feld Name	Spalte von	Spalte bis	Feldbezeichnung	num./alph.	Quelle	Länge (stw)	Häufigkeit	Bemerkung	Prog.
1	KA	1	-	Kartenart	n	autom.	1	1	Konstante: 2	
2	BA	2	-	Bewegungsart	n	lochen	1	1	1)	
3	BELNR	3	6	Beleg-Nummer	n	"	4	1	1)	
4	LAGNR	7	-	Lager-Nummer	n	"	1	1	1)	
5	DAT	8	9	Datum-Tag	n	"	2	1	1)	
	"	10	11	Datum-Monat	n	aut.	2	1		
	"	12	13	Datum-Jahr	n	aut.	2	1		
6	MATNR	14	17	Material-Nummer	n	lochen	4	1		
7	ME	18	-	Mengen-Einheit	n	"	1	1		
8	MEBEW MENIV	19	26	Mengen-Bewegung " -Inventur	n n	" "	6+2	1	vorwiegend nur 3+0 Stellen	
9	LIFNR KSTNR	27	30	Lieferanten-Nummer Kostenstellen-Nummer	n n	" "	4	1	bei BA=1 nicht	
10	LISNR	31	35	Lieferschein-Nummer	a		5	0,1	nur bei BA=4,9	

1) nur einmal je Beleg lochen, sonst duplizieren

F8

Anhang B

Richtlinien für Aufgaben- und Stellen-Beschreibungen

B. Richtlinien für Aufgaben- und Stellen-Beschreibungen

Für die Verteilung der Aufgaben im Rahmen des Einführungs-Verfahrens der automatisierten Datenverarbeitung sowie für das Gliederungs-Schema einer Datenverarbeitungs-Abteilung (DV-Abteilung) und deren Einordnung im Unternehmen sind die nachstehenden Richtlinien maßgebend.

Die DV-Abteilung hat Dienstleistungs-Funktionen gegenüber den anderen Stellen des Betriebes hinsichtlich der Ausführung der ihr übertragenen und von ihr übernommenen Aufgaben zu erbringen.

Die konkrete Formulierung der Aufgaben und deren Zuordnung zu den einzelnen Stellen ist ebenso wie die Regelung der Über-/Unterstellung entsprechend der Gliederung der DV-Abteilung im Einzelfall vorzunehmen und in die Form von Stellen-Beschreibungen zu kleiden.

Die vorliegenden Richtlinien umfassen:

1. Kurz-Beschreibungen der wesentlichen Aufgaben der folgenden Stellen-Bereiche in bezug auf das ADV-Einführungs-Verfahren *(Aufgaben-Beschreibungen):*
   1. Geschäftsleitung
   2. Delegierter für DV-Angelegenheiten
   3. Abteilungs-Leiter
   4. Organisator
   5. Mitglieder des Organisations-Teams
   6. Personal-Abteilung
   7. Bau-Abteilung/Haus-Verwaltung
   8. Lieferfirmen
2. Gliederungs-Schema einer DV-Abteilung
3. Kurz-Beschreibungen der wesentlichen Aufgaben der folgenden Stellen-Bereiche in der DV-Abteilung *(Stellen-Beschreibungen)*
   1. Leiter der DV-Abteilung
   2. Sekretariat
   3. Chef-Analytiker
   4. Analytiker
   5. Verbindungspersonen der Abteilungen
   6. Chef-Programmierer
   7. System-Programmierer
   8. Programmierer
   9. Chef des Rechenzentrums
   10. Archiv- und Material-Verwalter
   11. Kontrollstelle
   12. (Chef-)Operator
   13. (Chef-)Datenerfasser

1. Kurz-Beschreibungen der wesentlichen Aufgaben der folgenden Stellen-Bereiche in bezug auf das ADV-Einführungs-Verfahren (Aufgaben-Beschreibungen)

1. Geschäftsleitung

1. Grundsatz-Entscheidungen über die Einführung der automatisierten Datenverarbeitung (ADV)
2. Bestellung eines für die Datenverarbeitung verantwortlichen Delegierten und Festlegung der Vollmachten
3. Setzen der Ziele
4. Prüfung und Genehmigung des Rahmenvorschlages und der Grund-Konzeption
5. Beschlußfassung über Entscheidungs-Anträge des Delegierten
6. Beauftragung außenstehender Berater
7. Genehmigung zur Bildung der DV-Abteilung
8. Abschluß von Verträgen mit Lieferfirmen
9. Genehmigung des Realisierungs-Planes mit Reihung der Projekte
10. Unterstützung der Planungs- und Ausführungs-Arbeiten in allen Bereichen des Unternehmens

2. Delegierter der Geschäftsleitung für DV-Angelegenheiten

1. Planung, Koordinierung und Überwachung der Maßnahmen zur Einführung der automatisierten Datenverarbeitung im Unternehmen im Rahmen der ihm von der Geschäftsleitung übertragenen Vollmachten
2. Periodische Berichterstattung an die Geschäftsleitung
3. Vorlage von Grundsatzfragen, mit Empfehlung von Entscheidungen darüber, zur Beschlußfassung durch die Geschäftsleitung
4. Veranlassung der Ausführung der Beschlüsse der Geschäftsleitung
5. Vertretung der Geschäftsleitung in allen Angelegenheiten der ADV
6. Koordinierung aller Stellen des Unternehmens in bezug auf die ADV-Angelegenheiten
7. Veranlassung von Reorganisations-Maßnahmen zum Zwecke der Schaffung eines dem Erfordernis des Unternehmens angemessenen automatisierten Abrechnungs- und Informations-Systems
8. Schaffung der organisatorischen, personellen, maschinellen und räumlichen Voraussetzungen für die planmäßige und rationelle Durchführung eines auf das ADV-System ausgerichteten Einführungs-Verfahrens

9. Laufende Zusammenarbeit mit dem und Überwachung des Organisators, sowie Koordinierung seiner Tätigkeit mit den Abteilungen des Unternehmens
10. Termin-Planung, Arbeits-Planung und -Kontrolle im Einvernehmen mit dem Organisator bzw. mit dem Leiter der DV-Abteilung
11. Unterstellung der mit organisatorischen Arbeiten betrauten Mitarbeiter sowie des Leiters der DV-Abteilung nach dessen Einsetzung
12. Führung der Vertrags-Verhandlungen mit den Lieferfirmen, Entscheidung über die endgültige Konfiguration der Maschinen, Erteilung der Bestätigung über die Übernahme der Maschinen sowie Entscheidung über die Auswahl der Räume für die Maschinen
13. Entscheidung über die Durchführung eines ADV-Projektes (Aufnahme des praktischen Betriebes) im Einvernehmen mit den Leitern der betroffenen Abteilungen

3. Abteilungs-Leiter

Anmerkung: Darunter sind die Leiter der Abteilungen zu verstehen, deren Aufgaben-Bereiche vom ADV-System betroffen werden

1. Aktive Mitwirkung an der Istzustands-Aufnahme und an der Zielsetzung für das ADV-System
2. Sachgebiets-orientierte Unterstützung der Arbeiten des Organisators bzw. des Organisations-Teams bei der Ausarbeitung der Grund-Konzeption
3. Bereitstellung aller erforderlichen Informationen über den Aufgaben-Bereich
4. Bereitstellung von Verbindungspersonen der Abteilung zur Mitarbeit an ADV-Projekten, die die Abteilung betreffen, im Rahmen von Projekt-Teams
5. Entscheidende Mitwirkung an der Formulierung der Aufgabenstellung für die Detail-Organisation des ADV-Systems
6. Kritische Beurteilung von Mängeln des konzipierten ADV-Systems und inhaltliche sowie formale Genehmigung der Ergebnisse
7. Prüfung und Genehmigung der Problem-Test-Ergebnisse
8. Vorbereitung der Abteilung auf die praktische Inbetriebnahme des ADV-Systems und aktive Mitwirkung an der Einführung des ADV-Systems durch Einführung der Belege, Schlüssel, Arbeits-Anweisungen, Einschulung des Personals, Aufbereitung der Stamm-Daten etc.
9. Anpassung des Personal-Einsatzes an die Gegebenheiten des ADV-Systems
10. Genehmigung der Durchführungs-Planung, der Ergebnisse des Parallellaufes und der Aufnahme des definitiven Betriebes

4. Organisator

1. Inhaltliche und methodische Beratung und Unterstützung der Geschäftsleitung im Hinblick auf die angemessene Nutzung der Erkenntnisse der Betriebswirtschaft, Organisation und automatisierten Datenverarbeitung für das Unternehmen
2. Auftragsgemäße Durchführung des Einführungs-Verfahrens in den einzelnen Organisations-Stufen in Abstimmung mit dem Delegierten, insbesondere
   - die Vornahme der Voruntersuchung über die Zweckmäßigkeit der ADV für alle oder einzelne Sachbereiche des Unternehmens
   - die Entwicklung der Grund-Konzeption für ein umfassendes ADV-System des Unternehmens und/oder für einzelne ADV-Systeme
   - die Unterstützung des Delegierten bei der Durchführung der Vorbereitungs-Maßnahmen für die Realisierung von ADV-Systemen
   - die fachliche Leitung und Beratung aller im Rahmen des Einführungs-Verfahrens beschäftigten Personen bis zur Einsetzung eines Leiters der DV-Abteilung
   - die Beratung des Leiters der DV-Abteilung in allen ADV-Angelegenheiten, sowie erforderlichenfalls dessen Heranbildung und Einführung
3. Termin-Planung, Arbeits-Planung und Kontrolle im Rahmen des Einführungs-Verfahrens in Verbindung mit dem Delegierten
4. Entwicklung, Festlegung und Anwendung von rationellen Arbeits-Methoden
5. Fachliche Schulung, dispositiver Einsatz und Überwachung des Organisations-Teams
6. Disziplinäre Unterstellung der Mitarbeiter des Organisations-Teams, sofern ein unternehmens-eigener Organisator tätig ist
7. Laufende Berichterstattung an den Delegierten und periodische Berichte an die Geschäftsleitung

5. Mitglieder des Organisations-Teams

1. Ausführende und – soweit möglich – kreative Unterstützung des Organisators im Rahmen der Grund-Konzeption und Vorbereitung bis zur Einrichtung der DV-Abteilung
2. Beistellung der allgemeinen und besonderen Fachkenntnisse über das Unternehmen

6. Personal-Abteilung

1. Mitwirkung an der Bereitstellung des erforderlichen Personals
2. Mitwirkung an der Anpassung des Personal-Einsatzes an die Gegebenheiten des ADV-Systems

7. Bau-Abteilung / Haus-Verwaltung

Mitwirkung an der Adaptierung und Bereitstellung der erforderlichen Räume

8. Lieferfirmen

1. Bereitstellung von Informationen und aktuellen Unterlagen über Art, Kapazität, Preise, Vertragsbedingungen etc. der lieferbaren Maschinen und Organisationsmittel, Betriebs-Systeme, Dienst- und Anwender-Programme etc.
2. Bereitstellung von Informationen über bestehende Applikationen
3. Unterstützung des Projekt-Teams im Hinblick auf die zweckmäßige Durchführbarkeit der konzipierten Arbeiten mit dem Computer
4. Verbindliche Beurteilung der Maschinen-Laufzeit-Schätzungen
5. Mitwirkung an der Optimierung des Datenflußplanes
6. Unterstützung bei der Programmierung
7. Erstellung der Installations-Planung und Vornahme der Installation der hardware, Aufbau des Betriebs-Systems, der Dienst-Programme (mitgelieferte software) und betriebsbereite Übergabe der Maschinen

2. Gliederungs-Schema und Einordnung einer DV-Abteilung in das Unternehmen

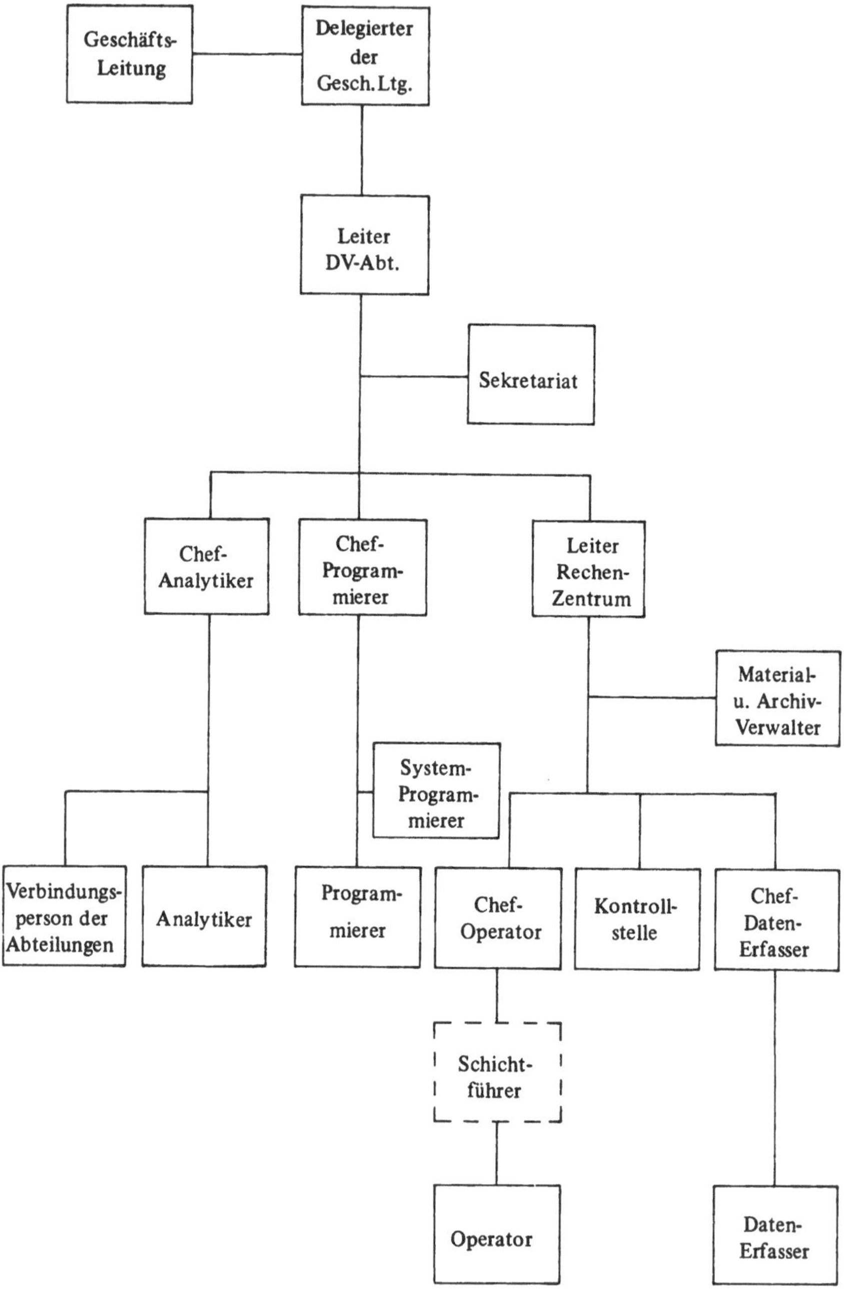

3. Kurz-Beschreibungen der wesentlichen Aufgaben der folgenden Stellen-Bereiche in der DV-Abteilung (Stellen-Beschreibungen)

1. Leiter der DV-Abteilung

1. Leitung der Mitarbeiter bzw. Gruppenleiter der DV-Abteilung
2. Beratung aller Stellen des Unternehmens in ADV-Angelegenheiten
3. Durchführung des Einführungs-Verfahrens in den Organisations-Stufen Vorbereitung und Realisierung, insbesondere im Hinblick auf
   - die Bereitstellung des Personals
   - die Bereitstellung der Maschinen und Betriebsmittel
   - die Bereitstellung der Räume
   - die Vergabe von Projekt-Aufträgen gemäß Realisierungs-Plan
   - die Kontrolle der Ausführung
   - die Genehmigung des Durchführungs-Planes gemeinsam mit den Leitern der Abteilungen
   - die Genehmigung des Abschluß-Berichtes
4. Gewährleistung der ordnungsgemäßen Ausführung der Dienstleistungen der DV-Abteilung gegenüber allen Stellen des Unternehmens
5. Information und Fortbildung der Mitarbeiter (Schulungs-Programm)
6. Regelung des Vorschlagswesens in bezug auf die Datenverarbeitung
7. Planung und Kontrolle der Kosten und deren Verteilung (Wirtschaftlichkeits-Kontrolle)
8. Vorsorge für eine optimale Ausnützung der personellen und maschinellen Kapazität der DV-Abteilung
9. Festlegung bzw. Genehmigung der Richtlinien für Arbeitsmethoden, Dokumentation, Archivierung etc. (Arbeits-Richtlinien)

2. Sekretariat

1. Ausführung aller Sekretariats-Arbeiten nach Weisung des Leiters der DV-Abteilung
2. Führung der Arbeitszeit-Kontrolle
3. Führung der Abteilungs-Statistik

3. Chef-Analytiker

1. Inhaltliche und methodische Anwendung der Erkenntnisse der Betriebswirtschaft, Organisation und automatisierten Datenverarbeitung im Rahmen der Realisierung eines umfassenden ADV-Systems für das Unternehmen
2. Disziplinäre und fachliche Leitung der Analytiker-Gruppe

3. Fachliche Unterstellung der Verbindungspersonen für die Dauer ihrer Zugehörigkeit zu einem Projekt-Team
4. Planung und Überwachung des Einsatzes der Analytiker und Verbindungspersonen in Form von Projekt-Teams zwecks Realisierung einzelner ADV-Projekte
5. Vorgabe und Kontrolle der Termine für die Projekte
6. Laufende Überwachung der Realisierung der Projekte
7. Fachliche Koordinierung der Projekte, insbesondere bezüglich gemeinsamer Grundlagen und Verbindungen untereinander in Abstimmung mit dem Chef-Programmierer
8. Koordination von Projekt-Team, Programmierer-Team, Rechenzentrum und Abteilungen in Abstimmung mit dem Chef-Programmierer im Zuge der Programmierung und Einführung
9. Unterstützung des Leiters der DV-Abteilung bei Vornahme der organisatorischen Aufgaben und des Aufbaus der Analytiker-Gruppe in der Organisations-Stufe Vorbereitung
10. Entwicklung, Einführung und Ajourhaltung von Arbeits-Richtlinien für die rationelle Ausführung der Aufgaben der Analytiker-Gruppe
11. Studium von Computer-Applikationen und Organisations-Methoden

4. Analytiker

1. Leitende oder mitwirkende Detail-Ausarbeitung von ADV-Projekten gemäß Projekt-Auftrag unter inhaltlicher Anwendung der Erkenntnisse der Betriebswirtschaft, Organisation und automatisierten Datenverarbeitung und Beachtung der methodischen Arbeits-Richtlinien
2. Zusammenarbeit innerhalb von Projekt-Teams mit den Verbindungspersonen
3. Vornahme der Projekt-Planung, Detail-Konzeption, Detail-Ausführung und Programm-Vorgabe
4. Bereitstellung der Projekt-Spezifikation für die Programmierung, Unterstützung der Programmierer-Teams und Abnahme der ausgetesteten Programme
5. Praktische Einführung und Durchführungs-Kontrolle des ADV-Systems
6. Erstellung und Pflege der Projekt-Dokumentation
7. Bei Übernahme der Leitung eines Projekt-Teams: Termin-Planung, Arbeits-Planung und -Kontrolle für das übernommene ADV-Projekt
8. Mitwirkung an der Ausführung anderer analytischer Aufgaben gemäß Weisung
9. Teilnahme an Fortbildungs-Kursen

5. Verbindungspersonen der Abteilungen

Anmerkung: Darunter sind Mitarbeiter von Abteilungen zu verstehen, die von diesen zur Mitarbeit im Rahmen von Projekt-Teams auf Zeit bereitgestellt werden

1. Temporäre Mitwirkung an der Ausarbeitung eines ADV-Projektes im Rahmen eines Projekt-Teams
2. Wahrnehmung der Sachgebiets-orientierten Erfordernisse im Rahmen des Projekt-Teams
3. Vermittlung der Erfordernisse der ADV gegenüber der Abteilung
4. Vornahme der Einführungs-Maßnahmen in der Abteilung gemäß den vom Leiter des Projekt-Teams gegebenen Anweisungen
5. Erstellung der Problem-Test-Beispiele

6. Chef-Programmierer

1. Disziplinäre und fachliche Leitung des System-Programmierers und der Programmierer-Gruppe
2. Planung und Überwachung des Einsatzes von Programmierern in Form von Programmierer-Teams zwecks Vornahme der Programmierung einzelner ADV-Projekte
3. Mitwirkung an der Klassifizierung der Programme und der Schätzung des Kapazitätsbedarfes für die Erstellung der Programme
4. Vorgabe und Kontrolle der Termine für die Programmierung
5. Fachliche Koordinierung der Projekte, insbesondere bezüglich gemeinsamer Grundlagen und Verbindungen untereinander in Abstimmung mit dem Chef-Analytiker
6. Unterstützung des Chef-Analytikers bei dessen Koordinations-Aufgaben im Zuge der Programmierung
7. Unterstützung des Leiters der DV-Abteilung bei Vornahme der Aufgaben in der Organisations-Stufe Vorbereitung in bezug auf Betriebs-System, Programmierung und Aufbau der Programmierer-Gruppe
8. Entwicklung, Einführung und Ajourhaltung von Arbeits-Richtlinien für die rationelle Ausführung der Programmierung
9. Information über Betriebs-Systeme, Programmier-Sprachen, Programmier-Methoden, Modular-Programme, Test-Methoden etc.

7. System-Programmierer

1. Unterstützung der Programmierer, der Analytiker und des Personals des Rechenzentrums in allen Fragen der software, insbesondere des Betriebs-Systems des Computers

2. Pflege, Anpassung und Verbesserung des Betriebs-Systems und der Programm-Bibliothek
3. Mitwirkung an der Maschinen-Laufzeit-Schätzung durch die Analytiker
4. Beurteilung der Programm-Datenflußpläne und Mitwirkung an deren Optimierung
5. Mitwirkung beim Testen und bei der Zusammenfassung der Programme zu Programm-Ablauf-Systemen
6. Aufnahme von Programmen in die Programm-Bibliothek in Abstimmung mit dem Leiter des Rechenzentrums
7. Vorsorge für Vereinheitlichung von mehrfach verwendeten Teil- und Unterprogrammen
8. Information über Betriebs-Systeme, Programmier-Sprachen, Programmier-Methoden, Modular-Programme, Test-Methoden, etc.

8. Programmierer

1. Leitende oder mitwirkende Erstellung von Programmen gemäß Arbeits-Richtlinien auf Grund von Projekt-Spezifikationen für ADV-Projekte
2. Studium der Projekt-Spezifikation, Grob- und Fein-Programmierung, Formal- und Problem-Testen
3. Zusammenfassung von Programmen zu Ablauf-Systemen unter Mitwirkung des System-Programmierers
4. Nachweis der Richtigkeit der Programme gegenüber dem Projekt-Team und den Abteilungen
5. Erstellung der Programm-Beschreibungen, sowie Aufbau und Pflege der Programm-Dokumentation
6. Zusammenarbeit mit dem Projekt-Team und dem Rechenzentrum bei der Einführung des ADV-Projektes
7. Bei Übernahme der Leitung eines Programmierer-Teams: Termin-Planung, Arbeits-Planung und -Kontrolle für das übernommene Projekt
8. Teilnahme an Fortbildungs-Kursen

9. Leiter des Rechenzentrums

1. Leitung der Mitarbeiter der Gruppe Rechenzentrum mit den Stellen Datenerfassung, Kontrolle, Maschinenbetrieb sowie Material- und Archiv-Verwaltung

2. Entwicklung, Einführung und Ajourhaltung von Arbeits-Richtlinien für die Durchführung von
   - Arbeits-Planung
   - Arbeits-Vorbereitung
   - Datenerfassung
   - Übernahme von Belegen
   - Aufbereitung und Übergabe von Arbeits-Ergebnissen
   - Betrieb des Computers und der Hilfsmaschinen
   - Aufzeichnungen über Maschinen-Einsatz und Programm-Laufzeiten
   - Datensicherung und Archivierung
   - Material-Beschaffung und -Verwaltung
   - Durchführung von Programm-Tests
3. Planung und Überwachung der ordnungsgemäßen und termingerechten Ausführung der übernommenen Arbeitsgebiete
4. Übernahme der Programme und Durchführungs-Anweisungen für neue Arbeitsgebiete in die Verwaltung des Rechenzentrums
5. Beschaffung des Betriebsmaterials im Rahmen der vom Leiter der DV-Abteilung gegebenen Vollmachten
6. Unterstützung des Leiters der DV-Abteilung in den maschinen-, installations- und einrichtungstechnischen Fragen sowie beim Aufbau des Rechenzentrums in der Organisations-Stufe Vorbereitung
7. Unterstützung des Chef-Analytikers bei dessen Koordinierungs-Aufgabe im Zuge der Einführung von ADV-Projekten
8. Information über die technische Entwicklung der Computer, Hilfsmaschinen und Zubehör

10. Archiv- und Material-Verwaltung

1. Führung des Archivs des Rechenzentrums, das umfaßt
   - die Datenbestände (Speichermedien)
   - die Programme
   - die Dokumentation des Rechenzentrums
2. Bereitstellung der benötigten Speichermedien und Programme gemäß Ablauf
3. Kontrolle der technischen Funktionsbereitschaft der Speichermedien
4. Verwaltung des Betriebsmaterials, der Formulare etc.

11. Kontrollstelle

1. Planung und Überwachung der Termine für den Belegfluß (Übernahme und Übergabe in das und aus dem Rechenzentrum)

2. Übernahme und Formal-Prüfung der zur Verarbeitung bestimmten Unterlagen und Weitergabe zur ablaufgemäßen Bearbeitung
3. Formal-Prüfung und Übergabe der Bearbeitungs-Ergebnisse des Rechenzentrums an die bestimmungsgemäßen Stellen
4. Klären von Fehlern und Auslösen der Richtigstellung
5. Führen von Kontroll-Aufzeichnungen

12. (Chef-) Operator

1. Vornahme der ablaufgemäßen Durchführung der Arbeiten mit dem Computer und den Hilfsmaschinen
2. Wahrnehmung der generellen Arbeits-Richtlinien und individuellen Operator-Anweisungen
3. Bei größeren Einrichtungen bilden die Leitung der Maschinenbedienung und die Schicht-Leitung eigene Stellen

13. (Chef-) Datenerfasser

1. Vornahme der ablaufgemäßen Durchführung der Arbeiten mit den Datenerfassungs-Geräten
2. Wahrnehmung der generellen Arbeits-Anweisungen und individuellen Erfassungs-Anweisungen
3. Bei größeren Datenerfassungs-Gruppen bildet deren Leitung eine eigene Stelle

Anhang C

Kurz-Definitionen

C. Kurz-Definitionen

Die mangelnde Einheitlichkeit der Terminologie in der automatisierten Datenverarbeitung macht es erforderlich, für manche in diesem Buch verwendete Begriffe die hier gebrauchte Bedeutung anzugeben. Hier nicht enthaltene Begriffe, vor allem technische, mögen in entsprechenden Lexika nachgeschlagen werden

Ablauf-Organisation: Gesamtheit der Regeln für die räumlich-zeitliche Folge der Arbeitsprozesse

Ablauf-System: Auf dem Computer zusammenhängend abgewickelte Gruppe von Programmen (Programm-Sequenz)

Abteilung: In die organisatorische Aufbau-Struktur des Unternehmens eingeordnete Gruppe von Stellen unter einer einheitlichen Leitung, der die Wahrnehmung bestimmter Sachaufgaben übertragen ist

ADV-Ausgaben: Im Zuge der ADV erstellte und auf Datenspeichern und/oder in gedruckter Form festgehaltene Ergebnis-Daten (Computer-Output)

ADV-Detailkonzept: In Verfeinerung und Vertiefung des Grundkonzeptes ausgearbeiteter detaillierter Entwurf eines ADV-Systems für das betreffende Sachgebiet, mit dem insbesondere Inhalt und Form der ADV-Ein- und Ausgaben sowie der Arbeitsschritt-Datenflußplan verbindlich festgelegt werden

ADV-Einführungs-Verfahren: Methodisch in Organisations-Stufen gegliedertes und auf Organisations-Ebenen ablaufendes Verfahren zur Konzipierung, Vorbereitung und Verwirklichung eines ADV-Systems in einem Betrieb

ADV-Eingaben: In maschinell lesbarer Form festgehaltene, dem Computer zur Verarbeitung zugeführte Daten

ADV-Grundkonzept: Durch die Organisations-Analyse entstehender, die wesentlichen Charakteristiken festlegender Entwurf eines ADV-Systems

ADV-Organisation: Gesamtheit der gestaltenden Maßnahmen, die auf die Schaffung eines ADV-Systems abzielen

ADV-Projekt: Gesamtheit aller Maßnahmen, die erforderlich sind, um ein Sachgebiet aus der Organisationsform des Istzustandes in die Organisationsform eines ADV-Systems überzuführen

ADV-System (Automatisiertes Datenverarbeitungs-System): Organisationsform der Datenverarbeitung eines definierten Aufgaben-Komplexes, in der die Aufnahme, Speicherung, Verarbeitung und Bereitstellung der Daten nach festgelegten Regeln zu einer abgegrenzten und zweckmäßigen Einheit von Menschen als Aufgabenträgern, dem Computer als selbsttätigem Ausführungsinstrument und anderen Hilfsmitteln zusammengefaßt sind. Erstreckt sich der „definierte Aufgaben-Komplex" auf alle Sachgebiete des Unternehmens, liegt ein **umfassendes** ADV-System vor, das sich aus einer Mehrzahl von Sachgebiets-bezogenen ADV-Systemen zusammensetzt

Analytiker: Mitarbeiter der DV-Abteilung, der ADV-Projekte gemäß Aufgabenstellung bis zum definitiven Betrieb nach vorgegebenen Arbeits-Richtlinien im Detail ausführt und dokumentiert, wobei er für die Programmierung eine detaillierte Projekt-Spezifikation inklusive Programmier-Anweisungen vorzugeben und die danach erstellten und ausgetesteten Programme abzunehmen hat

Änderungs-Daten: Abwicklungs-orientierte Daten, die fallweise eine Änderung der Stamm-Daten auslösen

Arbeitsschritt(-Komplex): Einheit von logisch und formal zusammengehörigen Verarbeitungs-Vorgängen innerhalb des Datenflusses

Aufgabenstellung: Für ein ADV-Projekt im voraus nach Art, Inhalt, Umfang und Form erfolgende Definition und Abgrenzung der Sachaufgaben, die durch das ADV-Projekt erfaßt und geregelt werden sollen

Automatische Datenverarbeitung: Durch ein Programm oder eine Programm-Sequenz gesteuerte Verarbeitung von Daten innerhalb des Computers

Automatisierte Datenverarbeitung: Verarbeitung von Daten in einem ADV-System

Bestands-Daten: Zustands-orientierte Daten der Mengen- und Werte-Struktur eines Betriebes, die durch das Betriebsgeschehen systematisch verändert werden

Bewegungs-Daten: Abwicklungs-orientierte Daten, die den Betrieb durchlaufen und zur systematischen Veränderung der Bestands-Daten führen

Blockung: Zusammenfassung mehrerer Datensätze zu einer auf externen Speichern als Einheit behandelten Gruppe

Closed Shop: Art der Durchführung des Testens von Maschinen-Programmen, bei welcher die Test-Vorgänge am Computer ohne Mitwirkung des Programmierers durch das Personal des Rechenzentrums ausgeführt werden

Codierung: Übertragung der kleinsten Verarbeitungsschritte in die Form der Programmier-Sprache

Daten (Informationen): In einvernehmlich festgelegter Form dargestellte Tatbestände. Das gedankliche Äquivalent dieses Tatbestandes ist ein Sinn-Inhalt. Dieser wird durch einen bestimmten Daten-Inhalt in einvernehmlich festgelegter Form dargestellt (Code, d. h. Zahlensystem, Sprache, individueller Schlüssel). Die Gesamtheit aller nach gewissen Gesichtspunkten zusammengehörigen Daten-Inhalte ist das Datum im Sinne der Datenverarbeitung und wird durch den Daten-Betriff bezeichnet

Beispiel: Der Tatbestand „eine von mehreren unterschiedlichen Maßeinheiten, Länge messend" entspricht dem Sinn-Inhalt „Meter". Diesem Sinn-Inhalt ist der verschlüsselte Daten-Inhalt „m" zugeordnet. Die Gesamtheit aller nach dem Gesichtspunkt „Maßeinheit, verschlüsselt, im Lager vorkommend. . ." zusammengehörigen Daten-Inhalte, also neben „m" noch „l (für Liter)", „k (für Kilogramm)", etc. bildet das Datum und wird durch den Daten-Begriff „Mengeneinheit" bezeichnet.

Daten-Begriff: Allgemeine Bezeichnung eines Datums (im Sinne der Einzahl von „Daten")

Datenbestand (Datei): Anzahl von gleichartigen oder unterschiedlichen Daten-Gruppen (formlos) oder Daten-Sätzen (formal), die zu einer Einheit verbunden sind

Datenerfassung: Aufnahme von Daten in einen für deren Verarbeitung durch einen Computer formal geeigneten Datenträger

Datenfeld: Formale Darstellung eines Datums (im Sinne der Einzahl von „Daten") innerhalb eines Datensatzes

Datenfluß: Organisatorisch festgelegte, auf die Erzielung eines definierten Verarbeitungs-Ergebnisses ausgerichtete Sequenz von Arbeitsschritten

Datenflußplan: Formale Darstellung einer zusammengehörigen Sequenz von Arbeitsschritten mittels – genormter – Symbole

Daten-Inhalts-Übersicht: Systematische Zusammenstellung der in einem Projekt vorkommenden Daten unter besonderer Berücksichtigung der Beziehungen zwischen den ADV-Eingaben und ADV-Ausgaben

Daten-Sammlung: Geordnete Zusammenstellung aller in einem bestimmten ADV-Projekt verwendeten Daten-Begriffe

Datensatz (Satz): Formale Zusammenfassung logisch zusammengehöriger Daten nach verarbeitungstechnischen Gesichtspunkten

Datenspeicher (Datenträger): Physisches Element, das zur Aufnahme, Speicherung und Abgabe von Daten geeignet ist

Datenverarbeitung: Aufnahme, Speicherung, Verarbeitung und Bereitstellung von Daten nach festgelegten Regeln

Detail-Ausführung: Dritte Projekt-Stufe der Projekt-Realisierung, deren wesentlicher Zweck in der Definition des Computer-orientierten Programm-Datenflusses und in der inhaltlichen und formalen Ausfertigung der Unterlagen des Projektes als Grundlage für die Erstellung von Programmier-Anweisungen besteht

Detail-Konzeption: Zweite Projekt-Stufe der Projekt-Realisierung, deren wesentlicher Zweck in der Verfeinerung und Vertiefung des dem Projekt zugrunde liegenden Grundkonzeptes, mit der inhaltlichen und formalen Bestimmung der ADV-Ein- und -Ausgaben sowie der Festlegung des Arbeitsschritt-Datenflusses, besteht

Durchführung: Siebente Projekt-Stufe der Projekt-Realisierung, deren wesentlicher Zweck in der zunächst probeweisen und sodann definitiven Aufnahme des Betriebes des ADV-Systems besteht

Einführung: Sechste Projekt-Stufe der Projekt-Realisierung, deren wesentlicher Zweck in der Vornahme aller Maßnahmen, die zur praktischen Inbetriebnahme des im Detail ausgearbeiteten ADV-Systems notwendig sind, besteht

Eingabe-Ausgabe-Übersicht: Auf ein Programm bezogener Auszug aus dem Programm-Datenflußplan

Formal-Testen: Praktische Überprüfung der richtigen Funktionsweise eines Programmes nach formalen Gesichtspunkten

Grund-Konzeption: Zweite Organisations-Stufe des ADV-Einführungs-Verfahrens, deren Zweck in der Erstellung des Modells eines umfassenden ADV-Systems und in der Ermittlung der zur Realisierung erforderlichen Voraussetzungen besteht

Konventionelle Datenverarbeitung: Verarbeitung von Daten in einem manuellen DV-System, in welchem Lochkarten-Maschinen verwendet werden

Leitungs-Ebene: Organisations-Ebene, die die Fragen der Zielsetzung, der Planung, der Koordinierung, der Kontrolle und der Entscheidung im Rahmen des ADV-Einführungs-Verfahrens betrifft

Manuelle Datenverarbeitung: Verarbeitung von Daten in einem manuellen DV-System

Manuelles Datenverarbeitungs-System: Organisationsform der Datenverarbeitung eines definierten Aufgaben-Komplexes, in der die Aufnahme, Speicherung, Verarbeitung und Bereitstellung der Daten nach festgelegten Regeln zu einer abgegrenzten und zweckmäßigen Einheit von Menschen als Aufgabenträgern in Arbeitsteilung und von Hilfsmitteln zusammengefaßt sind

Maschinen-Ebene: Organisations-Ebene, die die Fragen der Bedarfs-Ermittlung, der Auswahl, der Installation und der Inbetriebnahme der maschinellen Einrichtung im Rahmen des ADV-Einführungs-Verfahrens betrifft

Niveau-Identifikation: Definition und Kurz-Kennzeichnung von nach gewissen Gesichtspunkten zusammengehörigen Datenfeldern oder Datenfeldgruppen zum Zwecke der einfacheren und kürzeren Beschreibung

Open Shop: Art der Durchführung des Testens von Maschinen-Programmen, bei welcher der Programmierer die Test-Vorgänge am Computer selbst ausführt

Ordnungs-Begriffe: Daten, deren wesentlicher Zweck in der Zuordnung und Reihung von damit verbundenen anderen Daten liegt

Organisations-Analyse: Auf die Neugestaltung ausgerichtete gedankliche Durchdringung eines gegebenen Organisations-Systems

Organisations-Ebene: Inhaltlich und methodisch abgegrenzter Sektor von Sachfragen, die im Rahmen des ADV-Einführungs-Verfahrens einer Regelung zuzuführen sind

Organisations-Stufe: Inhaltlich und methodisch abgegrenzter Abschnitt des ADV-Einführungs-Verfahrens

Parameter: Daten, deren wesentlicher Zweck in der Steuerung der Verarbeitung von bestimmten anderen Daten liegt

Personal-Ebene: Organisations-Ebene, die die Fragen der Bedarfs-Ermittlung, der Auswahl, der Ausbildung und des Einsatzes des Fachpersonals im Rahmen des ADV-Einführungs-Verfahrens betrifft

Pilot-Beispiel: Charakteristischer Ausschnitt aus dem Grundkonzept eines ADV-Systems, an Hand dessen die Eignung und Leistungsfähigkeit eines Computers im Detail geprüft wird

Problem-Test-Beispiel: Zusammenstellung von praktisch möglichen Bearbeitungsfällen hinsichtlich deren Eingabe und Ausgabe zum Zweck der Funktions-Prüfung der dadurch betroffenen Programme

Problem-Testen: Praktische Überprüfung der richtigen Funktionsweise eines Programmes oder einer Sequenz von Programmen an Hand von Problem-Test-Beispielen

Programm (Computer-Programm): Kleinste aus einem Teil oder einem Komplex von Arbeitsschritten gebildete Einheit des Datenflusses, deren Ausführung auf einem konkreten Computer durch eine bestimmte Funktion des Betriebs-Systems ausgelöst wird

Programm-Beschreibung: Detaillierte, systematisch gegliederte, schriftliche Darstellung der Verarbeitungs-Vorgänge eines erstellten Maschinen-Programmes

Programm-Dokumentation: Dokumentation eines Maschinen-Programmes, bestehend aus der Programmier-Anweisung und der Programm-Beschreibung

Programm-Vorgabe: Vierte Projekt-Stufe der Projekt-Realisierung, deren wesentlicher Zweck in der Erstellung der Programmier-Anweisungen besteht

Programmier-Anweisung: Detaillierte, systematisch gegliederte, schriftliche Darstellung von Verarbeitungs-Vorgängen, für die ein Computer-Programm zu erstellen ist

Programmierer: Mitarbeiter der DV-Abteilung, der nach vorgegebenen Arbeits-Richtlinien auf Grund der Projekt-Spezifikation die Programme erstellt, dokumentiert und funktionsfähig bereitstellt

Programmierung: Fünfte Projekt-Stufe der Projekt-Realisierung, deren wesentlicher Zweck in der Erstellung und Bereitstellung der funktionstüchtigen Programme gemäß Programmier-Anweisungen besteht

Projekt-Dokumentation: Gesamtheit der Unterlagen, die der inhaltlichen und formalen Beschreibung eines ADV-Projektes dienen

Projekt-Planung: Erste Projekt-Stufe der Projekt-Realisierung, deren wesentlicher Zweck in der Vergabe und Präzisierung des Projekt-Auftrages und dessen Arbeits-Vorbereitung besteht

Projekt-Realisierung: Methodische, in Projekt-Stufen gegliederte, detaillierte Ausführung eines definierten ADV-Projektes

Projekt-Spezifikation: Der Teil der Projekt-Dokumentation, der die Grundlage für die Programmierung bildet, insbesondere die Programmier-Anweisungen

Projekt-Stufe: Inhaltlich und methodisch abgegrenzter Abschnitt der Projekt-Realisierung

Rahmenvorschlag: Bericht über das Ergebnis der Voruntersuchung im Zuge des ADV-Einführungs-Verfahrens

Raum-Ebene: Organisations-Ebene, die die Fragen der Bedarfs-Ermittlung, der Auswahl und der Einrichtung der Räume im Rahmen des ADV-Einführungs-Verfahrens betrifft

Realisierung: Vierte Organisations-Stufe des ADV-Einführungs-Verfahrens, deren Zweck in der detaillierten Ausführung einzelner ADV-Projekte nach dem in der Vorbereitung festgelegten Realisierungs-Plan besteht

Rechenzentrum: Strukturell in die Datenverarbeitungs-Abteilung eingegliederte Gruppe, die mit der praktischen Durchführung der maschinellen Abwicklung im Rahmen des ADV-Systems betraut ist

Sachbereich: Summe der eine Grundfunktion des Betriebes betreffenden Sachaufgaben

Sachgebiet: Teil eines Sachbereiches, dessen spezielle sachliche Zusammensetzung eine Gleichartigkeit der Datenverarbeitungs-Organisation ermöglicht

Sachgebiets-Ebene: Organisations-Ebene, die die inhaltliche Problematik der Sachaufgaben, die in das ADV-System einzubeziehen sind, und deren organisatorische Lösung betrifft

Schlüssel: Daten, die der komprimierten Identifizierung von Daten-Inhalten nach Gesichtspunkten der Reihung (Ordnungs-Begriffe) und Verarbeitung (Parameter) dienen

Stamm-Daten: Zustands-orientierte Daten, die der Identifizierung, Klassifizierung und Charakterisierung dienen und die durch das Betriebsgeschehen nur fallweise geändert werden (Änderungsdienst)

Steuersatz: Satz, der Daten enthält, die unter organisatorischen und inhaltlichen Gesichtspunkten für die generelle Verarbeitungssteuerung und für die Identifizierung des Programmes und seiner Ergebnisse benötigt werden

Symbole: Genormte grafische Sinnbilder für Einrichtungen und Vorgänge bei der Gestaltung von Datenflußplänen

System-Synthese: Organisatorische Abstimmung der Ergebnisse von Sachgebiets-Analysen im Hinblick auf die Erfordernisse eines umfassenden ADV-Systems

Test-Datei: Datenbestand, der die Problem-Test-Beispiele umfaßt

Verbindungsperson: Mitarbeiter einer Abteilung, der von dieser zur Mitarbeit im Rahmen von Projekt-Teams für die Dauer der Projekt-Realisierung bereitgestellt wird

Vorbereitung: Dritte Organisations-Stufe des ADV-Einführungs-Verfahrens, deren Zweck in der Schaffung der Voraussetzungen für die Realisierung eines umfassenden ADV-Systems besteht

Voruntersuchung: Erste Organisations-Stufe des ADV-Einführungs-Verfahrens, deren Zweck in der vorläufigen Prüfung der Zweckmäßigkeit eines ADV-Systems besteht

Stichwortverzeichnis

Die Zahlen geben die Seiten an; die Angabe „A" bezieht sich auf den Anhang „Richtlinien für Aufgaben- und Stellenbeschreibungen", die Angabe „D" auf den Anhang „Kurz-Definitionen"; „s" bedeutet „siehe", „s.a." heißt „siehe auch".

Literatur zur Betriebswirtschaft und Datenverarbeitung

Allgemeine Betriebswirtschaftslehre

Von **Konrad Mellerowicz.** 4 Bände. 12./13. Auflage. 1966/69. Je Band DM 5,80 (Sammlung Göschen 1008/1008a, 1153/1153a, 1154/1154a, 1186/1186a)

Betriebsverbindungen

Von **Erwin Grochla.** 263 Seiten. Mit 12 Abbildungen. 1969. DM 5,80 (Sammlung Göschen Band 1235/1235a)

Internationaler Grundriß der wissenschaftlichen Unternehmensführung

Von **Kurt Junckerstorff.** Groß-Oktav. 283 Seiten. 1964. Ganzleinen DM 34,–

Handbuch für Systemorganisation

Von **Werner Sommer.** Groß-Oktav. Etwa 560 Seiten. Mit zahlreichen Abbildungen. 1971. Geb. etwa DM 90,–

Unternehmensgröße und Leitungsaufbau

Von **Karl-Heinz Berger.** Groß-Oktav. Mit 15 Abbildungen und 8 Tabellen. 188 Seiten. 1968. Geb. DM 34,–

Kosten und Kostenrechnung

Von **Konrad Mellerowicz.** 4., durchgesehene und umgearbeitete Auflage. Groß-Oktav. 2 Bände. Ganzleinen. 1: Theorie der Kosten. XII, 533 Seiten. 1963. DM 30,–, 1: Verfahren. Allgemeine Fragen der Kostenrechnung und Betriebsabrechnung. XVI, 534 Seiten. 1966. DM 38,–; II, 2: Verfahren. Kalkulation und Auswertung der Kostenrechnung und Betriebsabrechnung. VIII, 588 Seiten, 1968. DM 48,–

Kostenrechnung und Kalkulation

Von **Erich Kosiol.** 249 Seiten. Mit 43 Abbildungen. 1969. DM 5,80 (Sammlung Göschen Band 1214/1214a)

Buchhaltung und Bilanz

Von **Erich Kosiol.** 2., überarbeitete und veränderte Auflage. 186 Seiten. 1967. DM 5,80 (Sammlung Göschen Band 1213/1213a)

Budgetierung

Von **Herman C. Heiser.** Grundsätze und Praxis der betriebswirtschaftlichen Planung. Groß-Oktav. 425 Seiten. 1964. Ganzleinen DM 68,–

Investitionsrechnung

Von **Heinrich H. Jonas.** Groß-Oktav. Mit zahlreichen Tabellen und Abbildungen. 153 Seiten. 1964. Ganzleinen DM 28,–

Daten als Grundlage für Investitionsentscheidungen

Theoretische Anforderungen und praktische Möglichkeiten der Datenermittlung im Rahmen des investitionspolitischen Entscheidungsprozesses. Von **Günter Frischmuth.** Groß-Oktav. 269 Seiten. 1969. Geb. DM 42,–

Planung und Entwicklung neuer Produkte

Von **Klaus Brankamp.** Groß-Oktav. 178 Seiten. Mit 117 Abbildungen. 1971. DM 30,–

Interne Revision

Von **Viktor Z. Brink** und **James A. Cashin.** Groß-Oktav. 514 Seiten. 1962. Ganzleinen DM 48,–

Besteuerung und Innenfinanzierung

Finanzierungseffekte der betrieblichen Steuerpolitik. Von **Wolfgang Lichy.** Groß-Oktav. 176 Seiten. Mit 11 Figuren und 32 Tabellen. 1967. Geb. DM 32,–

Die betrieblichen sozialen Funktionen

Von **Konrad Mellerowicz.** Etwa 232 Seiten. 1971. (Sammlung Göschen)

Der freiwillige soziale Aufwand in der Industrie

und seine betriebswirtschaftliche Behandlung. Von **Günter Merle.** Groß-Oktav. Mit 26 Tabellen. 162 Seiten. 1963. Ganzleinen DM 28,–

Aktuelle Betriebswirtschaft

Festschrift zum 60. Geburtstag von Konrad Mellerowicz, gewidmet von Freunden, Kollegen und Schülern. Groß-Oktav. Mit 1 Bildnis. VI, 254 Seiten. 1952. Ganzleinen DM 15,–

Betriebswirtschaftslehre und Wirtschaftspraxis

Festschrift für Konrad Mellerowicz. Herausgegeben von **Horst Schwarz** und **Karl-Heinz Berger.** Groß-Oktav. Mit 1 Bildnis. 339 Seiten. 1961. Ganzleinen DM 30,–

Einführung in die Datenverarbeitung

Von **Sebastian Dworatschek.** 3., erw. Auflage. Groß-Oktav. Mit 266 Bildern. 189 Übungsaufgaben und einem Abbildungsanhang. XVI, 371 Seiten. 1970. Geb. DM 24,– (de Gruyter Lehrbuch)

IDV - Lernprogramm
Elektronische Datenverarbeitung

Ein Lehrgang mit Steuertexten für Manager, EDV-Fachleute, Sachbearbeiter, Studenten, Allgemein Interessierte. Hrsg. vom VDI-Institut für elektronische Datenverarbeitung, Zürich, in Verbindung mit dem Institut für Betriebswirtschaft an der Hochschule St. Gallen. 2 Bände. Quart. Je Bd. etwa 256 Seiten. 1971. Etwa DM 40,– je Bd.

Die automatisierte elektronische Datenverarbeitung

und ihre Bedeutung für die Unternehmensleitung. Von **Andreas Diemer.** 2., überarbeitete und erweiterte Auflage. Groß-Oktav. Mit 37 Abbildungen und zahlreichen Tabellen, Ablaufdiagrammen und Beispielen. 294 Seiten. 1968. Geb. DM 34,–

Automatentheorie

Grundlagen und Anwendungen. Von **Wolfgang Händler.** Groß-Oktav. Etwa 320 Seiten. In Vorbereitung.

Schaltalgebra und digitale Grundschaltungen

(Teilprogrammierter Text)
Von **Sebastian Dworatschek** unter Mitarbeit von **Hermann Gehring,** mit zahlreichen Bildern und 73 Übungsaufgaben mit Lösungen. Groß-Oktav. 127 Seiten. 1970. DM 12,– (de Gruyter Lehrbuch)

Der logische Entwurf von Schaltkreisen

Von Günter Hotz. Groß-Oktav. Etwa 300 Seiten. 1971. Etwa DM 54,–. Im Druck

Regelkreistheorie und Datenverarbeitung

Herausgegeben von **D. Bell** und **A.W.J. Griffin.** Groß-Oktav. 264 Seiten. 1971. DM 40,–

Digitale Rechenautomaten

Eine Einführung. Von **Rainer Klar.** 205 Seiten. Mit 19 Tabellen. 75 Abbildungen und 37 Beispielen. 1970. DM 5,80 (Sammlung Göschen Band 1241/1241 a)

Elektronische Tischrechenautomaten

Aufbau und Wirkungsweise. Von **Georg Mösl.** Groß-Oktav. 290 Seiten. Mit 68 Figuren und einem Abbildungsanhang. 1970. Geb. DM 54,–

Aufbau und Arbeitsweise von Compilern

Von **Hans Jürgen Schneider.** Groß-Oktav. Etwa 160 Seiten. 1971. Etwa DM 28,–. In Vorbereitung.

Digitalrechner in technischen Prozessen

Von **Helmut Hotes.** Groß-Oktav. IV, 313 Seiten. Mit zahlreichen Abbildungen. 1967. Geb. DM 48,–

Einführung in die Programmierung digitaler Rechenautomaten

Von **Fritz Rudolf Güntsch** und **Hans Jürgen Schneider.** 3. Auflage. Groß-Oktav. Mit 3 Tafeln und vielen Textabbildungen. Etwa 388 Seiten. 1971. Etwa DM 54,–

Programmierung von Datenverarbeitungsanlagen

Von **Hans Jürgen Schneider** und **Dieter Jurksch.** 2., verb. Auflage. Etwa 120 Seiten. Mit 14 Abbildungen und 8 Tabellen. 1970. DM 5,80 (Sammlung Göschen. Band 1225/1225 a)

Einführung in das Programmieren in ALGOL

Von **Georg Bayer.** 2. verbesserte Auflage. Groß-Oktav. 172 Seiten. Mit 26 Abbildungen. 1971. DM 12,– (de Gruyter Lehrbuch)

Programmierübungen in ALGOL 60

Von **Georg Bayer.** Unter Mitarbeit von Lothar Potratz und Siegfried Weiß. Groß-Oktav. Etwa 96 Seiten. 1971. Etwa DM 10,–. In Vorbereitung. (de Gruyter Lehrbuch).

Einführung in das Programmieren

Teil 2: Programmieren in einer Assembler Sprache. Von **Georg Bayer.** Groß-Oktav. 132 Seiten. 1969. DM 12,– (de Gruyter Lehrbuch)

Einführung in das Programmieren in FORTRAN

Von **Wolfgang E. Spieß** und **Friedrich G. Rheingans.** 2., erweit. und verbess. Aufl. Groß-Oktav. 216 Seiten. Mit 19 Abbildungen und 13 Tabellen, Programmierbeispielen und Übungen. 1971. DM 14,– (de Gruyter Lehrbuch)

Höhere FORTRAN-Programmierung

Von **Harald Siebert.** In Zusammenarbeit mit der Gesellschaft für elektronische Systemforschung. Groß-Oktav. Etwa 160 Seiten. 1971. Etwa DM 16,– (de Gruyter Lehrbuch)

Datenorganisation

Von **Hartmut Wedekind.** Groß-Oktav. 271 Seiten. Mit 152 Abbildungen. 1970. Geb. DM 28,–

Informationssysteme in Wirtschaft und Verwaltung

Herausgegeben von **Rolf A. Fischer** und **Helmut Walter.** In Zusammenarbeit mit der Gesellschaft für elektronische Systemforschung. Mit einem Vorwort von Prof. Dr. K. Steinbuch. Groß-Oktav. Etwa 400 Seiten. 1971. Etwa DM 58,–

Management-Informations-Systeme

Von **Sebastian Dworatschek.** Groß-Oktav. Etwa 192 Seiten. 1971. Etwa DM 38,– (Informations-Systeme)

Methoden und Organisation von Management-Informations-Systemen

Von **Dieter S. Koreimann.** Groß-Oktav. Etwa 176 Seiten. 1971. Geb. Etwa DM 38,–(Informations-Systeme)

Strukturanalyse der maschinellen betrieblichen Informationsbearbeitung

Von **Arno Schulz.** Groß-Oktav. 297 Seiten. 1970. Geb. DM 52,– (Kommerzielle Datenverarbeitung)

Optimierungskriterien in der Organisation der betrieblichen Datenverarbeitung

Von **Gerhard E. Ortner.** Groß-Oktav. Etwa 320 Seiten. 1971. Geb. Etwa DM 40,– (Kommerzielle Datenverarbeitung)

Integrierte Datenverarbeitungssysteme für die Unternehmensführung

Von **Hans D. Kalscheuer.** 2. Auflage. Groß-Oktav. 121 Seiten. Mit 7 Abbildungen. 1969. Geb. DM 28,– (Kommerzielle Datenverarbeitung)

Die betriebliche Planung und Kontrolle mit elektronischer Datenverarbeitung

Von **Hans D. Kalscheuer.** Groß-Oktav. Etwa 160 Seiten. 1971. In Vorbereitung. (Kommerzielle Datenverarbeitung)

Datenerfassung in der kommerziellen Datenverarbeitung

Von **Heinz Dürr.** Groß-Oktav. Etwa 160 Seiten. 1971. In Vorbereitung. (Kommerzielle Datenverarbeitung)

Investitionsentscheidungen mit Hilfe der elektronischen Datenverarbeitung
Von **Gerhard Niemeyer.** Groß-Oktav. Mit 27 Abbildungen und 23 Tabellen. 278 Seiten. 1970. Geb. DM 68,– (Kommerzielle Datenverarbeitung)

Personelle Organisation in der elektronischen Datenverarbeitung
Von **Eckart Zwicker.** 2. Auflage. Groß-Oktav. 102 Seiten. Mit 31 Abbildungen. 1969. Geb. DM 28,– (Kommerzielle Datenverarbeitung)

Elektronische Kosten- und Leistungsrechnung für Industriebetriebe
Von **Ernst Georg Lotz.** Groß-Oktav. 175 Seiten. Mit 34 Abbildungen. 1969. Geb. DM 32,– (Kommerzielle Datenverarbeitung)

Elektronische Datenverarbeitung in Kreditinstituten
Von **Horst Stevenson.** 2. verbesserte Auflage. Groß-Oktav. Etwa 180 Seiten. Mit 19 Abbildungen und 2 Klapptafeln. 1971. Geb. ca. DM 32,– (Kommerzielle Datenverarbeitung)

Elektronische Datenverarbeitung in Handelsbetrieben
Von **Hans Robert Hansen.** Groß-Oktav. 202 Seiten. 1970. Geb. DM 44,– (Kommerzielle Datenverarbeitung)

Elektronische Datenverarbeitung in der Bekleidungsindustrie
Von **Norbert Herrmann.** Groß-Oktav. 138 Seiten. 1970. Geb. DM 34,– (Kommerzielle Datenverarbeitung)

Lineare Programmierung
Ein programmiertes Lehrbuch für Studierende des Faches Operations Research. Von **Hans-Jürgen Zimmermann** und **Johannes Zielinski.** Mitarbeit. Basistext: Sebastian Dworatschek. Programmierung: Wilhelm Keller. Groß-Oktav. Etwa 350 Seiten. 1971. Plastik flexibel ca. DM 28,– (de Gruyter Lehrbuch programmiert)

Einführung in die lineare Planungsrechnung
mit ALGOL- und FORTRAN-Programmen. Von **Gerhard Niemeyer.** Groß-Oktav. 239 Seiten. 1968. DM 18,– (de Gruyter Lehrbuch)

Die Anwendung der linearen Programmierung in Industriebetrieben
Von **Peter Vokuhl.** Groß-Oktav. 176 Seiten. Mit 9 Figuren und 18 Tabellen. 1965. Geb. DM 28,–

Netzplantechnik
Von **Hans-Jürgen Zimmermann.** Etwa 160 Seiten. 1971. (Sammlung Göschen)

Stochastische Netzwerkverfahren und deren Anwendungen
Von **Hubert Völzgen.** Groß-Oktav. Etwa 112 Seiten. 1971. Etwa DM 32,– (Operations Research)

Verlag Walter de Gruyter & Co · Berlin

Berichtigung

Seite 180 Zeile 14 v. u.	42—12—00 statt 42—10—00
Seite 257 Punkt 7.6—2.	MATNR statt ARTNR
Seite 259 Punkt 5.2 Zeile 3	MATBZ statt ARTBZ
Zeile 12	MATNR statt ARTNR
Punkt 5.5 Zeile 2	MATBZ statt ARTBZ

Falttafel 1: Detail-Netzwerk A
Detail-Netzwerk B

Falttafel 2: Detail-Netzwerk C

Falttafel 1: Detail-Netzwerk A
Detail-Netzwerk B

Falttafel 1: Detail-Netzwerk A
Organisations-Stufe
VORUNTERSUCHUNG

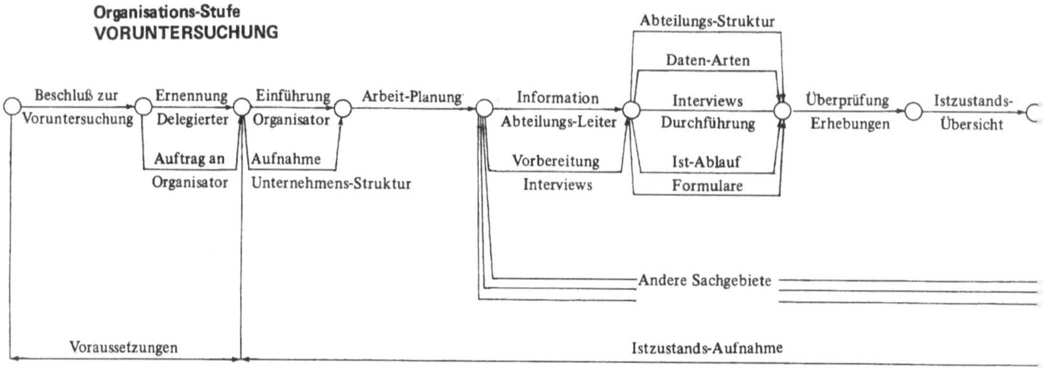

Detail-Netzwerk B
Organisations-Stufe
GRUND-KONZEPTION

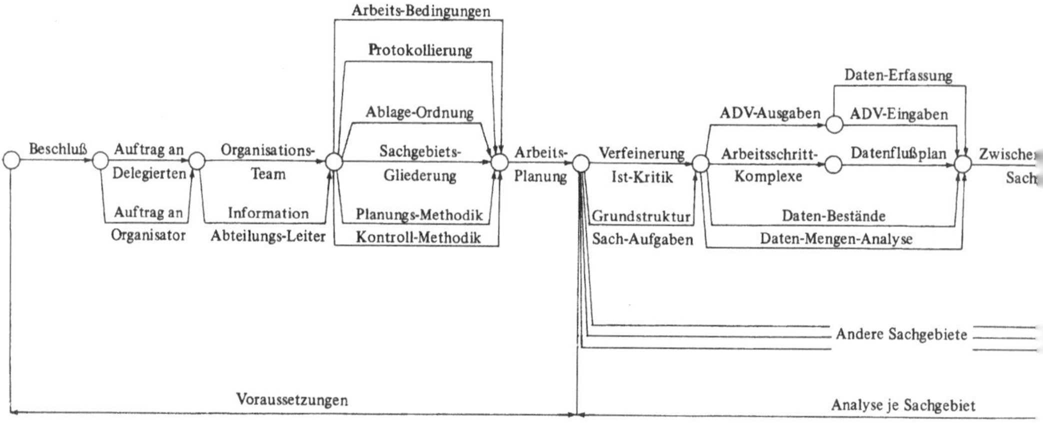

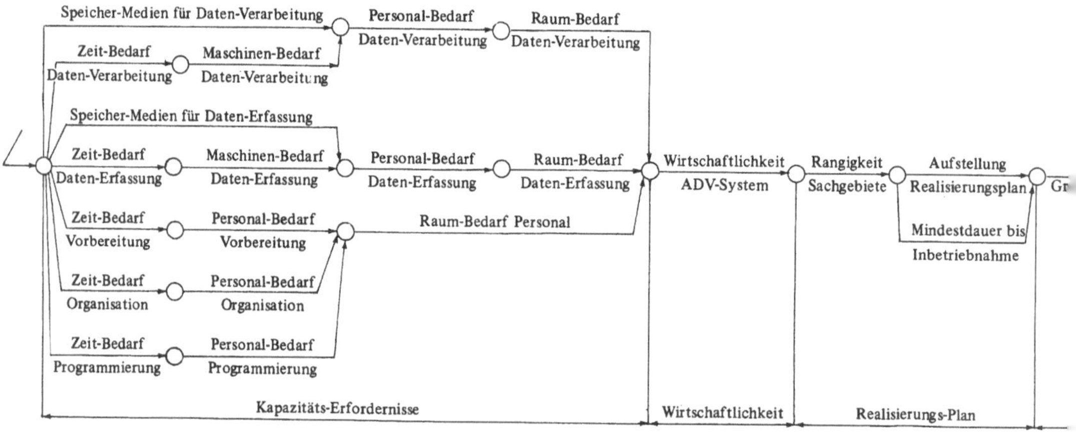

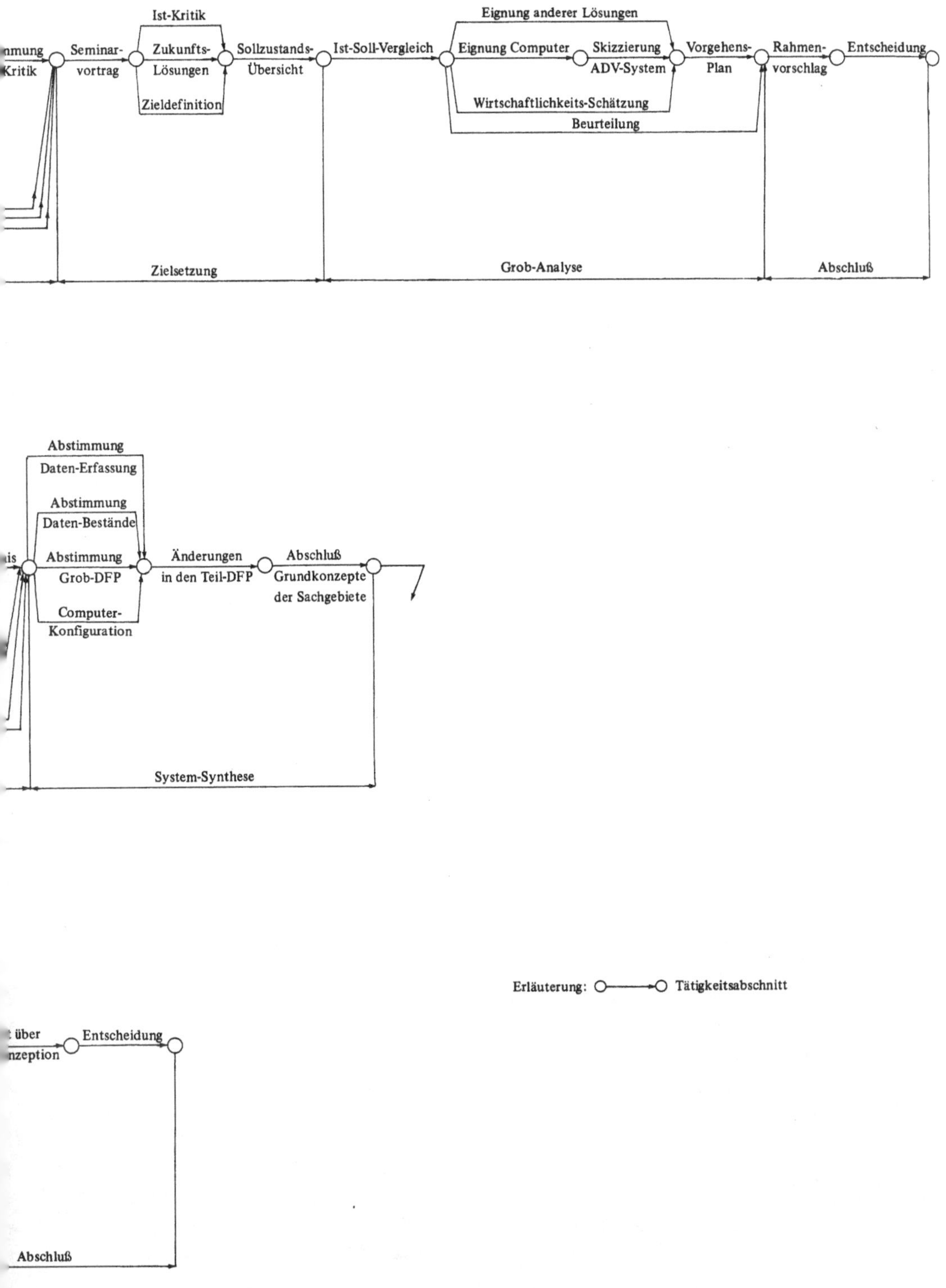

nmung
Kritik
Seminar-
vortrag
Ist-Kritik
Zukunfts-
Lösungen
Zieldefinition
Sollzustands-
Übersicht
Ist-Soll-Vergleich
Eignung anderer Lösungen
Eignung Computer
Skizzierung
ADV-System
Wirtschaftlichkeits-Schätzung
Beurteilung
Vorgehens-
Plan
Rahmen-
vorschlag
Entscheidung
Zielsetzung
Grob-Analyse
Abschluß
Abstimmung
Daten-Erfassung
Abstimmung
Daten-Bestände
is
Abstimmung
Grob-DFP
Computer-
Konfiguration
Änderungen
in den Teil-DFP
Abschluß
Grundkonzepte
der Sachgebiete
System-Synthese
Erläuterung:
Tätigkeitsabschnitt
über
nzeption
Entscheidung
Abschluß

Falttafel 2: Detail-Netzwerk C

Falttafel 2: Detail-Netzwerk C
Organisations-Stufe
VORBEREITUNG

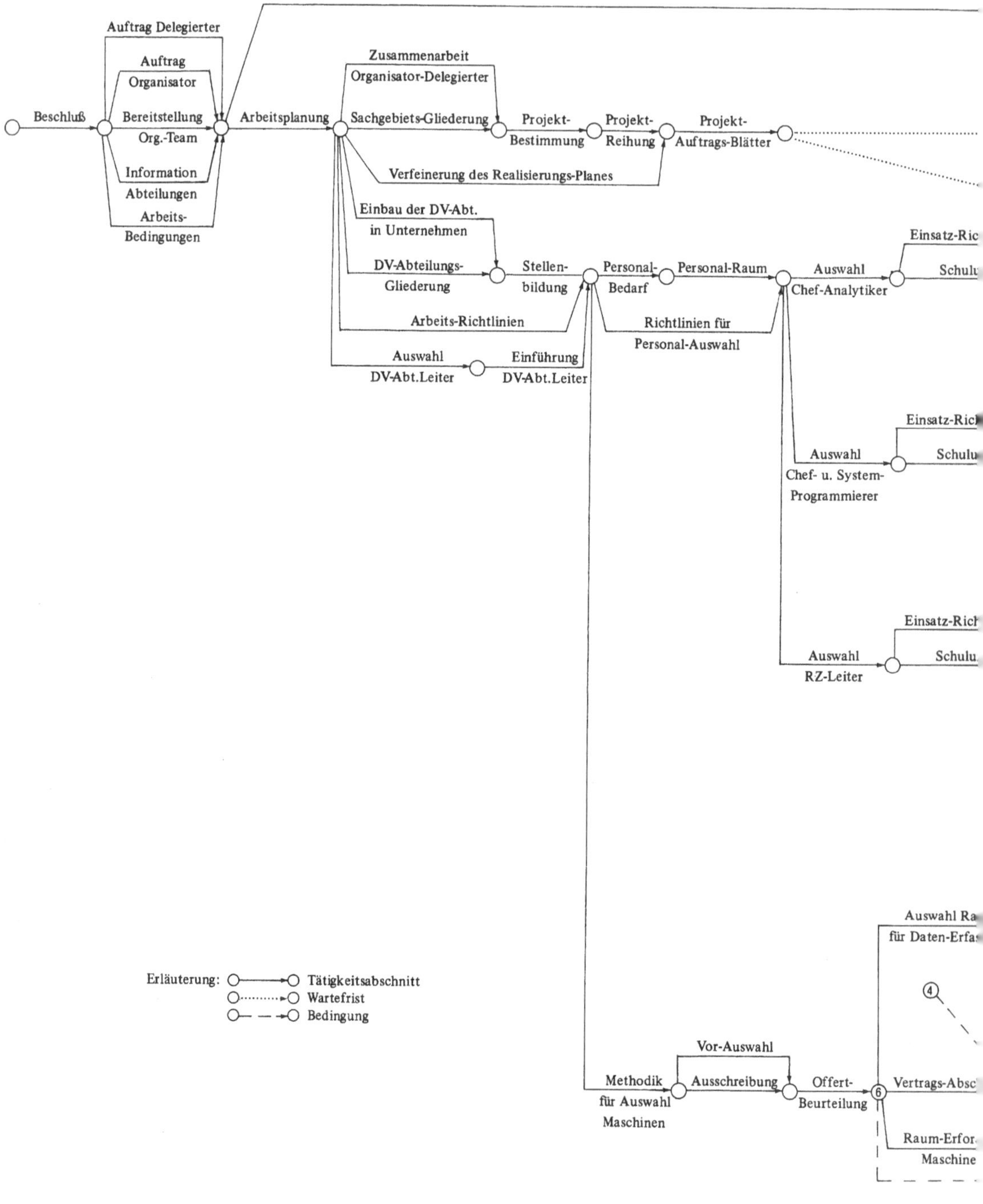

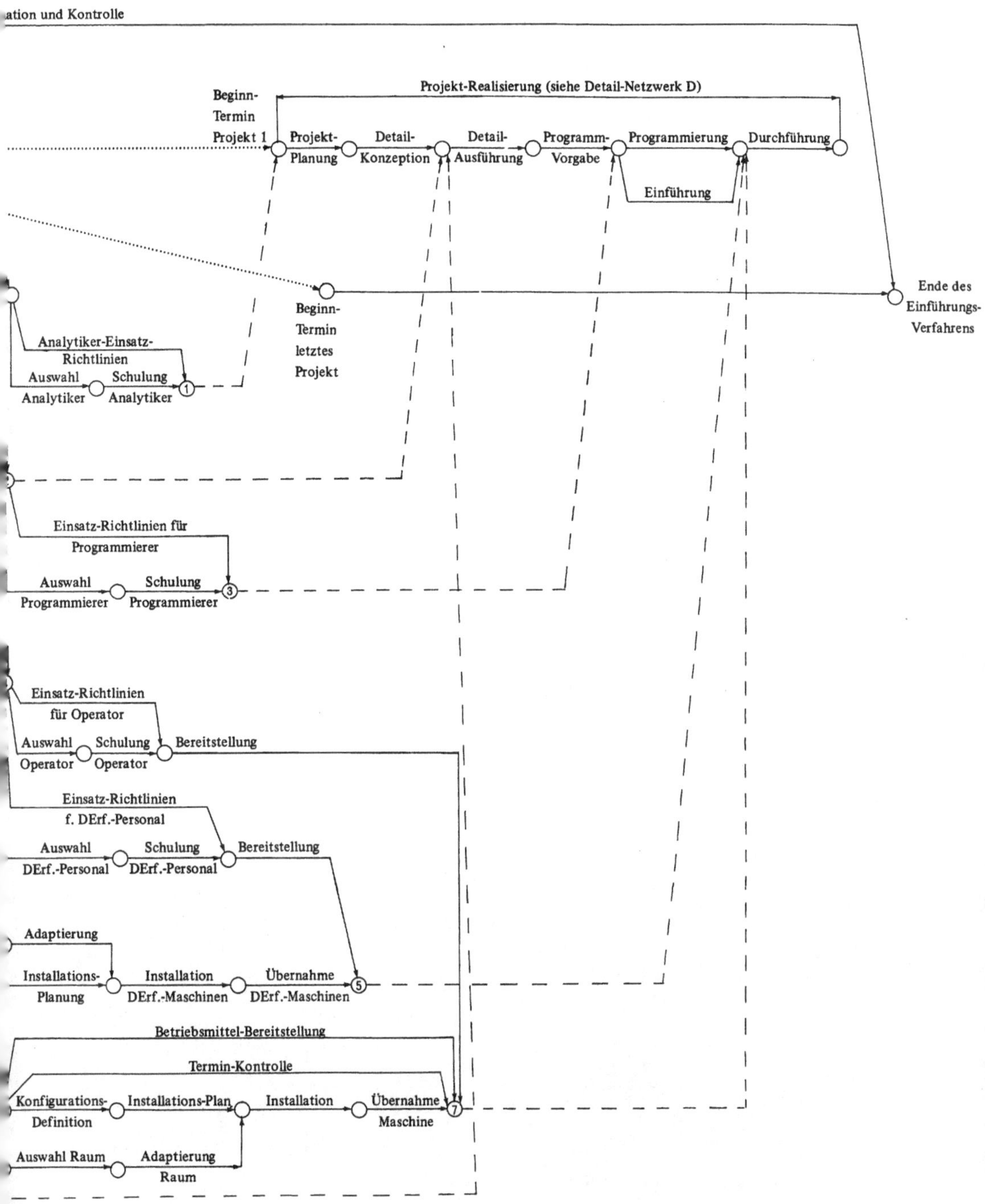

ation und Kontrolle
Projekt-Realisierung (siehe Detail-Netzwerk D)
Beginn-Termin Projekt 1
Projekt-Planung
Detail-Konzeption
Detail-Ausführung
Programm-Vorgabe
Programmierung
Durchführung
Einführung
Beginn-Termin letztes Projekt
Ende des Einführungs-Verfahrens
Analytiker-Einsatz-Richtlinien
Auswahl Analytiker
Schulung Analytiker
1
Einsatz-Richtlinien für Programmierer
Auswahl Programmierer
Schulung Programmierer
3
Einsatz-Richtlinien für Operator
Auswahl Operator
Schulung Operator
Bereitstellung
Einsatz-Richtlinien f. DErf.-Personal
Auswahl DErf.-Personal
Schulung DErf.-Personal
Bereitstellung
Adaptierung
Installations-Planung
Installation DErf.-Maschinen
Übernahme DErf.-Maschinen
5
Betriebsmittel-Bereitstellung
Termin-Kontrolle
Konfigurations-Definition
Installations-Plan
Installation
Übernahme Maschine
7
Auswahl Raum
Adaptierung Raum

Falttafel 3: Detail-Netzwerk D

Falttafel 3: Detail-Netzwerk D
Organisations-Stufe
REALISIERUNG
(PROJEKT-REALISIERUNG)

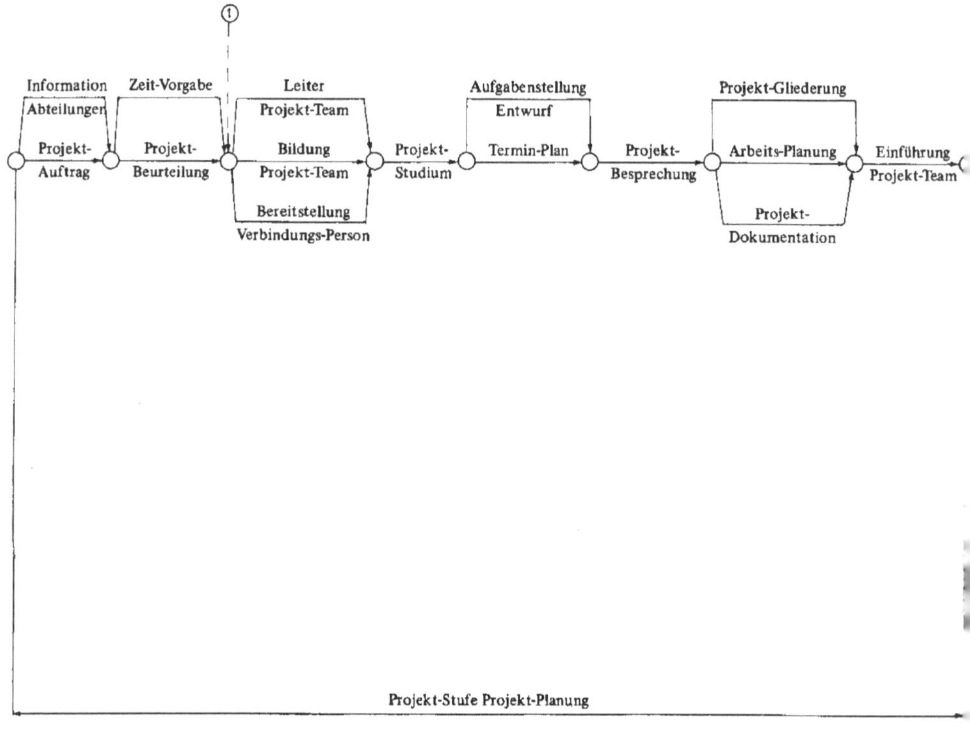

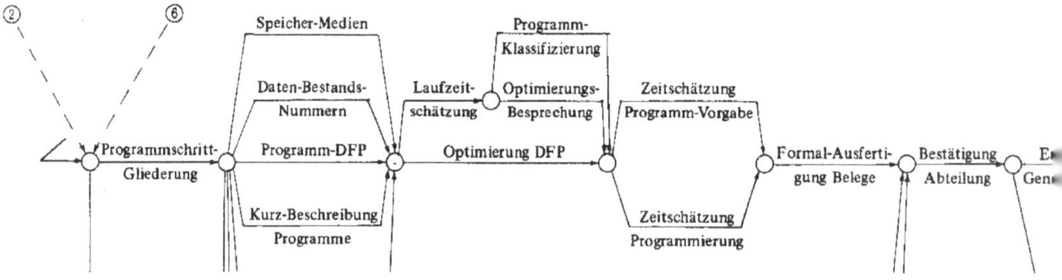

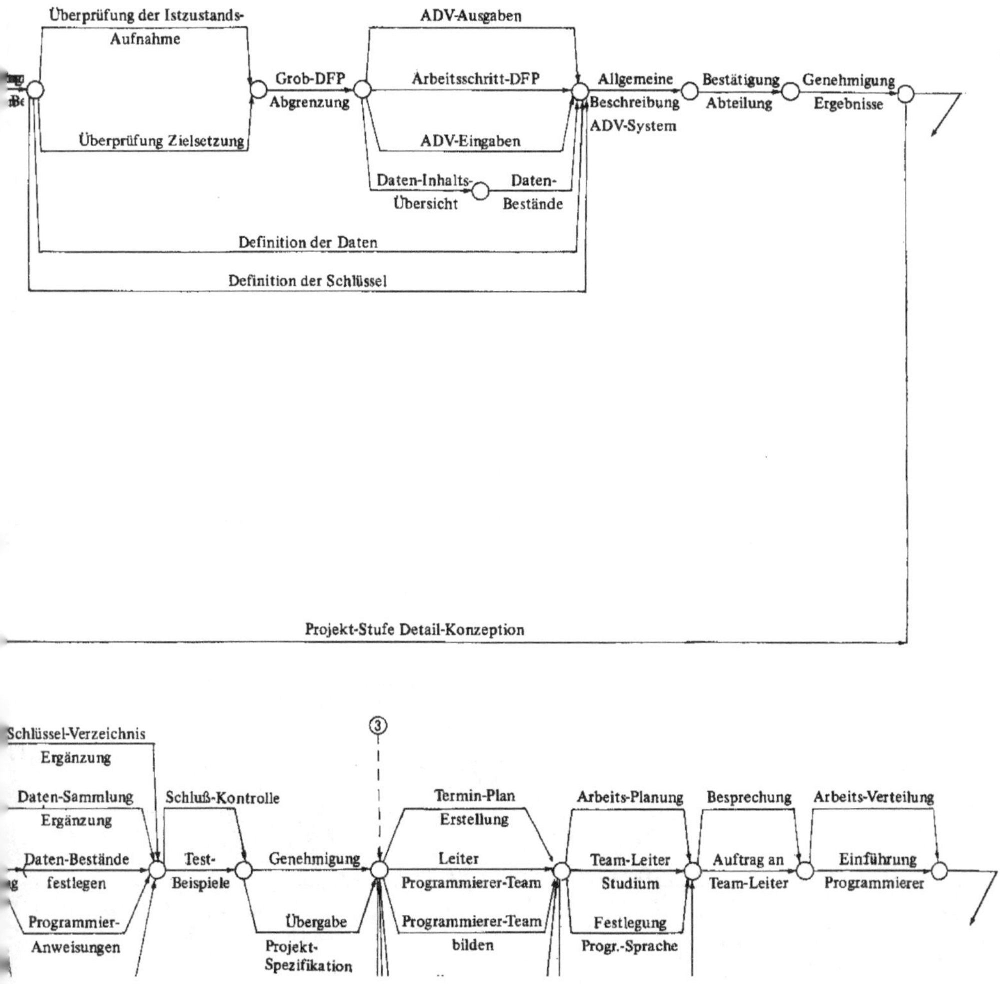

Überprüfung der Istzustands-
Aufnahme
Überprüfung Zielsetzung
Grob-DFP
Abgrenzung
ADV-Ausgaben
Arbeitsschritt-DFP
ADV-Eingaben
Daten-Inhalts-
Übersicht
Daten-
Bestände
Allgemeine
Beschreibung
ADV-System
Bestätigung
Abteilung
Genehmigung
Ergebnisse
Definition der Daten
Definition der Schlüssel
Projekt-Stufe Detail-Konzeption
Schlüssel-Verzeichnis
Ergänzung
Daten-Sammlung
Ergänzung
Daten-Bestände
festlegen
Programmier-
Anweisungen
Schluß-Kontrolle
Test-
Beispiele
Genehmigung
Übergabe
Projekt-
Spezifikation
3
Termin-Plan
Erstellung
Leiter
Programmierer-Team
Programmierer-Team
bilden
Arbeits-Planung
Team-Leiter
Studium
Festlegung
Progr.-Sprache
Besprechung
Auftrag an
Team-Leiter
Arbeits-Verteilung
Einführung
Programmierer

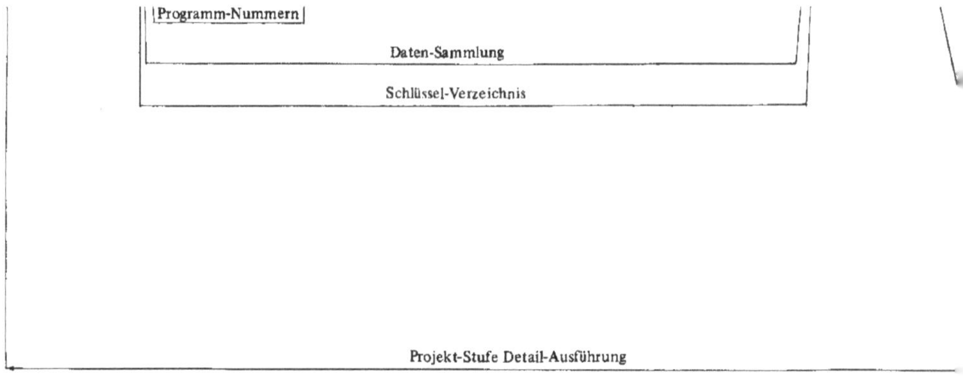
Programm-Nummern
Daten-Sammlung
Schlüssel-Verzeichnis
Projekt-Stufe Detail-Ausführung

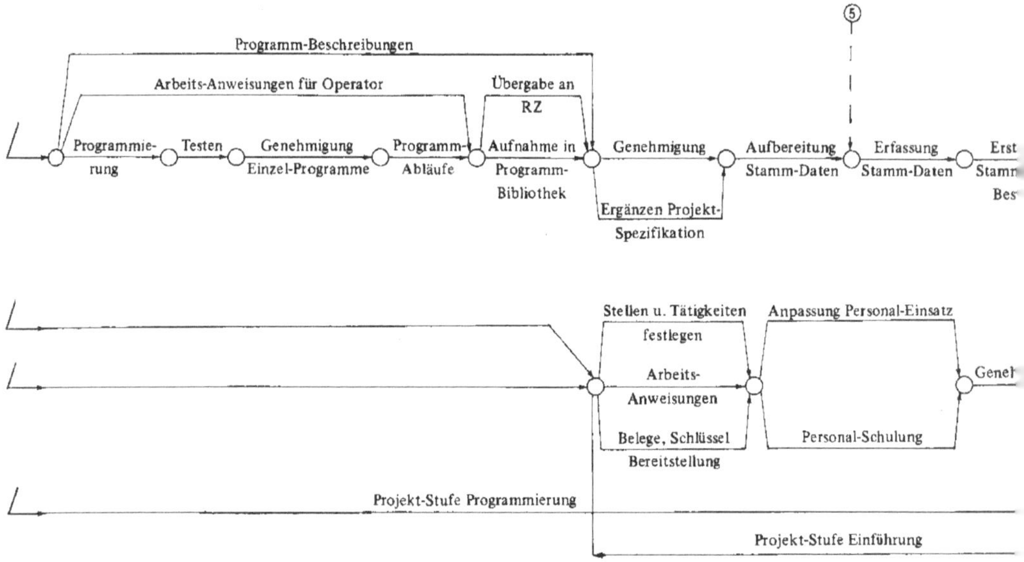
5
Programm-Beschreibungen
Arbeits-Anweisungen für Operator
Übergabe an RZ
Programmie-rung
Testen
Genehmigung Einzel-Programme
Programm-Abläufe
Aufnahme in Programm-Bibliothek
Genehmigung
Ergänzen Projekt-Spezifikation
Aufbereitung Stamm-Daten
Erfassung Stamm-Daten
Stellen u. Tätigkeiten festlegen
Arbeits-Anweisungen
Belege, Schlüssel Bereitstellung
Anpassung Personal-Einsatz
Personal-Schulung
Projekt-Stufe Programmierung
Projekt-Stufe Einführung

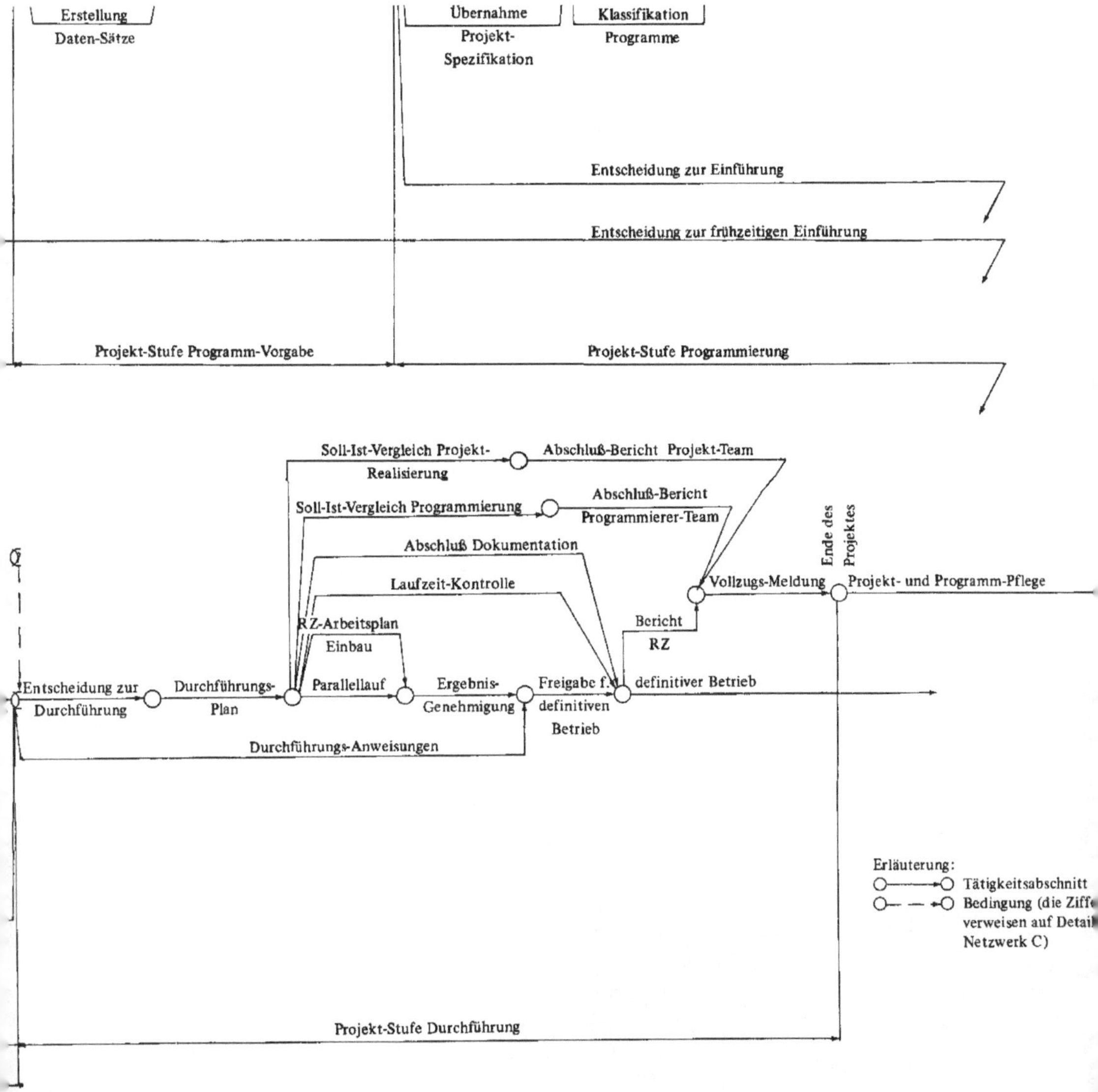

Erstellung
Daten-Sätze
Übernahme
Projekt-
Spezifikation
Klassifikation
Programme
Entscheidung zur Einführung
Entscheidung zur frühzeitigen Einführung
Projekt-Stufe Programm-Vorgabe
Projekt-Stufe Programmierung
Soll-Ist-Vergleich Projekt-
Realisierung
Abschluß-Bericht Projekt-Team
Soll-Ist-Vergleich Programmierung
Abschluß-Bericht
Programmierer-Team
Abschluß Dokumentation
Laufzeit-Kontrolle
Ende des
Projektes
Vollzugs-Meldung
Projekt- und Programm-Pflege
RZ-Arbeitsplan
Einbau
Bericht
RZ
Entscheidung zur
Durchführung
Durchführungs-
Plan
Parallellauf
Ergebnis-
Genehmigung
Freigabe f.
definitiven
Betrieb
definitiver Betrieb
Durchführungs-Anweisungen
Erläuterung:
Tätigkeitsabschnitt
Bedingung (die Ziff
verweisen auf Detai
Netzwerk C)
Projekt-Stufe Durchführung